Daniel Defoe

A Plan of the English Commerce

ダニエル・デフォー
泉谷　治 訳

イギリス通商案

植民地拡充の政策

りぶらりあ選書／法政大学出版局

凡例

一　本書は、Daniel Defoe, *A Plan of the English Commerce*（1728）の全訳である。底本として、The Shakespeare Head Edition of the Novels and Selected Writings of Daniel Defoe（1927）所収のテキストを用いた。

副題「植民地拡充の政策」は訳者が付けた。

二　訳注は数が多いので、一つの注番号に一定の範囲内のものを一括した。例えば、「ベーズ*」とアステリスクを付してあるのは、その直前の注(44)に訳注があることを示す。＊は初出の箇所にのみ付したので、訳注が不明の場合は索引で初出頁↓注番号と検索されたい。

三　原文では、人名、地名、その他の言葉が不正確だったり、あるいは書き方に乱れないし誤りがときどきあるが、煩瑣を避けるため、かならずしも訳注で指摘せずに正しながら訳した。

四　原文では箇条書きの番号がすべてアラビア数字で記されているが、漢数字とし、その中の下位箇条書きのみアラビア数字のままとした。

五　巻末に索引を付した。イギリスにおける商業・商い、通商・貿易、製造業、海運、植民地を中心に、関連するおもな事項・地名・人名を上げた。

目次

第一編

第二編

第三編

序文

われわれはいま貿易によって国威を高め、世界最大の通商を繰り広げて名高く、国内の向上のためであれ外国への投機のためであれ、一大事業が著しく成功を収めた国に住んでいる。それなのに、わが国民の大部分がこの事実にいかに無知であるか、その話をするときにはなんと説得力がないか、そしてもっとよく見極めようにもじつにわずかな情報しか公にされてこなかったことを見ると、これ以上不思議なことはない。

だれでも自分の業務を心得ており、自分の活動範囲で行動し、まさにその手順通りの仕事をするが、いったんその道筋からはずれると、自分がやっていることの理由とか目的がさっぱり分からなくなる。織物業者は羊毛を選り分け、染色し混ぜ合わせ、彼の指示によって梳き具、梳綿機《そめんき》、紡ぎ車、織機すべてが稼働する。彼は「その道の親方」と呼ばれ、また実際そうなのだが、できた織物がどこに売られ、だれが買い取り、世界のどこに船で輸送され、末端の消費者はだれなのかとたずねられると、まるで何も知らない。親方は織物をロンドンの仲買人に渡し、仲買人はブラックウェル取引所[1]とか個人の卸売店で販売し、売れると親方はその分の手形を現金に換える。それで親方の活動範囲を一巡し、またそのお金でさらに羊毛を買って選り分け、梳き、紡ぐといった具合に、ちょうど業務を始めたところに来て一巡目を終え、また終えたところから同じことを始める。彼に、貿易、船舶、輸出、外国市場、そして正貨または商品の収益について話すのは見当違いで、それはまさしく競馬《レース》とかパドックが運送人の駄馬には無関係なのと同じなのだ。

他方、貿易商は別の領域で活動する。彼は冒険に加えて商関係に携わる人間なので、これこれの商品の購入を外国から委託され、その代金を手形でたっぷり送ってもらった後で、注文どおりに商品を船積みし、送り状と船荷証券を郵便で送るが、彼の活動範囲はそこまでである。製造業でいちばん重要な羊毛についてだとか、多くの人手についてだとか、おかげで何千もの家族が仕事を得ているとか、商品が購入されるためにどれほど貧困層が養われ、食料が消費され、土地の利子が上昇し、貴族やジェントリーが富み、国家全体が支えられるかとかについて、貿易商は知りもしなければ気にもかけない。

船長、商船長、船主、航海士といった人々はまた別の領域で活動するが、これも同じ仕事の繰返しである。船が建造され、艤装され、何千人もの商人や職人が、船長や航海を指揮するその他の人間による小口の需要で暮らしを立てる。木材、厚板、鉄製品、マスト、索具、タール塗りの麻、油引きの亜麻が、すべて無数の種々の人手を経て最終的に造船所に集められ、そこでは船の骨組が船台の上におかれる。美しく有用な船をつくるために、いかに多くの人が雇われることか！　また船を進水させるために、どんなにすばらしい技術が用いられることか！

船大工、かしめ工、マスト工、指物師、彫り師、塗装工、鍛冶工などが船体を完成させる。艤装するにあたり、職人が雇われる。縫帆《ほうはん》工、ロープ製造人、錨鍛冶、滑車職人、火砲鋳造人、桶職人、（絶対に必要だがわざわざ言及するまでもない、じつに多数の小物を仕入れるために）船具商らである。そして最後に、船に食料を供給するビール醸造人、肉屋、パン屋等々がおり、みな航海の手助けをする。

貿易商と呼ばれるあのすばらしい通商の頭《かしら》が率いるこうした人々はみな、艤装に従事するけれども、大洋でいかに船を操縦するか、荒れ狂って道もない海上でどのようにして船を進ませるかについては、何も知らない。彼らの役目は艤装し、すべて統率者に引き渡すまでである。だが航海については、船員とか航海士と呼ばれる別の種類の人が担う。そして商人は船を引き渡すと、船が帰国するまで仕事はなく、帰国したらまたそっくり同じ仕事を始める。そんなわけで、活動の範囲はいつまでも同じでありつづける。

さらに、航海士とか航海の指揮者は、リスボン、カディス[2]、ハンブルク*、リボルノ*といった都市へ航海するために、取引所で船の申請をする。こうした人は商品を積み込んで引渡し先の港まで無事に運び、そこでふたたび船荷を積んで帰るが、それ以上のことは何も知らない。その船荷証券でさえ、何も知らないことを型どおりに言明したうえで署名し、船荷の嵩（大桶や大樽や梱《こり》がいくつあるか）は書くものの、「中味は不明」などとつけ加える。

船で自国に戻ると、税関で申告をし、いわゆる船荷を陸揚げする。それから運送料を受け取り、乗組員に賃金を支払い、船をドックに入れ、そこで彼の活動範囲は終わる。この範囲は、たとえどんなに重要であろうとも、それ以上には広がらない。一般的なものであれ特殊なものであれ、貿易とか通商について彼が知っているのは、ただ目の前にあることだけである。

おそらく、ほとんどの商取引、商人を見渡し、同じような例をあげられるだろうが、これで十分である。したがって、端的に言えば、一般的なあるいは普遍的な「通商案」が、間違いなく世界で切望されているのである。

商業界にいちばん通じた人が話題に上るとき、それは広い知識を持ち、博識な貿易商だとわれわれは言う。確かに、売買に携わる人々のあいだでそうした言葉を、わたしは聞いたことがあるけれども、そういう人間にお目にかかったことがあるとは言えない。

とりわけ現在営まれているような世界の通商は、商取引の果てしない大洋であり、その舞台の海と同じく、道がなく計り知れない。貿易商の投機も追いかけづらく、それはちょうど、手かがりもなく迷路とか迷宮をたどるようなものである。

現状にこう苦情をのべた後で、世界貿易全体のために以下の普遍的な案を示す、などと言うほど筆者は傲慢ではない。わが国の貿易について提議できれば十分なのだ。しかもわが国では一般的な通商について語る人は多いが、それを理解する人はごくまれだというのが、残念ながら真実である。

本通商案も、ヨーロッパ貿易がわれわれにとって一般にいかなるものかについてではなく、わが国の通商がいかなるものでどれほどの規模のものか、どのようにして現在の規模にまで達したか、そのまま維持し持続させるにはどうすべきか、（そしてこの試みの真の目的であり、またそうあるべきなのだが）どうすればさらに改善し拡大できるかについてのべるものである。

わが国の貿易の衰退、製造業とりわけ毛織物製造業の衰退に強い不満が聞かれる。本論において、この逆の事実が明白に立証され、その根拠は容易に論駁されないだろうと思う。ドイツの大したことのない地域や地方などで消費されるわが国の製品について、少なからず悲観的な言辞が弄されている。だが、わが製品は上げ潮と同じで、たとえある地域では堤防で阻まれても、同時に他の水路を通って世界中のさまざまな地方に広がり、しかも毎日たくさんの新しい流出口を見つけるので、遮断の影響は感じられず、陸から海へ所を替えたように、ある場所での損は別の場所で取り返すのだ。

羊毛の生産量が増え商品が消費されているなら、製造業が下り坂になるはずがない。一方、外国でも国内でもわが国の製品の消費がきわめて増大したことは歴然としており、これは外国で商関係が増え、国内の人口が増したためである。しかも消費の増大は、ドイツがわが製品の禁止をどんなに主張しようとも、フランスがいかにわが製品の模倣をしようとも、それをはるかにしのいでおり、またそうした外国の状況は、わが国の鈍重な不平家たちがほのめかすほど深い傷を、われわれに負わせることはできない。

しかしながら、本書は、どういう損失をわれわれがまだ被るかとか、今後いかなる苦難に遭うかといった彼らの言い分に、十分答えられるように考慮しており、すぐに論駁できることを示すものである。わが国の貿易を別のところで向上させ増大させればよいのだ。すなわちそこは、このような禁止や模倣が及ばないところであり、またけっして起こりえないことだが、仮にヨーロッパの半分がわが国の製品を入れなくなったとしても同じだけの行き先をつくり出し、わが国の市場にするところである。そうなれば全世界といえどもわれわれを征服できない限り、押しのけることはできないだろう。

これが本論の要旨であり、本書を生んだそもそもの考えである。もしわが国の貿易が世界の羨望の的で、人々がその上を行こうとか妨げようと企んでいるならば、われわれは貿易の支柱になるものをますます熱心に探すだけだし、成功する余地は十分にある。世界は広い。新しい国々や新しい民族があって、新しい通商ができるように、植民も、改善も、住民の支配もできるかもしれない。そうすれば、何百万という人々がわが国の製品を新たに求めるようになるだろう。

われわれやその他のヨーロッパ人がすでに入植した国を文明化したこと、つまり裸の未開人に服を着せ、野蛮な民族に生活の仕方を教えたことが、まさにいま目に見える効果を生んでいるのはもっとも明らかな事実だ。そうした国々が、他の製品はおろか毛織物製品も、毎年のようにもっとたくさん欲しいと言ってくる。ブラジルやアフリカ東岸のポルトガル植民地が、このまぎれもない証拠となる。同地に現在送られているヨーロッパの製品は、約三〇~四〇年前の五倍を越える。しかし、ヨーロッパ住民は、それに比例して増えてはいない。その他の外国でも同じような例をあげられるし、それも少なからぬ数に上るのだ。

だから、植民地を新たに創設し、入植を終えた植民地もさらに改良すれば、効果的に向上が図れるだろう。というのも、似た原因は似た結果をもたらすからである。新しい民族に服を着せれば、消費を増やすので商品の需要を増大させないはずがなく、その増大した需要がわが国の貿易を繁栄させる。

ここに、通商という未知の大洋が目の前に広がり、実例もいくつか提示されている。もしも国民の威信と能力と活力をもって乗り出せば、わが国の製造業者には、市場の在荷過剰がほぼなくなるような、またヨーロッパのどんな禁令も流れを止められないような新しい貿易の水路が開かれるだろう。

わが国では、植民と土地改良がとても奨励され、入植によってプランテーションが成功を収め、一部の州だけでなく王国をもイギリス領土に加え、通商の大洋にまっすぐ乗り出した。われわれはますます増大していく富のために世界を驚異の念で満たしたと確かに言えるかもしれない。それなのにいま、すべての大きな企図にただちに終止符を打ち、拡大への気持ちを抑え、一種の不可解で奇妙な愚かさから突如として怠惰になるとすれば、それも、もはや乗り出す余地が見つからないためではなく——というのはその逆であることは明らかだからだ——、もう十分で、貿易で征服する地域をこれ以上探そうとしないとあれば、なおさら驚くべきことである。

あらゆる事例、あらゆる国において、成功すれば人はやる気になるものだ。豊かになればさらに豊かになろうと努力する、「富への愛は高まる《クレスキット・アモール・ヌムミ》……」(3)のだ。だから貿易では、プランテーションの増大や拡大、通商の膨張や繁栄、そうしたすべての行為における貿易商や農園主の利益が、確かに植民への欲望を強め、通商を拡大する。そして投機を多くし新しい植民地を探し出し、また新しい投機を練り、利益を高めるために新しい発見をしようという欲望で、貿易商を燃え立たせる。

他国でそうなのに、この国でそうでないとすれば、不思議に思える。スペイン人は怠惰な国民であるが、その植民地は最大の欲を満たすにも十分なほどじつに豊かで、大きく、広かった。そのうえ彼らは、探すべき土地がもはやなくなりじっと座り込むまで、少なくとも発見できる金山とか銀山がもうなくなるまで、あきらめなかった。

ポルトガル人は活力がなく、高慢で、いわば貿易では衰えた国民であるが、どうやってブラジルや東西アフリカで不断に植民地を増やし続けるのだろうか？　またなんとすべての国々で通商が拡大していることか！　それもマリンディ[4]、ザンジバル*、コンゴ*、アンゴラ*、南北ブラジル、その他あらゆる地域の多数の民族を、キリスト教神法*と通商政策に従わせてである。そうしてポルトガル人は未開の民族に規則正しい生活をさせ、彼らを統治するだけでなく貿易にも役立つようにしている。

しかし、われわれはたとえわずかでもこの種のことをしただろうか？　わが国のあらゆる植民地で、たとえわずかでもアメリカ原住民の歓心を得ようとしただろうか？　われわれのなかで生活し、われわれに仕えるように仕向けられた者は、いかに少ないことか！　われわれはたとえわずかでもその種の進歩を誇れるだろうか？　わが国のあらゆる植民地は、イギリス人だけを頼りに営まれているように思われる。またあらゆるプランテーションにおいて、有力な民族を全面的に服従させ、文明化された統治の規則正しさと指導の下で生活させたとは言えない。ニューイングランド*の少数の（ごく少数の）プランテーションだけは例外である。

新しい植民地や征服地はとても広く、多様で、利益がたくさんあるのに、それについて考えることさえまったくやめたように思われるのは、どうしてなのか？　それどころかわれわれは、偉大なドレーク[5]、キャベンディッシュ*、スミス*、グリーンフィールド*、サマーズ*、とりわけ、だれよりも偉大なサー・ウォールター・ローリー*などといった、わが祖先の輝かしい進歩を忘れているように思われる。だが、彼らの非凡な才能を足場に、あらゆるイギリスの発見がなされ、また現在、アメリカ〔大陸〕のいわゆるイギリス帝国を形成する植民地やプランテーションすべてに入植し建設したのである。これでわれわれは満足しているように思われる。まるで全力を尽くし、いま手にしているもので十分に満ち足りているかのごとくであり、冒険心は昔の発見者たちといっしょに葬られ、この世には可能性もないし、少しでも先を見ようという人もいないかのごとくだ。

ところがこれに反して、世界は、われわれの野心を刺激し欲を満たすのにさえ十分なほど、貿易の広い舞台、商取引の新しい場を与えてくれている。それなのに、われわれには冒険心がないように思われる。またわが国では人材に事欠くわけでもない。それどころか、ここには商売も仕事も励みもない何千もの家族がおり、持ち出せる貯えもあるし、冒険心が蘇ればいつでも外国に出かけられる多数の人々がおり、事業の情熱に燃え、その端緒を切り開こうとしてじつに活発な人々もいる。

以上が、新しい通商の世界を築き、新しい貿易の源泉を広げて大きくし、海運と製造業を盛んにする扉を開く手段である。そのような企てにふさわしい場所はきわめて多く、利益もじつに大きい。だから、自身の利益を追い、世界でもっとも暮らしやすい土地に入植するのをためらうさまを見るほど、不思議なものはないと言いたい。しかも、他の追随をけっして許さないほど有利に、また外国でイギリスの財産を昔の五倍に増やし、豊かにし、利益をもたらすように入植できるのにだ。

こうした土地、つまり入植にふさわしく、通商に適し、イギリス国民を富ませ強大にする条件を備えた土地について記述するのは、本論には過大な作業であるだけでなく、当面の課題にもそぐわないように思える。われわれに貿易の才能が蘇り、冒険心が回復するまで、待たなければならない。そうなった暁には、前述のような事業の促進にも、奨励の申し出を受ける起業家にも、事欠かないことが明らかになるだろう。

以上はわが国の貿易全般にとり、とりわけ国王陛下の全領土の繁栄にとり、もっとも重要な事柄である。

だから筆者は、本書の扉*に記したように、こういう事柄を陛下と議会にご考慮いただきたいと慎んで付託しても傲慢だと思われることのないよう、慎んで期待したい。陛下ならびに強力な立法府が考慮するに値する事柄であって、陛下や上院議員や下院議員ほどの権力がなければ、こういう改善の車輪を回すことがまったくできない。そしてみなも知っているように、国王陛下は王国全体の繁栄を深く心にかけられ、そのために道理にかない実行可能な提案にはいつも喜んで耳を傾けて下さるということ、また議会はつねに快くいっしょになって同じ公正な努力をしてきたこと、そのうえ、ここでの提議やその他の提案は、明らかに実行可能で道理に適っている旨をのべ、名状しがたい満足を覚えながら結びとする。イギリスの通商の改善はもはや計画や理論においてではなく、日々のしかるべき進歩として目に見え、ついには国家全体の栄光と繁栄を成就する時がくるだろうし、また近づいていることを疑わない。

第一編

第一章　商い全般について

だれでも商いの話は宗教の話と同じようにするが、分かっている人はほとんどいない。用語そのものが曖昧であり、ふつうの語義で十分に説明できるわけではない。

土地土地で行なわれるのは商い《トレード》、一般的には商業《コマース》である。自然の実りを表わすときには産物《プロダクト》または生産物、労働による成果の場合には製品《マニュファクチュア》と言う。実際の商いにおいても同じである。卸のときには卸売り《ホールセール》、個別のときには小売り《リテール》と言うからだ。国家間の話のときには取引関係《コレスポンディング》、輸入だけのときは商取引《マーチャンダイジング》と呼ばれる。商いの進め方においてもまた同じで、商品を交換するなら物々交換《バーター》、硬貨を交換する場合には通貨交換《バンキング》、換金《ネゴース》、貨幣処理《ネゴシエーティング》と呼ばれる。それで、わが金融業者は通貨交換業者《バンカー》と以前は称されたし、名だたるわが国の通商公庫は通貨交換所《バンク》と今日称されている。

一般に国内の商いは、労働《レイバーリング》と売買《ディーリング》という二つの平明で簡素な用語に、もっともよく包含されている。

一、労働の部門。ここには美術品、手工芸品、あらゆる種類の製品が入り、こうした仕事に従事する人々は当然ながら職人《メカニック》と呼ばれる。彼らは概して商いのもっとも重要な要因、すなわち陸や海の産物、そこに生息する動物などの産物を使う。簡単に言えば、それは植物《ヴェジタティヴ・ライフ》や動物《センシティヴ・ライフ》といったふつうの生産物だ。たとえば、前者から生じる金属、鉱物、作物、あるいは後者の動物とともに生長し、動物から産出される、獣肉、皮革、毛皮、獣毛、絹などである。
二、売買の部門。つまり、勤勉な職人の手で仕上げられ、人間に役立つようになると、技術と労働により生み出したものをすべて携え、ある場所から別の場所へ、ある地方から別の地方へと、人々の必要と便宜の求めに応じて運ぶが、当事者どうしがもっとも同意できる条件にもとづいて引き渡すことから成り立つ。これが商いであり、硬貨と呼ばれるどんな交換にも通用する媒介物で行なっても、あるいは硬貨の代わりの通貨で行なっても、かまわない。

注　一国の権威が交換の媒介物と定めたものは何であれ、当然ながらその国の通貨である。ただし、金や銀その他の金属貨幣しか、めったに硬貨とは呼ばれない。

こうして、売買と製造は商いのすべてをなす。すなわち、まったく自然で本来的な状態においてである。そしてわれわれが知っている商いの各部門を言い表わす、その下の用語の区分や区別はすべて、慣習で採り入れ、長い時間をかけて認知された現代ふうの名前にすぎない。仕事の仕組みのなかでたまたま必要だったり、それぞれの製品の種類に応じたりして、類別のために職人たちが一般に使い馴らして根づかせた名前である。

商品《グッズ》という言葉は、製品であれ産物であれ、世界でもっとも偉大な商人でさえ取引するはずの、ありとあらゆるものを含む一般的な用語である。商業用語では今日、次のように表現するのがふつうである。たとえば、小売り《リテーリング》の場合、店にはどんな商品《グッズ》もそろっている、と言う。卸売り《ホールセール》の場合、商人は倉庫を商品《グッズ》でいっぱいにしていると言い、家政《ハウスキーピング》の場合、屋内の家具はみな家財《グッズ》ないし家財道具《ハウスホールド・グッズ》と呼ばれ、商交渉《マーチャンダイジング》の場合、船は貨物を積んだと言い、東インド(6)船の場合、嵩高貨物《バルキィ・グッズ》（胡椒《こしょう》、硝石、赤色土、紅茶などをこう呼ぶ）を運びだしたあとの残りの荷は反物《ピース・グッズ》だというように使う。

商業用語がさまざまであるように、商いに携わる人々も異なる肩書きをもち、ふつうそれぞれの名称で知られている。

いちばん下のより卑しい仕事に係わる人々は肉体労働者ないし労働者、労働貧民《レイバーリング・プア》とふつう呼ばれ、たとえばたんなる農夫、鉱夫、坑夫、漁師といった人たちであり、つまるところ、自然や技の産物をつくるのにあくせく働く者や肉体労働者すべてを指す。その次は、おそらく同じように骨折って働くだろうが、勤労に何らかの技が入り、仕事の仕方を特別に教わる人々であり、職工とか手職人と呼ばれている。

その上位にいるのが先達とか親方であり、こういう人々は名工、職人とか工芸家と呼ばれ、一般に職人という単語で全員が理解されていて、たとえば織物業者、織屋など、また金物類、真鍮、鉄、鋼鉄、銅などの手工業者である。

さらに上位にいるのが、前述のような卸売りか小売りで売り買いするだけの商人であり、仲買人、小売商、卸売商人である。

以上はみな商売人と総称される人たちであり、ちょうどいま世界の商いを推し進めているおもな人ないし職種である。

このように截然といくつかの区分と、商売人それぞれの名称を説明した。だから、独特で特有の技術の区分や用語を用いながら、商業の分野の話をする際、われわれはもはや途中で用語の説明をする必要もないし、あわてて趣意をたずねる面倒を読者にかけることもないであろう。

また回り道をしても、ある陰口を取り除かなければならず、これがもう一つの難事である。この陰口は、商いに反感を抱き、それに代わって地位とか古い家柄とかその他の名誉を主張することに関係している。世間ではこれに関してまるで説得力のないもめごとに出くわす。思うに、これはこの場で論じるべき問題なので、せめてわたしは、ここで論を尽くそう。そうすれば、これからの議論で読者をこの陰口の問題でもう困らせることはないだろう。もっともわたしは、当世のお門違いの揚げ足取りのせいでしつこく悩まされるかもしれないが。

　高慢が恐ろしい無知と結びつき、優位に立つのはどちらかをめぐり、伝統があるのを口実におとなしい商業界をしばしば攻撃する。それらは世の中を二つだけに、つまり上流《ジェントリー》と庶民に分けようとする。上流には、貴族階級や、古くからのジェントルマンの家系、いわゆる封建領主と以前は封建領主と呼ばれた人たちが並び、また学識者や軍事家、つまり軍人や聖職者たちや、太古このかた庶民の血と無縁のジェントルマンであったと紋章を根拠に主張するすべての家系が、しぶしぶ認められている。

　この家系という通語を――それ以上のものではない――、高慢と無知は、全社会のなかの商業界に対立させ、商業界には身分はおろか威信も認めずに、職人という一般的な、あるいはやや通俗的な名称で一括する。商人でも一部の人は偶然や事の次第により、傍系の、いや、ときには国内の最高で最古の一族の直系の、上流の真正な成員であり、また長年にわたりそうであったにもかかわらずだ。

注　ここでわたしがおもにわが国について、また他ならぬイギリスでとくに擁護されている思い違いについて、のべていることに留意されたい。

　まず、家柄の古さについてだが、まさにこの点で、そういう商人とジェントリーは家柄を振りかざすべきではないと思う。アダムの(7)一族で、しかも長子が相続しつづけているもっとも高貴な子孫でさえ、じつは職人《メカニック》であったからだ。それというのも、誠実なユバル*とトバル*は、この世で最初のバイオリン製作者と鋳掛け屋だったのである。ユバルはバイオリンなどの楽器を発明して製作し、トバルは最初の金物工で英語で言うと鋳掛け屋であり、それ以外ではない。

注　その後長い間（たいへん長期にわたり）、これら職人の息子や孫息子は国王や君主、大公や貴族だったのである。

大洪水が終わってまたこの世が人間でひしめき、まだ貴族とか職人の区別がまったくなかったころ、人はみな労働者であったように思われる。たとえば、バベルの塔*と呼ばれるあの途方もない建造物を建てたときを見てみよう。確かに、そこの棟梁であった熟練石工組合員や仲間の煉瓦職工は当時、最高位のジェントリーに属していたのである。

人間社会が拡大したころ、ノアの孫息子シドンは自らの名を冠した都市を建てたが、この町はいまだに同じ場所にあって今日まで同じ名前である。

こうして航海が始まった。ノアは最初の造船工、またはわれわれの言い方では最初の船大工（真の職人）だったので、彼の子孫は最初の小舟を、後には船をこの地でつくった。その船が気質、理性、必要に応じて、沿岸の近隣諸国と商いをしたのである。航海術の揺籃期には、北の各地へ、アレクサンドリア[8]（現在はスカンダルーン）湾へ、キリキア沿岸*へ、小舟を漕いで行った（初めのうちは帆がなかったからである）。そしてキリキア沿岸に、世界で最初の大造船所《グランド・アーセナル》と言うべきタルシシ*を建国したので、その後長い間大きな船はタルシシ船と呼ばれた。貨物船は他のどこでも建造されていなかったのである。

彼らは現在のヤッファ*であるヨッパへ、そこからダミアータ*、エジプトへと沿岸を南下もした。そのエジプトで彼らの祖先チャム*が、長年にわたり全アフリカ皇帝として君臨したのである。サー・ウォールター・ローリー著『世界の歴史』を見よ。

このように人間と富が（商いによって）増え、一つの都市の領域とか一つの海港の交易だけでは間に合わないほど大きくなりすぎたので、彼らは植民地をつくり分散し、海運と商取引に便利なツロ*にまず定住した。

　ここでふたたび彼らは、わたしにはこう信じる理由が十分にあるのだが、世界で匹敵する者がいないほど目をみはる商取引を行なった。ただ例外は、ちょうど現在、つまりいまイギリスでなされている大きな商いなのだが、これについては適当なところでのべることにしよう。

　ここで、古代文明人は商人の社会的地位が低いなどと思わなかったと、揚げ足取りに負けずに読者に証明しよう。預言者エゼキエルは、「あなたの熟練な人々はかじ取りであったし、あなたと交易するのは君主たちである」(9)と言っている。あるいは、「ケダルの君主たちはあなたと交易した」と、「エゼキエル書」二七章二一節にはっきりあるので、「あなたの君主たちは交易する」と読み取る人たちもいる。

　商いと航海には長い歴史があることについては、これだけで十分である。歴史ある商家に関して、下層の生まれだが機知のある最近の詩人を引用しておこう。


　ローマ皇帝(10)でもナッサウ家*でもこれほど高貴ではあるまい。


それではなぜ、この世の富が商いから生じると見なされているのに、商業は儲けのからくりだ、商いの世界は卑しいなどと見下すのか？　聖書でもツロにつき、「あなたはあなたの商品をもって地の王たちを富ませた」と、同じく二七章の三三節でのべているではないか。

　しかし、われわれの問題として考えてみよう。われわれは富裕で、人口稠密で、勢力のある国民であり、そういうことにかけてはいくつかの点で世界でもっとも際立っており、そのことを誇りにしてはいないだろうか？　すべてが商いに起因したものであることは明らかだ。「われわれと交易するのは君主たちであり」、しかもある現実の君主たちよりも卓越し、豊かで、強力である。要するに、ツロと同じように、「われわれの商品をもって地の王たちを富ませた」。われわれの商品をもってとは、われわれの商いをもってという意味である。

　これは疑いのないところであるが、もしも有用性ということが人間なり事物の特性の一つに加えられるとすれば、商売人はほとんどいかなる議論が持ち出されてもいちばん先にくるだろう。この世界において、商業の恩恵を受け、商業の有効な改善のおかげで繁栄していないような国民はいない。商いはあまねく儲けのからくりだとけなす虚栄心の強いジェントリーでさえ、どうしても入用な生活必需品を手に入れるためには、いつも商いに頼っているではないか？　たとえ売らないにせよ、彼らはみな買わなければならず、したがって一種の商人そのものである。少なくとも彼らは商業の有用性を、それなしでは快適に暮らせないものとして認めているのだ。

　それどころか、イギリスの多くの地方において彼らは真の商人であり、買い手であるとともに売り手でもある。例をあげれば、聖職者が十分の一税[11]を受け取るように、領主が現物で小作料を徴収するならば、彼らは（要するに）多角的な商人である。大麦を麦芽業者に、小麦を粉屋やパン屋に、オート麦を穀物問屋に売り、羊や去勢牛を市《いち》で肉屋に、品評会で牧畜業者に売る。羊毛を刈って羊毛仲買人とか織物業者に売る。去勢牛とか子牛とか羊を自家用に殺すときは、なめしていない皮を買う獣皮商人や製革業者の世話になる。材木を売るときは職人にならざるをえず、樹皮を製革業者に、材木を造船工や船大工に、柴や粗《そ》朶《だ》の束をパン屋や煉瓦工に売る。

　要するに、有益な商いがジェントルマンを支えているし、いわゆる職人がいなければ彼は地所の生産物を処分し、地代を得ることができないだろう。みずから望むのではなく、必要に迫られ恥を忍んで売買し、まったくの職人のように商うのである。

だがこれだけではない。ジェントリーがもう少し身近に目を向ければ、自分たちが実際商売人に身を落としているだけでなく、人生の浮沈が、いや、血統そのものが、いわゆる彼らの言う職人と混じり合っていることを知るだろう。暮らしが逼迫すれば、最高位の貴族ですらこういう混交にしばしば甘んじる。だからまさしく必要に迫られたおかげで、かつて固執していた差別の不合理性を悟るのである。

こうした人々が、次のような事実をきっと毎日見ているはずなのに、自分たちを際立たせようとするのは、きわめて愚かなことである。すなわち、暮らしが豊かになれば職人――と彼らは呼ばせたいのだが――がジェントリーになって地位を上げ、貧しくなれば最高の家柄でも職人と同じ地位に下がる、という事実をだ。

繁盛している商人はジェントリーにまで身分を高め、没落したジェントリーは商いに身をおとす。商人あるいは、おそらくもっと卑しい職業に携わる人間が、誠実に働き、倹約し、長期にわたって仕事に没頭したおかげで成功し、大富豪になって娘たちを最高の身分のジェントルマンに、おそらく貴族に嫁がせる。それから彼は財産の大部分を相続人に委ね、貴族になる。旧家とこのように混じり合った血筋について、次の世代は少しでも気がとがめるだろうか？　われわれは現在、二人の公爵が故サー・ジョサイア・チャイルド(12)の女系の子孫であり、また彼の跡取り息子がアイルランドの貴族であるさまを目にしていないだろうか？　似たような例はたくさんあげられるかもしれない。

他方、没落しつつあるジェントリーが、身代を減らすなかで、息子たちにしばしば商いをさせて、彼らの精励によって身代を取り戻すこともよくある。こうして、ジェントルマンが商人になることにより、商人がジェントルマンになるのだ。この例もあげられるだろうが、あまりにも最近のことなので固有名詞はひかえる。

したがって、商人をかくも軽蔑してきた人は、世間をまるで知らないか、まったく事実を正しくとらえられないか、そのいずれかであるに違いない。こうした人はきっと次のことを忘れているに違いないのだ。すなわち、ジェントリーはいわゆる彼らの言う市の繁栄《シティ・フォーチューンズ》の恩恵にあずかり、一族の興隆をいつも喜んでいるが、そのためには商いがこの世でいつもどんなに役立ったか、またいまだに役立っているかということを、他方、栄誉の証として自分をジェントルマンと呼ぶジェントリーでも道徳上の不祥事でもあれば、どんなに卑しい市民でも相手が慎み深く美徳にあふれた女性だと、そういう女性とは結婚するに値しなくなるということを、である。

だが一般論を続けよう。そのほうがいま問題にしている論点にふさわしい。商いは世界中で普遍的な富の源である。アフリカやブラジルの金、メキシコやペルーの銀は、商いがなければ鉱山とかギニアやチリの川の砂のなかで、静かに眠っていただろう。ゴルコンダ*やボルネオのダイヤモンドは、もしも努力して見つけなければ、航海が発見を促さなければ、商いが地球全体に流布し、広めなければ、泥のなかできらきら輝き、今日まで磨きをかけられないままだっただろう。

ソロモン*でさえ、奇跡により金を手に入れなかったならば、神殿を飾れなかっただろう。もし彼が貿易商になって船団を送り、東インドから、すなわち、彼の仲買人たちが金を手に入れたオフル*のことだと思われるスマトラ島のアチン*から、金を持って来なかったならば。

そのように効果的に商いが世界の富を増大させたので、既存の世界の至るところで、国家や王国や政府の貧富が、世界の商業全体の分け前にあずかっているかいないか、多少とも関係があるかないかによっているることは、注目に値するとともに、このうえない観察の対象である。(13)

商いを目の敵にし、勤勉や向上をよしとしないトルコ人は、世の中を改善し啓発するよりもむしろ、人口を減らすことは明らかである。現状を見てほしい。彼らはひどく貧しい！　苦悩するほど貧しい！　人々は無精で怠惰で飢えているが、政府はいくらか富を手にしている。なぜならば政府は非道で、広い領土の貧しい国民から好きなだけ奪い取るからだ。ある地域で奪い取るものがほんのわずかでも、政府に進貢する国民や民族の数がとても多いので、全体ではたいへんな額に上る。だが国民や民族は極度に貧しく悲惨であり、これもまったく商いがないためである。

　商いに関しては、ヨーロッパ人やユダヤ人が現地で営んでいるものを除くとお話にならず、ほとんど商業とは呼べない。トルコ人には農産物も国民の労働生産物もなく、商品であれ工芸品であれ何も奨励されていない。なるほど無知な人は、たとえば薬材、動物の毛、絹などといった貴重な自然の恵みを持ち帰れると自慢する。しかし、われわれの知るところによれば、そういう品々はトルコ製とかトルコ産ではなく、トルコの領土とはまったく別のアルメニア[14]とグルジア*の産物、カスピ海沿岸にあるペルシア*のギーラーン州とインドスタン州の産物である。しかも、両州に昔から住んでいた年取ったキリスト教徒たちの労働生産物なのだ。イスラム教徒たちはほとんどあるいはまったくかかわらない。彼らは商売や労働をひどく嫌い、勤勉を蔑み、したがって飢えている。もしくはこうした商品はレバント*と多島海*の島々の産物である。綿糸、グログラム*や山羊《やぎ》毛の紡ぎ糸、白色や真鍮色の絹等々は、それらの島々の貧しいギリシア人住民の製品であって、土地を耕し大地に絹と羊毛を産み出させ、手仕事で紡いで糸にし、製品に仕上げる。ところで、結果を見ていただきたい。イスラム教徒たちはほとんど商いをしないので、あまり財産がなく、農産物はほぼできず、しかもそのわずかばかりのものがひどく安くしか売れないので、じつに大勢の人の労働が無駄に終わるのは気の毒であろう。エーゲ海から黒海*に至るナトリア*と小アジアの実り豊かな地方はみな、かつて世界のもっとも富裕で人口稠密で肥沃なところであった。それとともに、イオニア海*からドナウ河岸に至る、モレア半島*とアカイア地方*（古代のペロポネソス半島）、テッサリア*、マケドニア*、トラキア*の肥えた平原もみな同様であった。そこではいま何を生産するのだろうか？　偉大な都市コンスタンチノープル*はなるほど穀物を供給されているが、どのようにしてか？（**注**　言及する理由はここにある）。穀物は収穫されると商人に売られ、海上輸送する船に積み込まれ、運送料も積荷の上げ下ろしの全費用も支払われる。しかし、当の大麦はコンスタンチノープルの市場で、一ブッシェル[15]につき三ペンスでずっと売られてきた。

　もしもこれがはるか昔のことならば、頻繁に耳に入らなかったならば、いまロンドンに住んでいて本当に信頼がおけてその値段で買ったと請け合う商人がいなかったならば、とっくの昔の話だしなんら法外なことではなかっただろう。イギリスも同様だったことをだれもが知っているからだ。しかし、コンスタンチノープルではこの一〇年ないし一二年の間変わらなかったのであり、穀物が豊作の年も、たぶん同じかもしれないことを、わたしは信じて疑わない。貧しい農夫が耕作、播種、収穫、脱穀、運搬にたいしてどれだけ報酬を得るか、あるいは地主が土地からいくらの利潤をあげるかを推測するのはむずかしい。とはいえ、トルコ皇帝が総地主で、地代の代わりに全国民から租税を徴収しているのだと思う。

　ところで、一国のこうした貧困はみな何に由来するのか？　原因は商いがないせいで、その他の何ものでもないことは明らかである。例としてわが国の過去を振り返れば、農産物と国民の労働生産物が前の例と同じく安く、上等の小麦が一ブッシェル約四ペンス、太った羊が一頭約三シリング四ペンス、太った雄牛が一頭約一八～二四シリングであった。これはいつごろのことだったのか？　じつに商いがなかったころであり、しかも商いがなかったためなのである。また現在の格差を生んだ原因は、イギリスでも世界の他の地方でも同じく、商業の拡大以外の何ものでもない。そして世界のあらゆる地方における食料の値段と土地の価格が、国民にそれを支える商いの有無によって、高いか低いか、大きいか小さいかが決まるのは明らかである。

商いは、製造業を促進し、発明を促し、人々に仕事を与え、労働を増やし、賃金を支払う。人は働くとお金を支払われ、その賃金で食べ、衣服を着、元気づけられ、人々のまとまりができる。国内にとどまり、仕事を求めて外国に流れて行かないようになる。雇用があるなら人はそうするだろうからだ。

このように人々をまとめておくことが、じつに問題の要なのである。それによって人口は増え、国の富と力も増えるからだ。

人口が増えると食料の消費が増え、食料は消費が増えると値段とか価格が市場で上がり、食料の値段が上がると地代が上がる。だから、ジェントルマンは財産が増えて、商いの恩恵を感じる最初の人間となるのである。

ここでわがイギリスの歴史に話を移し、いかに物事が自然法則に正しく従っていたか、商いが拡大するといかに同じ早さで食料が消費され、土地が開墾され、地代が増えて、ジェントリーと貴族の財産が増したか——地代の割合だけでなく回転がよくなったことをも含めて——、と問うても不適切ではなかっただろう。しかもそういう問いは、決定的な事実の立証になっただろう。だが、ここでは一般原則に話を限っているので、提議だけにしておく。

食料の消費が増えるとたくさんの土地が耕される。荒れ地が囲い込まれ、森が掘り起こされ、山林や共有地が耕作され改良される。これによりさらに多くの農場主が集められ、さらに多くの農場内の家屋や小屋が建てられ、さらに商いは農業の必需品を供給するように求められる。要するに、土地が利用されると人間はもちろん増え、こうして商いが改善を実行に移すのだ。商売が始まってから今日までずっと、国家の繁栄は、商いが支援されるか衰退させられるかにまさに対応して、上下したのは明らかなのである。

商いが盛んになると製品が増える。需要の多少によって、生産量が左右され、そして貧しい人々の賃金、食料の値段、地代と土地の価格は、前述したように上がったり下がったりする。

そしてまさしく国の力や強さもここに関係する。土地の価格が上下すると、租税もそれに比例して上下するからだ。わが国では土地にかかる税はすべて一種の地租であり、所定の地代が高いか低いかによって歳入が多かったり少なかったりする。そこで、エドワード四世時代、あるいは商いがイギリスにいわばちょうど根づき始めたヘンリー七世*時代の算定方法にのっとって、だれかにイギリスの土地の相場にもとづいて計算させ、地租が当時どれだけの歳入をもたらしたか教えてもらおう。例をあげよう。

もしも一ポンドにつき四シリングの租税が、現在、二〇〇万ポンド以上の歳入を生じるとすれば、当時は同じ率で三〇万ポンドも税収があれば十分と考えられただろうと思う。残りの分はみな、他ならぬ商いによってもたらされた利益によって補われる。商いが人間を増やし、人間が商いを拡大してきた。というのも、大勢の人々が仮に自活できるようにするならば、商いを拡大せざるをえないからだ。食べ物を手に入れなければならないので土地が必要となる。衣服を持たなければならないので製造業が必要となる。家を持たなければならないので職人が必要となる。家財を用意しなければならないので多くのさまざまな商いが必要となる。要するに、商いは人間を必要とし、人間は商いを必要とするわけだ。

わたしはかつて、イギリスの南部に新しい町を建設するための商いの計画を目にしたことがある。人々に来て定住してもらおうと、荘園領主たちは（その地域は三つの荘園にまたがっていたので）、おのおの二〇〇ポンドの資産を出し合い、定住を約束する五〇人の農場主に、それ相当の土地を提供することに意見がまとまった。[16]

該当するすべての農場主に、領主たちは二〇年間地代なしの肥沃な土地二〇〇エーカーを割り当てた。三〇〇ポンドの資産を持って来た農場主には三〇〇エーカーが与えられた。土地のほかにも領主たちは家屋を建てるための材木やその他資材を調達し、自腹を切って各家屋に納屋と家畜小屋をつくると同意した。さらにその他の助成も受けながら、資力のある農場主五〇世帯はみな管理する肥沃な農場と地代のない十分に広い土地を持ち、一種の円形をなして暮らすように仕向けられた。土地はそれまで一度も開墾されたことがなかったがもともと肥沃であり、それゆえに切り拓いて囲み、徐々に耕作し改良をすると、まもなく収益をもたらすようになった。

その地域は大きな円形に設計され、すべての農家が中心に向かって各農場の端に建てられると、見事に広大な正方形の土地が残るようになっていて、そこは領主たちが町を建設するために取っておいた。また農家がみな円心に向かうように整然と配置されると、門の前には通りのような空間が一〇カ所残され、片側には離れのある農家が五軒ずつ並び、その反対側は必要になれば通りにするためそのままにしておかれた。

それと同時に領主たちは次のように発表した。だれでも空いている土地に家を建てに来る人には、家の大きさに応じた広さの土地を与えること、その土地の森を伐採して建築資材を無料で提供すること、各戸に菜園と果樹園用の土地も付け、一〇年間は地代を払う必要がなく、さらに二〇年間は安めの地代、それ以後は一定の地代（最後には法外な額になるということはない）を支払うこと、である。

農場主たちが定住すると（そこにこそ問題の本質と根拠があり、まさしくわたしの目的にかなうのだが）、ただちに肉屋がやって来て、家を建てて商売を始めるまで仮住まいとして小屋をつくり、農場主たちのため屠殺して肉を売る。

注　これらの農場主たちはみな当初は二〇〇ポンドの資産を持っていたが、妻と子供（少なくとも一、二人）のほか三人ほどの召使のいる家族ばかりだと考えられる。

一軒の肉屋だけでは五〇世帯に満足に肉を供給できず、近隣の町から取り寄せなければならなくなり、とうとう最初の肉屋が刺激となってさらに二、三人の肉屋が後からやって来て商売を始めた。

肉屋の例にならい、次にはパン屋が来てパンを供給するために炉をつくる。

五〇世帯の農家は、馬に蹄鉄を打つ馬蹄工とか蹄鉄工、二輪や四輪の荷車、鋤《すき》、馬鍬《まぐわ》などをつくったり修理したりする少なくとも二人の車大工が、どうしても必要だった。この人たちはそれだけのものをつくるのに鉄製品を必要とするので、二、三人の鍛冶屋を呼び寄せた。そのうちの一人は財産家だったので金物屋になり、なくてはならない、建築や備品のための各種の錬鉄や真鍮を買い込んだ。

このように商人が集まると、当然ながら一人ないし二人の靴屋に商売を始めてもらう必要が生じ、増えはじめた人たちに短靴や長靴を供給するだけで、まもなくけっこうな商いになった。同様に一人か二人の善良で正直な田舎の靴直しも、靴を修繕する仕事を見つけられないはずはなかった。そして（その他の革細工の商いを合わせれば）馬具、鞍敷き、鞍、馬に関係するすべての必需品を扱う、一人か二人の首輪職人《カラー・メーカー》がかならずいた。

さらに、ろくろ師、陶器売り、手袋屋、ロープ製造人、三、四人の床屋、（おそらく産婆）と自然に必要とされる商いもあるだろう。

しかし建築の部門に話を戻すと、この土地の家を建てるには最低でも三人の棟梁が必要だろうし、各棟梁は、少なくとも五、六組の木挽《こび》きと日雇い労働者すなわち職工や、二、三人の煉瓦工とその使用人ならびに未熟練労働者や、おそらくそば近く仕える煉瓦とタイルの製造人を、初めは必要とするだろう。

こうした労働力を満たすために、財産のある大工の一人が風車を、また別の大工も風車をつくり、双方とも、(町が大きくなるに従って) そういう労働者がいつも働けるほどの仕事を見つける。

町はこのように発展していき、大きな馬車街道沿いにあったから、正直な飲食店主がやって来て居酒屋を始め、まもなくその後にもう五、六人が続く。最初の飲食店主は資産が増えて余裕ができたので、増築して小さな居酒屋を立派な宿屋にすると、次の飲食店主も、さらに次の飲食店主もその後を追う。そして時がたつと居酒屋は全部で一一、二軒にまで増え、そのうち三軒がいま言ったようにとても見事な宿屋で、蒸留酒だけでなくワインも売るだろう。

もうこの頃になると荘園領主たちは、新しい借地人たちに教会を建ててやるのがふさわしいと考え始め、町の中心に見事な一区画とそれに付属する大墓地を地取りする。そして主教の認可をもらって建物を神に奉献し、共同の聖職授与権者なので引き続き聖職推薦権を行使した後、手順通りに教区に昇格させ、聖職禄所有者の十分の一税と生活費を制定する法律をつくる。

これまで万事自然のままだったが、この役割はじつに聖職授与権者たちの信心が補うのである。われわれの務めは (両者において) 事態のふつうの推移を観察することであって、太陽が近づけば暖かくなるのと同じく、人が集まれば自然に商人も集まるのだ。農場主たちの定住が必需品を供給してくれる商人たちを呼び寄せる。そこに商売や仕事を見つけられるかもしれないと、商人たちに知らせるのである。従軍商人が軍隊の後について行くのと同じく、肉や飲み物が必要なために肉屋やパン屋や飲食店主が自然にやって来て、農場主たちといっしょに定住する。

だが先へ進もう。ある町が新たに建設され、多くの家族が集まったという知らせを、噂が広める。食料雑貨商が自分に出る幕がないかどうかを確かめに行き、扱っているような生活必需品がないと知ってある中心の通りに一区画を買い、居宅を定める。だが最初は前の肉屋と同じく、屋台とか小屋を大急ぎで建て、そこに商品をそろえて開店する。そして二、三軒のろうそく店も同じことをもっと離れた区画で始めるが、おそらく商品は食料雑貨商から買うのだろう。

薬種商も食料雑貨商の隣で店を開き、織物商がその次に、それから帽子屋、反物商、婦人帽子屋といった具合である。このようにしてしだいに町にはあらゆる種類の必要な人が住むようになり、物がそろうようになる。とうとうしばらく経つと荘園領主たちは改善を続けるために、一週間に一度の市《いち》と、一年におそらく二度または必要に応じてそれ以上の品評会を開く特許を得る。

このように環境が整うと、その他の商いも現われる。たとえば、第一にもっと多くの居酒屋、第二におなじみのビール醸造者、第三に各種の樽を扱う樽屋、白鑞《しろめ》細工師、二、三人の弁護士（あるいはむしろ代理人）である。弁護士たちは書類を書き、人と人の契約や取引や合意を整え、やがてそのうちの一人は治安判事[17]にされ、だからすぐに首長も誕生する。

その間に別の商いも通りをうめる。住民がしたいと思えばビールを醸造できるように、麦芽製造所がおそらく二、三軒建てられ、災難に備えて外科医も現われる。この頃までには町は人口稠密になり始めるからだ。

善良な女性たちもまた勤勉でやりくり上手で糸を紡ぐ。だから、リネン織工、羊毛織工、亜麻・麻仕上げ工、要するにそういう女性頼みの仕事はなんでもあるに違いない。

いままでのところ、物事の道理と結果は前にのべたことと合致する。こんなふうに町や家族は、いや、国や地方は建設され入植され、商業によって繁栄し、人口稠密になる。

次に収支計算をし、古くからの慣習に従って人数を数えよう。集計結果はこうなるだろう。

五〇人の農場主、めいめい妻と二人の子供をもつ。想定しうる最小の人数………二〇〇人

各農家に二人の下男と一人の女中、二〇〇エーカーの土地を所有する農場主ならこれ以下でやっていけるとは考えにくい…………一五〇人

このような場合にかならず集まる商人とその家族。一軒につき五人、一四三家族として計算………………七一五人

他の地方からやって来る人を以上に加える。乳母や産婆や馬丁や年季奉公人など…………三三五人

総計　一四〇〇人

ここに五〇人の農場主がいて、彼らと召使を合わせても三五〇人にしかならないが、必然的にそれからさらに一一〇〇人を引き寄せる。かくして人が商いを生み、商いが町や市を建設し、ある国に有益で卓越したあらゆるものをもたらす。そして五〇人の農場主が定住するところはどこであれ、少なくとも一〇〇〇人の人間が当然集まってきて、近くに暮らさなければならないのだと主張したい。

あげるべき例は山ほどあって、ベネチア共和国(18)はこんなふうに始まったのである。不幸な人々の群れが、ローマ帝国を侵略した野蛮人たちの凶暴を逃れて、アドリア湾の近よりがたい島々に避難した。

なるほどここで彼らは安全を手に入れ、生活を営んだが、それだけのことであった。ところが商いを始め、海洋に目を向け、航海と商業に専念したので、なんと速やかに世界で地位を高めたことか！　多島海やレバントに手を伸ばし、イラクリオン(19)やキプロス、エウボイアやキオスといった重要で豊かな島々を征服した後、モレア半島やダルマティア*やエーペイロス*を占有し、多くの国王に優るほどにまで支配をしだいに強めていった。

知られているように、ベネチア共和国の都市はすばらしく華麗で壮大となり、豊かな商人は古い家柄の貴族に伍したが、これもみな商いのおかげである。艦隊はトルコ海軍としばしば交戦して打ち負かし、港に追いやり、ダーダネルス海峡*の入口で敢然と立ち向かったが、こういう力はすべて商いによって強められたのだ。

この例からさらにドイツ人の話を読者に紹介してよいかもしれない。ドイツ人は世界で最大の商業同盟[20]を設立し、ただ商いに秀でただけでとても金持ちになり強力になったので、長い間北方の脅威であった。ドイツの軍艦を雇った国はかならず敵を海上で打ち破ったし、また何度もデンマーク*の全艦隊に勝利して、とうとうデンマーク王に不名誉な講和条約を結ばせた。こうして近隣の国王たちは当然ながら警戒心を強め、支配するすべての都市に提携から手を引き同盟から脱けるように強いた。

オランダ人*が、つまりネーデルランド諸州が、スペインに服従するのを止め、そしてこう言って正しいだろうが、その軛をぬぎ捨てたときは、貧しく卑しく怖気づいていて、国王フェリペ*の恐るべき権力により海に避難するまでに追い詰められ、エリザベス女王の援助がなければ零落し破滅していたほど危難に陥っていた。けれども商いに乗り出して海に頼るようになると、海上での支配力にもとづいて地歩を築き、海運で成功したおかげでいま見られるような卓越した海軍力を有するまでになった。その点では世界中の国々に優り、ただイギリスだけは例外だが、それについてはいずれのべる予定である。

市や町でも、国と事情は変わらなかった。例としては、ハンブルク、ダンチヒ[21]、リューベック*、フランクフルト*、ニュルンベルク*、ロシェル*、マルセーユ*、ジェノバ*、リボルノ、ジュネーヴ、その他多くをあげることができ、こうした都市はたんに商業に適した地理だったために成功し、公国にも匹敵するほど豊かで富むようになった。その反対に、商いを奪われ失った分だけふたたび落ちぶれた大きな町の名前もいくつかあげることができ、たとえばアントワープ市*や、ダンケルク*、サウサンプトン*、イプスウィッチ*、さらにもっと多くの町である。

商いがなくなると、商人は引っ越し、住民は減少し、町という形は中身がなくなり、住宅には人がいなくなり、財産のない人が残るのである。

オランダ人がアントワープ市にスヘルデ川*の自由な航行をさせなくなったら、どのように衰退していったか？ イギリスの特定市場はハンブルクに、漁業取引はアムステルダムに移り、商人もそれに続いたのである。以前のアントワープに比べて現在のアントワープはどうであろうか？

フランス国王が先の戦争でダンケルクの堡塁を破壊したため、港を取り壊さなければならなくなり――おかげで海運は打撃を被ったのだが――、この町はどのようにひどく衰退していったか？ 住んでいた一万八〇〇〇世帯のうち、三分の二は残らなかったということだ。海軍の仕事に依存していた人々はみな王立の工廠とともに去り、国王の倉庫にも商人の倉庫にもいっぱいあった海軍の備品は使われたり盗まれたりし、そのため関連する商いもダンケルクといっしょに落ちぶれた。いまや町に船はほとんどなく、とどまっている商人もあまりおらず、二、三年経てば、空家が修理されないのでもっとさびれた様がはっきりし、商いの消滅によって受けた傷口を見せることになるかもしれない。サウサンプトン、イプスウィッチなどでまさに目にするように。

もっと遠くの地方の例をあげるために、世界中を駆け回る必要はない[22]。商業の大中心地すなわち世界最大の商業都市でさえ、商いが停止すると零落した。たとえば、トリポリや、エウクセイノス海すなわち黒海のシノーペー*、トラペゾンド*がそうで、トルコ人がボスポラス海峡*の航海を止め、ヨーロッパとの取引を止めたため、商いは絶たれた。あるいはたとえば、スエズとアレクサンドリアはかつてどちらも船と商人が押し寄せた海港であったが、ヨーロッパ人が喜望峰を通って東インドへ行く航路を見つけたために、船も商人も訪れなくなった。あるいはたとえば、スールとコリントという有名な都市はその財により世界の羨望の的であった。しかし商業で築いた繁栄は崩壊した。スール*はギリシア人の、コリント*はローマ人のまったく貪欲のためにである。そして商人が消滅させられ商いが破壊されると、繁栄はおろかその重要性をも回復することは二度となかった。

要するに、商いは世界の繁栄にとって生命であり、国の場合であれ都市の場合であれ、けたはずれの富はすべて商いで集まったということが、数え切れないほどの例から明白である。

実際、物事の道理がそのことを暗示している。人間は仕事で勤勉になると、希望や見識が高まって野心が燃え立つ。金もうけの見込みと期待が、この世にまたとなく生き生きとした活力を吹き込み、人々の精神に新しい生気を与える。そして商業国の成功と繁栄を目にすると、同じように夢中になるよう彼らを鼓舞するのだ。

商いのない国（ならびにそこに住む国民）の異なる様相を見てみよう。生活の場はどれほどみじめであろうか？　国土は荒涼としており、国民は悲しそうで気力がなく、貧しくて絶望しており、物憂くて怠惰であるように見える。それは働く意欲がないからではなく、稼ぎになる仕事がないせいである。金持ちは裕福で高慢であるゆえに、貧困層は貧しくて望みを失っているゆえに、物ぐさなのである。なぜかといえば、

貧乏が怠惰を生み、怠惰が貧乏を生む。

というのはいつも正しいからだ。われわれはある国々の国民が怠惰だと言うのではなく、国民が貧しいと

だけ言うべきである。貧乏があらゆる種類の怠惰の源であって、要するに国民には何もすることがなく、働いて生計を立てられるような職業がない。商いがないから仕事で賃金は得られず、労働がないから商いは拡大しない。勤勉が商いを促進して商いが勤勉を奨励し、労働が商いを育んで商いが労働者を育むのである。

勤勉と熱心さがあっても改善の余地がないような国の名前は、まずほとんどあげることができない。いや、勤勉な国民が、不毛の土地、住みにくい気候、荒れる海、僻地といった耐え難い悪条件の下にありながら、商いをするのにいい何かがあるために、豊かで繁栄しているのに出会うことも多い。

ノルウェーとロシアの国民には、山と森、世界でもとりわけ過酷な気候と不毛の大地しかないが、商いをしないどころか、労働をしないどころか、むしろ樹木を伐り倒し、外国で都市や船隊をつくるのに向けて輸出している。自分たちのためにはほとんど残さないのだ。

仮に森が、海上輸送とか水上輸送とかけ離れた場所にあっても、勤勉なので樹木を切り倒して焼き、たとえほんの樹液類であっても売買しようとする。こうして彼らはわれわれにタール[23]、ピッチ*、ロジン*、テルペンチン*を送ってよこし、われわれはいわば一つの森がそっくり樽で運ばれて来るのを目にする。一ラスト*が一〇バレル*ないし一二バレルとして、一、二万ラストのタールが一度にロシアから持ってこられるのだ。

グリーンランド[24]やスピッツベルゲン諸島*は耐えられないほど寒く、いかんともしがたい自然の猛威のせいで無人なのに、勤勉な商人は、困難をものともせずまっすぐ大急ぎでそこへ向かう。そしてそこで無数の危険にさらされ、ぞっとする氷山や、言うだけでまさしく心胆を寒からしめるような恐怖に囲まれながら、巨大な海獣《リバイアサン》を追い回し、大量の鯨の脂肪（脂身）を船に積み込むのである。

寒帯だけでなく熱帯の厳しさについても例をあげ、酷暑で焼け焦げそうな地方の苦難を説明するとよいかもしれない。熱帯でも極寒の地と同様にあらゆる点でひどく、たとえば長い凪《なぎ》という不安と恐怖だ。海は動きがないから淀んで腐り、焼け焦げそうな太陽光で悪臭を放ち、悲嘆に暮れた船員たちの健康を蝕むが、彼らは動きが緩慢になり、壊血病にかかって手足がきかなくなり、熱射病や熱病で猛り狂い、ばったり倒れて死ぬ。こうして生存者が減り、船を操縦する人手がないために、ついには生き残った人たちも死ぬのである。

だがいかなるものも、勤勉な船乗り、商いを追い求める冒険的商人の気をくじくことはなく、世界のすみずみまでも発見し、植民地を建設し、商業を定着させているのである。

ところで、商いのない国民は元気がなく悲しげに見えると前にのべた。それと正反対に、好奇心の強い旅人が世界を歩き回るとき、商いと製造業に従事する国民はまるで違う様相をしているのだと、気づいてほしい。こうした国ではどんなに厳しくきつくても快活に仕事をしている。全体的に活発で元気なさまが表われている。人々の顔つきは楽しそうで、遊んでいる他国の人よりも労働している彼らの方が陽気だ。素早く動く手のように、心は生き生きしている。生気と活気がみなぎり、それは顔にも労働にも見て取れる。他国の同じ階級の貧困層よりもよい生活をしているので、ずっとよく働く。ここには前述したものとはまったく逆のものが看取されるのである。前に「貧乏が怠惰を生み、怠惰が貧乏を生む」とのべたが、こうした国では、

労働が利益を生み、利益が労働の力を高める。

からだ。

国民が働けば働くほど、他国民よりも多くの収入が仕事で得られ、労働に熱心になる。これが商いの直接的な影響である。それもそのはずで、商いと製造業にいそしむ国の貧困層は、商いがさほど盛んでない国の貧困層とくらべて、はるかによい条件で雇われ、仕事の対価としてずっと高い賃金をもらっているのだ。

ロシアやモスクワ大公国(25)では、商業がないために技術の進歩の恩恵も受けずに労働が行なわれた頃、大きな厚板を切り取る方法はただ一つ、大木を倒してから多数の人手や斧で丸太の面を削いで、最後に真中を一枚の大きな厚板に仕上げるやり方だったそうだ。厚板がようやくできあがると売ったものだが、スウェーデン人とかプロイセン人*が鋸や製材用鋸を使って一本の樹木から似た寸法の厚板を三、四枚得て売るのと、同じくらい安かったらしい。結果的に、あわれなロシア人は他方の一〇倍もたくさん働いて同じお金を得たのだった。

これこれの大がかりな土木工事とか建物が完工したとき、わがイギリスでは労働者が一日につき一ペニーで働いたとよく耳にするけれども、おそらくそうだったのかもしれない。しかし、わたしが先に食料の安さに触れ、それはなんらかの商いがわれわれの間に生まれる前の話であると言ったように、賃金に関しても安かったに違いない。商いが賃金を上げるに伴って、賃金が食料の値段を高くするからである。道理で、イギリス人の貧困層は他のどんな国でも見られないほど一生懸命に働くと外国人はみな認めているが、わが国の貧困層はそれに比例して外国人よりもたくさん飲み食いし、しかもこれは賃金がはるかに高いせいなのである。

この賃金の問題を考察し、イギリスにおける商売のほとんどあらゆる分野にあてはめてみてもよいだろう。すると、イギリスの貧困層は、他のどんな国であれ同じ階級の男女が同種の仕事で得るお金よりも、ずっと多く稼いでいるのが明らかになろう。

　それにイギリスの貧困層がずっとよく働いていることも、否定できないだろう。だから、より多くの仕事をし、賃金もはるかによければ、そうでない人たちより暮らしも食事もよいのはやむをえない。またそうでないと労働に耐えられないのも事実である。

　フランス人とイギリス人が同じ食べ物で生活しなければならないとすれば、フランス人の方がよく仕事をするだろう。すなわち、イギリス人が同じ食べ物で生活しなければならないとすれば、フランス人の方がよく仕事をするだろう。すなわち、どちらが飢えに強いか賭けをすれば、フランス人が確実に勝つだろうということは、認めてよいかもしれない。イギリス人が倒れて死ぬとしても、フランス人は生きて働くだろう。しかし、両者に同じ生活をさせると、イギリス人はフランス人を負かすだろう。フランス人は賃金をすっかり使い果たすが、イギリス人はもっと仕事を続けるだろうからだ。

　フランス人のほうがはるかに勤勉でイギリス人よりも長時間にわたって働く、というのもまた事実である。だが、イギリス人は、フランス人が長い間じっくり取り組んだのと同じくらいの仕事を、もっと短時間で片づけるだろう。

　この論点を締めくくるにあたり、自国に依怙ひいきしているように受けとられたくない。しかし、イギリス人がはるかによい仕事をしていることも、つけ加えなければならない。そしてこれが真実である理由として、世界の全市場がいまや証人であり、わたしにも例があげられるそうした働きぶりを指摘したい。だが話が細かくなりそうなので、事例は適当なところで詳細に論じることにしよう。

　前述のことは、十分に的を射ている。すなわち、商いと製造業に熱心にいそしむ社会では、人は楽しく働いて安らかに暮らし、労働しながら歌い、好んで仕事をし、よく飲み食いし、仕事も気持ちよく順調に進む。それに反して、働く場のない社会では、人は仕事のせいではなく仕事がないために苦痛と悲嘆のあまり不平を言い、こう言って間違いないと思うが、怠惰と物ぐさの重みに耐えられない。ほんのささいな仕事をするときでも不承不承でいらだっている。その仕事で受け取る賃金がわずかなので、なんの慰めにもならないからだ。

大ブリテン島の北部を旅行していたとき、収穫の時期には刈り手に仕事を続けさせるため監督がつねについていて、励みになるようバグパイプを鳴らしていることに気がついた。同行した一人が、イギリスでは収穫のときそんなに陽気なことをしないと言ったら、別の一人が、そのとおりだし、またその必要もない、イギリス人は音楽がなくても十分陽気に働くからと答えた。それからイギリスの労働者には食べ物も飲み物もたっぷりあるとつけ加え、ここの貧しい人たちがどんな食事をするのかたずねてみようと言った。そこでたずねてみると、彼らの食事はせいぜいバノックと呼ばれるオート麦の菓子パンと一口の水だけであり、また一日に二回、農場主あるいは執事から彼らの言うグラスゴー・ブランデー、すなわち上等の麦芽蒸留酒を少々もらう、ということが分かった。

貧しい人たちは労働のとき励ましてくれる音楽をすこぶる必要とするし、彼らが熱心に仕事を続けるように注意を払うため、監督とか執事もまた畑にいなければ、その音楽も役に立たないだろう、ということがだいたい明らかになった。

イギリスでは、農場主は収穫の時期に、上等の牛肉や羊肉、パイ、プディングその他を見聞きしたこともないほどたくさん用意し、労働者たちに食事を出すというよりはむしろご馳走をふるまい、そのうえ賃金をたっぷり払っているのを目にする。しかし、労働の違いをみんなに知ってほしい。労働者は音楽を必要としないし、ご馳走はバイオリンよりもよいし、プディングはバグパイプ以上の効果がある。要するに、よそでは見られないほど元気よく熱意をこめて働くのだ。

製造人たちでも同様の例をあげられるだろう。職人の熱意と勇気は製品の質に見られるが、それについてはこう言っておかなければならない。つまり、わが製品はよその同種のものほど安くないかもしれないが、それらを秤にかけて中身を比べてみれば、わが製品は賃金通りによその製品より目方がある。わがビールが強いように製品も強く、織機の前後往復運動にずっと強い筋力を与えるので、よそでつくられた同種同名の商品よりも、堅固でしっかりしており目方もはるかにある。

商業に関する前の論議で、フランス人がわが国の毛織物をまね、完全なにせものを外国の市場でわれわれをしのぐほど売っていると、大いに不満があったのを記憶している。そして、それにもとづき、フランス人はやがてわれわれの商いを押しのけ、われわれから商売を奪い去るだろうと推定された。フランスの貧困層はイギリスの貧困層よりもずっと安い賃金で働けるので、彼らの商品はイギリスの商品より安く売られるだろうから、フランス人はわれわれから最高で最良の市場を奪うだろう、という理由であった。これが完全にまた公正に立証されていたならば、またその証拠が十分に提示されていたならば、この推論は正しかっただろう。ところで、フランス人がどれほど見事に仕事を成し遂げ、その織物がどんなに立派であるかを示すために、ここでいくつか見本が示された。それらはラングドック(26)の大工場とやらで、トルコとの商い向けに仕上げをされたとのことであった。というのも、フランスの織物が優れていることを立証するために提示されたのが、この見本だったからである。なるほど、織物はうまく仕上げをされ、上手に染められ、見本はすばらしいものだった。いや、完璧であって、一見するとイギリス製に及ばないどころか、むしろ越えていた。

しかし、織物業者や職人たちがよく調べてみると、本職で目が肥えた人たちなので、すぐに欠陥が露顕した。問題の織物は軽くて薄くて、質も釣合いも悪く、着ても見映えがしないように思われ、要するに、質のよさではイギリス製にけっして匹敵できるものではなかった。この事実はさらに、当の商品がたいてい見つかるトルコのアレッポ*や、スミルナ*やその他の地域でアルメニア商人によって証明された。そういった町でイギリスとフランスの織物を秤にかけて比較すると、かならずイギリス製の方が一梱《こり》につき四、五〇ポンド重く、ときにはそれ以上であった。その結果は次のとおりである。

一、アルメニア商人たちは、イギリスの織物が少しでも市場に残っている限り、フランスの織物をめったに買おうとしなかった。

二、フランス製を買ったとしても、イギリス製よりもはるかに安かった。

これはイギリス人の仕事ぶりの明白な証拠であり、おそらくあらゆる製造業についてもたいてい当てはまるだろう。すべてが手作業のイギリスの職人の精力的な仕事は、製品そのものにまさに表われている。上質黒ラシャだけでなく、他の多くの製品においてもそれははっきり見られると言いたい。要するに、わが国の職人たちは、たんに活気があって強い精神力があるだけでなくて、十分な食事と他のいかなる国よりも高い賃金に支えられ、彼らが行なうどんなこともなおざりにせず、熱心にしっかり働くことに慣れている。また他国よりも高賃金に見合った仕事をすることは、彼らの商品を見れば明らかである。イギリスの商品は、他国製よりも市場で高く売れるからだ。

真鍮や鉄製品、その他の金属製品についても同じことが言えるが、とくに造船によく当てはまる。船をオランダ人やフランス人、スウェーデン人やデンマーク人はより安くつくるが、イギリス人はもっと頑丈で堅固につくる。イギリスの船にはつねに、外国で建造されたいかなる船よりも厳しい条件に耐え、ずっと重い荷物を積み、はるかに長い間（船乗りたちの言い方によると）君臨するだろう。その例は毎年、とりわけ石炭取引に見られるが、この船荷はたいへん重く、大量に運びたいという船長たちの熱望のため、船は喫水深く進む。だがわれわれはしばしば次のことを知る。ニューカッスル製とか[27]イプスウィッチ製の石炭船は、四、五〇年の間（つまりは船乗りたちの言い方によると）君臨し、ついには見事な最期を遂げる、すなわち解体されるだろう。そしてもっと脆くつくられた船にたびたび、いや、概して見られるごとく、航海中に浸水して沈没するとか浅瀬で竜骨を折ることなどはないだろう、と。

わが国の軍艦の美しい形だけでなく堅固なつくりもまた、このことを裏書きする。わが国の軍艦は、ヨーロッパのあらゆる国ではないにせよ大半の国の、もっとも頑丈で立派につくられた船舶を顔色なからしめるのはもちろん、もっと長持ちもする。ただ例外は、あの城のように不格好な〔スペインの〕ガリオン船と呼ばれる船で、とても頑丈に、厚くつくられているので、いかんともしがたいものである。

次のたとえは、あらゆる面でなおわたしの意に添う。すなわち、商いが世の中を活気づけ、国民に仕事を与え、労賃を上げ、労働が増え優れた仕事であれば賃金を増やす、ということである。そして明らかに、イギリスについてのべたことは自国への賛辞ではなく、偽りのない歴史的な真実である。というのも、これは否定できないことなのだが、貧困層の労働がイギリスほど高いところはないからだ。通貨と食料の相場に比して、貧困層がイギリスと同じように労働賃金をもらっている国は、世界のどこにもない。

こうして貧困層は元気づけられ、強くなり、従事している仕事に立ち向かえるようになる。そしてこの反対の事実こそ、フランス人やイタリア人やその他大半の国民が、（どんな種類であれ）上等であるよりむしろ派手な、堅固であるよりむしろ華美な製品をつくる理由なのだ。わたしは彼らの腕がそれだけ見事であると認める。いや、考察や工夫を重ね、ある物をもっと装飾して仕上げようとする傾向を認めてもよい。けれども、堅固さが製品の価値にとり肝要なのであって、物をつくるときの腕前はわが国民が彼らを圧倒するのである。

この議論は個々の事例に当てはまるだろうし、そうすればいくつかの非常に有益な考察になるだろうが、それではわたしの目的からかけ離れてしまうだろう。したがって、わたしがずっとのべてきた一つの論点に話を戻そう。すなわち、世界や個々の国との商業による大きな利点という問題である。

商いがなかったときには、船も、人口稠密な都市も、多数の人間も、現在目にするのと比べれば富も、なかった。食料には相場がなく、土地は地代を生まなかった。なぜか？ その理由は明瞭にして簡単である。労働は賃金をもたらさなかった、の一言に尽きる。

注 「……ない」(no) とか「けっして……ない」(none) という単語の意味は、文字通り厳密に「ぜんぜん……ない」(none at all) ではなく、現在の使い方に比べて「割合に……ない」(comparatively none) であることに気をつけること。

国民は主人と召使に分離されていた。地主と借地人にではなく、領主と領臣にである。領臣は地代を払わずに領地内に土地を保持していた。奉公するためである。こちらの領臣は領主の土地を耕し、あちらの領臣は領主の広大な敷地に囲いをし、ここの土地は領主の台所に鳥肉を、そこでは卵を、あそこではあるものを、むこうは別のものを供給するよう貸し出された。このようにして一人の領主は、スコットランド人の言い方によれば、渦巻きの真ん中で生活していたのである。

農奴制に縛られたこれら領臣の使用人、つまり今日では農夫とか作男と呼ばれる肉体労働者が、骨折り仕事をやり、領主の馬の世話をし、馬車を御し、領主の森の木を切り倒したり、囲いや生垣や溝の手入れをしたり、脱穀したり、要するに卑しい労働をすべて請け負った。こうして彼らは生計を立てていた。すなわち、現代なら豚小屋とどっこいどっこいの見すぼらしい小屋に住み、ポンプで水を飲み、勝手口で食事をし、まるで乞食のようであった。その他のことについて言えば、荘園領主は彼らにとって国王であった。それどころか、神であったと言ってもそれほど間違っていなかっただろう。というのも、使用人らは領主を崇拝し盲従していたので、領主の命令とあらば国王にさえ謀反を起こし、どんな者にたいしても弓矢を取っただろうからである。

商いが入り込んで格差が生じるまで、この繁栄するイギリスの国においても、これが実情であった。そこで強調しておくが、商いだけが格差を生んだのだと、仮定させていただきたい。すると、そのクライマックスは非常に注目すべきものになる。

国民が商いを始める前は、富の実情はどうであったのか？　国民がいかなる状態にあったかを読者は知っているけれども、商いの実情はどんなものだったのか？

一、わが国には製造業がなかった。なるほど羊毛や錫や鉛はあり、それを元に資産をいくらか増やしたが、だれがそれを得たのか？　実のところ、教会とジェントリーである。修道院と封建領主は土地と羊、したがって羊毛を持っていた。そして国王エドワード三世(28)の時代に、聖職者と修道院が、フランスとの戦争を続けるため国王に持っている羊毛の五分の一を差しだしたことは、周知のとおりである。この羊毛はフランドル人に送られ、これで得たお金が国の富であった。

二、このお金は一般的に言ってあの破壊的な戦争のせいで、すっかり外国で使い果たされた。長い間、イギリス国王たちは、ときにはフランスで、ときには聖地で、ときにはフランドルで、ときにはブルターニュ*で、他の地方でも戦争を続けたのである。そのため、人々すなわちジェントリーと聖職者たちはずっと疲弊していた。というのも、富を持っていたのは彼らで、彼らが租税をすべて払っていたからである。働く貧困層はお金がどんなものであるかをほとんど知らなかった。

三、商いは東方ドイツ人すなわちハンザ同盟都市やフランドル人が営んだ。そして彼らは羊毛や鉛や錫やその他あるものは何でも運び去り、代わりに織物や香辛料や（ワインはまったくないかほんのわずかしか手に入らなかった）、要するに麻や亜麻やピッチやタールや鉄やその他外国産のものをもってきた。こうしてこの人たちは、国王と戦争が残してくれたわずかばかりの富をみな持ち逃げした。彼らはわれわれのために船をもたらし、お金を鋳造し、つまりはわれわれのおかげで富裕になったけれども、当のわれわれは傍観していて飢えていたのである。

ついに国王ヘンリー七世の思慮深い庇護のもとに、人々は自分たちどうしで商いを始めた。それからしだいに世界に進出していって、エリザベス女王治世の半ば頃には製造業で一本立ちできるようになったが、女王がそれを奨励するために何をしたかについてはしかるべき機会に説明しよう。ところでヘンリー七世の治世では、次にどうなっただろうか？　その結果は二、三年経ってこのうえなく輝かしい形となって表われた。次のごとくである。

一、わが国民は国内で製造業者になり、外国で商人にもなった。そして商業の喜びを味わった。もうけに力づけられ、まもなく自分たちを追い落とした者に取って代わり、自身の船を建造し、みずからの商品を発送し、自分たちの収益を自国に持ち帰り、東方ドイツ人を排除し、羊毛が国外に流れ出すのを禁じ、それによってフランドル人を零落させ、こうして自立を果たしたのである。

二、自国については、商いの大変革が物事の道理そのものの大変革をもたらした。貧困層はあばら屋や衣食のためではなく、お金のために、いわば自活するために働き始めた。女性や子供たちは糸を紡いでお金を稼ぐことを覚えたが、まったく初めてのことで、これまで一度も経験したことがなかった。男たちは生垣や溝を放っておき、製造業者に働かされて羊毛の梳き手や、縮絨工《しゅくじゅうこう》や、織物職工や、運送人になり、そして前にはまったく見聞きしたこともない、数え切れないほどの楽しい仕事をした。フランドル人まで（お金のために）はるばるやって来て、初めは仕事のやり方を彼らに教えた。初めは、と言っているのだ。というのも、わが国民はまもなく師匠たちを自国に送り返し、お互い切磋琢磨できるようになったからである。それから農奴や領臣は製造業者に年季奉公人として採られ、とうとう親方になるに及んで、名称が、いや、まさしくいわゆる領臣の身分ならびに農奴制そのものが廃《すた》れた。領臣は商いで、農奴は労働で、お金を稼ぎ、領主もまたその喜びを見出した。というのは、領臣と農奴がまもなくお金を払って奉公を打ち切り、領主もお金を受け取れるようになるからだ。こうして作男は金持ちになって、同意があれば継続もできる終身の共同使用の土地のついた小さな家を買った。これは謄本保有権[29]と呼ばれた。他方、金持ちになった領臣や土地租借者――北部地方では今日に至るまでこう呼ばれている――は、領主のことは気に入らなくても耐え、いくらかお金を払って奴隷的な土地保有条件をなくし、借地を自由保有地にしてもらった。さらにその総仕上げとして、農場主がいまや一定の地代で土地を借りられるようになり、ジェントリーは現金で収入を得るようになったけれども、こういったことは以前には考えられないことであった。

　ここで、状況がこのように変化したために通常よりも分かりやすくなった、贅沢と倹約の異なる影響についてて詳しくのべてもよかろう。すなわち、倹約をする製造業者は、成功に後押しされてさらに勤勉に遣り繰り上手になり、お金を貯めて金持ちになった。そして贅沢で財産を鼻にかけるジェントリーは、満足できる収入の増加と地代の上昇を喜んで、虚栄心を強め陽気で豪勢で金使いが荒くなった。こうして製造業者は日ごとに繁栄していき、ジェントリーは収入が最近増加し上昇したにもかかわらず、お金がなく困窮していき、とうとう製造業者に買い取られるまでになった。そのおかげで、かつての封建領主が土地をすべて所有していたのに、つまり貴族と、土地を所有しジェントリーと呼ばれていた勲爵士[30]や郷士《ごうし》*が奴隷的な条件にもとづき土地を保持していたのに、いまでは貴族と旧家のジェントリーはほとんどの地所を売ってしまい、平民と商人がこれを買っているのである。だからいまや、ジェントリーは貴族よりも金持ちだし、商人はこのいずれよりも金持ちである。

わたしは商いにより世界の富が増大していく様子を、まるでイギリスの出来事のように描いた。つまり、舞台をイギリスであるかのように設定した。イギリス国民に向かって話した方が、容易に理解してもらえるだろうからだ。しかし、問題は普遍的で、肝心なことに私的な解釈を加えていない。この問題は程度の差こそあれ、わが国と同様にヨーロッパのあらゆる商業国にも適用できよう。ただし、おそらくどこもわが国ほど顕著には当てはまらないだろう。わが国の商いは国民の目の前で、また国民の境遇に、たいへん明白な変化を引き起こしたが、他のいかなる国でも同じようなことが顕著に現われるなどとは言えない。だから、仮にわたしがたとえ他の国とか言葉をもとに本書を書いたとしても、きっとイギリスを例にあげていたことだろう。

とはいえ、類似している証拠として他国に言及してもよい。製造業に従事するヨーロッパ諸国ではどこも実情は似ているからだ。商いが増大するにつれ国民のみじめな境遇は和らいだが、それは貧困層が製造業や、海運や、彼らの労力を見込んだ取引上のふつうの労働に、雇われたせいである。こうしてよりよい生活をし、ずっと貧乏でなくなり、前にはただ飢えているとしか言えなかったのに、食べていけるようになった。そしてそういう国々に認められることだが、商いがうまく広がってすばらしい効果を上げているところでは、貧困層はよい暮らしをして賃金がもっとも高く、賃金がもっとも高いところでは食料の消費がいちばん増え、食料の消費がいちばん増えたところでは食料の相場が最高であり、食料が最高値のところでは地代がこのうえなく騰貴している。

また、というのもクライマックスはここで終わらないからだが、地代が騰貴しているところでは統治者への租税や納付金がそれだけ多くなり、より多くの租税が徴収されているところでは歳入が増えるので、そこの君主とか統治者がその分だけ裕福になり、国が裕福になるとそれに比例して強国になる。

　このように商いは富の土台であり、力の土台である。その昔、北方民族は数が多いうえに貧しかったため恐ろしい存在だった。人間が増えると国は扶養できなくなり、群れを分封する蜜蜂のように年寄りが若者を追い出し、若者は暮らせる場を探し求め、武力を用いてより温暖な地方に居場所をつくり、もっと肥えた土地に移動した。こんふうにしてアラン人(31)、ガリア人*、フン族*はイタリアを侵略し、ゴート族*はスペインを、バンダル人*はスペインやアフリカの北部地方を、トラキア人はナトリアやマケドニアなどを荒らし回った。

　だが、現代では事情が全般的に変わって、戦争の技術がとてもよく研究され、しかもどこも同じくらい知っているので、いまや勝利を収めるのはいちばん長い剣ではなくいちばん豊かな財布である。隣国人に比べて好戦的でなく、冒険心もなく、戦場には向かない国民から成る国があったとしても、お金をたくさん持っていさえすれば、国力はじきに隣国に優ることになろう。お金は力であり、（オランダ人の表現では）ぜに《ゲルト》を持っている人々は、即座に自分たちにかわり戦ってくれるヨーロッパで最良の兵士を擁した軍隊と、このうえなく経験豊かな将軍団を、雇うことができるかもしれないからだ。したがって急ないさかいが起きると、君主や国は、いまや国内で徴兵するのではなく、国内で募金するのである。その後外国に目を向けて軍隊を雇い、兵士を雇い、将軍を雇い入れさえする。そして新たに募った軍勢を戦場に連れて行く必要もまったくなく、ただ将校が十分に配備され、世界でもっとも偉大な将軍たちが指揮する、スイス人やドイツ人など老練な経験を積んだ軍人を送り出せばよい。そういうわけで戦争は一瞬に用意でき、戦闘はその昔軍勢を戦場に送るのにかかった時間よりも短い。

かくしてベネチア人は、シュイレンベルク、コニングスマルク、バーデンなどといった将軍たちに軍隊を指揮させ、スペイン人にはド・レード侯がおり、モスクワ大公国人にはクロイ公、それにゴードン、コニングセックなどの将軍たちがいた。またデンマーク人、プロイセン人、リューネブルク人[32]、ザクセン人*、ヘッセン人*、バイエルン人*、その他のドイツ人、それにもちろんスイス人、グリゾン人*の軍隊はお金で雇うことができ、あるときは一方の側で、またあるときはもう一方の側で、代わる代わる戦うのである。わたしは代わる代わると言ったが、お金を出す人の指図どおりということである。たとえ奉じる政党とか宗旨に従うことになるにせよならないにせよ、政党や宗派の利益を気にせず、今日はカトリック教徒のために、明日はプロテスタントのために、神の意に添ってであれ、邪神の意に添ってであれ、雇われるままに出かけ、

つねに支払いに応じて戦う。

このようにお金が軍隊を集め、商いがお金を集める。だから、商いについて確かに言えることだが、商いは君主を強力にし、国民を勇敢にするのであり、また自力で戦えないまったく勇気に欠ける人々でさえ、ただお金があり、自分たちの代わりに戦ってくれる人間を雇うことができれば、近隣のどこよりも恐るべき存在になるのだ。

それゆえ、商いが富と力の源であると分かれば、賢明な君主や国家が、臣民の商業なり商いの拡大や自国の産物の増加を切望し、気にかけているのも、不思議ではない。彼らは、国民が従事し、臣民がつくる商品の販売を、それもとくに、自国のお金を海外に流出させないような商品の販売を増やしたいと心から

願っている。逆に、商品の交換ではなくお金を持ち出して代金を払うような、他国民の労働による他国の産物の輸入を禁止したいと切望する。

それから、君主や国家が、近隣国で成功し利益をあげている製造業を自国にも導入するために、またその原料をあらゆる正当な方法で他国から得るために努力しているのも不思議ではない。

したがって、フランス人とかドイツ人がイギリスの羊毛を自国に運び込もうとしているからといって非難はできない。その羊毛を使って、わが国内で非常に利益があるだけでなく、世界でたいへん評価も高いわが国の製品を模倣させるのであろう。

それにまた自分で製造したり、なんとか似たようなものをつくれる国が、わが国の製品の使用や着用を禁じたからといって非難はできない。

理由は明らかである。自分たちの商いを促進し、臣民を雇うような製造業を奨励し、自給の食料品や商業用の原料を消費し、しかもお金とか同胞が外国に行かないように消費するのが、どんな国民にも利益になるからだ。

フランス人がイギリス製の毛織物の輸入を禁じ、イギリス人もフランス製の絹、紙、リネン、その他の輸入を禁じたり、禁止に等しい租税を課しているのは、この正当な原則にあてはまる。われわれが東インド製の絹やキャラコなどの着用を禁じ、フランスのブランデーや、ブラジルの砂糖や、スペインの煙草といったものの輸入を禁じるのも、商いにおいては同じく正当な理由からである。

何年もモスクワ大公国に住んでいたあるジェントルマンがしてくれた話を、わたしは覚えている。同国では、国民がいかに弱くてみすぼらしくても、また政治がどれほどひどくても、商いにおけるまったく自然な成りゆきで、この原則が支配的だった。次のような事例がある。

ボルガ川沿いにあるカザン市(33)に長い間住み、そこで大岩塩坑の仕事に携わっていたらしいイギリス人が、残念そうにこう語った。われわれなら巨大貨物船と呼ぶであろう彼の言うバラトゥーン船が、アストラハン*から、カスピ海*から、またおそらくペルシアからモスクワへ、川伝いに貨物を運搬していた。その話し手が語るところによれば、これらの貨物船は一〇〇トンからその二倍近くまでの膨大な船荷を運んでいたが、不格好で重くて扱いにくく、また船を進め、おそらくその広大な川の流れに逆らって航行させるのに、理の当然ながら非常に多くの人手を必要とした。距離も一八〇〇マイル以上あったので、長い船旅を続けた。

例のイギリス人はこう思った。バラトゥーン船と同量というのは無理にしても一〇〇トン近くの荷なら運べ、帆と熟練した操縦があれば、ずっと短い時間とずっと少ない人間で航行するような船を設計できるのに、と。

注 バラトゥーン船を動かすには一〇〇～一一〇、一二〇人が雇われたようである。そこで、このイギリス人は同じ作業を一八～二〇人で行ない、およそ三分の一の時間で航行しようともくろんだのである。

この計画で得意になり、王宮で認められほうびが出ることも期待して、例のイギリス人はモスクワへ直行する。そこでしばらく伺候し、大貴族とお歴々にたいし、お国や首都などにたいへん得なご提案を大公の耳に入れたいと告げると謁見を許され、計画をすっかり申しのべた。

大公は――というのも当時は皇帝と呼ばれていなかったので――その問題をすぐさま考慮に入れ、二、三回の謁見で近くに呼び寄せ、いくつか細かな質問を始めたが、何人の人間が以前貨物船に雇われていたか、がおもであった。イギリス人は、一二〇人です、と答えた。

お前の計画では何人で船を動かすのか、と大公は尋ねる。

せいぜい一八人ないし二〇人です、と計画者は答える。

現在わしの臣民は航行にどれほどの時間がかかっているか、とロシアの大公は言う。

およそ四、五カ月です、とイギリス人は答える。

お前の計画ではどれほどかかるのか、と大公。

だいたい二カ月かかります、とイギリス人。

これを聞いて大公は口をつぐみ、腹立たしそうな顔つきになった。まるでこの問題を秤にかけているかのごとく、熟考しているように思われた。一息ついたあとイギリス人の方を向き、それでお前はどこの国の者か、と尋ねる。

イギリス人です、と計画者は答える。

よろしい、と大公は言う、わしの臣民でなくてお前は運がよい。お前はわしの国民を飢え死にさせるために計画を立ててここへ来たのか？　ただちに、できるだけ急いで、わしの領土から出て行け、さもないと死刑だぞ。いま一二〇人の人間が雇われて糧を得ている仕事を、お前は一八人の人間でやろうというのだ！　職を失う一〇二人はどうするのか！　仕事がないために飢えて死ななければならないのか！　出て行け、二度とわしの王宮に目を向けるな、と大公はつけ加える。そして彼が臣民の仕事や労働を減らすような危険な案を宣伝しないように、すぐさま命令を出してまっすぐモスクワ大公国のはずれにあるノブゴロド[34]へ連れて行かせ、そこからリボニア*ならびにスウェーデンの領土の方へ向かわせた。

大公の愚かさを引き合いにしてモスクワ大公国人を一種の笑い者にした話だが、たとえ事実であろうとなかろうと、その教訓は正しい。賃金はどうであれ、お金を稼ぐために国民を一人残らず仕事につかせることは、確かに国にとっての福利であり、幸運である。

同じように、国民の労働が統治の妨げにならず、仕事の代価にたくさんのお金をもたらすような国は、その国だけみても、他の国と比べてみてもいちばん金持ちで富裕である。

一部の人々は、自国の製品の値段を下げれば国全体の利益になる、と主張しているが、まったく誤った原則である。

なるほど、この商業政策と一致する古い見解もある。安価が消費を生むとか、他国よりも安く売れば相手の商いを奪えるとか、いったたぐいだ。そしてこういう見解には何か受けのよいところもある。しかし、あらゆる場合に適用できるとは限らず、とくにわが国の製品には当てはまらない。

まず最初に、職工あるいは製造人である貧困層の賃金を下げて製品の値段を下げれば、製品の価値と質が落ちるので、それはできないと主張したい。

もしも貧困層がもっと安い賃金で働き、しかもいい加減でなく、いわばなおざりでなく、見かけだけで仕事をしないようにと考えているならば、事物の道理に反したことを期待しているのだ。

また一方、仮に貧困層の賃金を下げると、もちろん食料の値段を低くしなければならず、すると当然土地の価格は低下し、したがってただちに資本が損なわれることになる。貧困層は収入があまりないためお金をたくさん使うわけにいかず、そうしたとしたら飢えと貧苦が待っているからである。食料の値段は賃金の相場で上下するだろうし、そうならない可能性はない。いままでずっとそうであったし、これからもずっとそうだろう。物事の道理がそれを求めるのだ。

したがって、商いの正しくない方から話を始めたことになる。だが正しいやり方は、品質で抜きんでるように製品の良さを維持することであり、そうすれば値段が他より高くても取引上なんら欠陥にならないだろう。

物の高い安いは、高く売れるか安く売れるかによるのではなく、売値が商品の質と釣り合っているかによる。機能と仕上げの良し悪しだいで、評価の高い製品が評価の低い同種の製品と同じくらい安いと思えるかもしれない。それはちょうど、出来栄えの良さでみれば、見事な一幅の絵画が、同じ大きさのもっと粗雑な絵画より安いと思えるかもしれないのと同じだ。たとえ前者が一〇〇ギニー[35]で、後者が一〇〇シリングで売れてもである。

製品が同種のもので世界一だという信望を得れば、それに応じて最高の値がつくだろうが、安いとも言えるだろう。すなわち、不当に低い値段ではないが安く思えるだろう。

この件についてはしかるべき機会にもっと詳述しよう。ここではただ、貧困層がただ生きるだけでなく、安心して暮らせるような仕事を用意することが、一国にとって大きな利益だと主張するために、ざっと暗示したまでである。バラトゥーン船に乗り組んだ一二〇人のモスクワ大公国の貧者たちは、その職のおかげで食べられた。つまり、ただちに死ぬことはなくなった、とはいえ、飢えに苦しむことに代わりはなく、なんとか食べられるようになったというのが真相かもしれない。

だがわが国の働く貧困層はまぎれもなく食べ、家族を養い、租税を、いわゆる分相応の税を払い、立派な衣服を身につけ、脂肉を食べ、甘い物を飲むけれども、一生懸命に労働もする。そしてこれは一般に商いの繁栄というだけでなく、とりわけわが国の製品の成功も意味し、それどころか製品にとっての支えでもある。製品と市場の値段が釣り合っているからであり、その品質の良さが国内で保持され、その信望が外国で維持され、相互に必要不可欠となっているのだ。賃金が製品を支え、製品が賃金を支えている。つまり、よい報酬によって織工や彼に頼るすべての商人は商品をよくしようとし、よい品質によって外国での信望が、信望によって値段が、値段によって賃金が、保たれる。いわば片方の手がもう片方の手を洗い、両方の手が顔を洗うというわけだ。

したがってわたしはまた主張するが、わが国の製品は最良であるがゆえに世界でもっとも安く、わが国の貧困層は最高の仕事をするがゆえに、ヨーロッパのどこの貧困層よりも安く働いている。この点を、先に進むに従いもっと詳しく立証することにしよう。

だから、商業に関してああいった偏狭の見解をよすか、少なくともいままでほど強調しないようにしようではないか。安値が消費を生むこともたくさんあるかもしれないが、それは例外のない法則でもなければ、いつも頼るべき土台でもない。つまらない物の消費や、食べ物や飲み物の消費については正しい。おいしいワインを強いビールと同じく、一クォート[36]につき二シリングではなく六ペンスで、あるいは一瓶につき三ペンスで売るのであれば、現在よりもはるかにたくさんのワインが飲まれよう。しかし、重くて長持ちする資産の場合、事情は幾重にも変わり、「安物買いの銭失い」という真実をついた古い諺どおりになる。

それに、利益が商いによって生じるということもまた真実でない限り、大量に消費すれば商いは繁栄する、という説はつねに真実だというわけにはいかない。たとえば、わがイギリスの金貨が、一ギニー当たり二一シリング六ペンスから三〇シリングへと、考えられないほど高騰したとき、外国では同じように高騰しなかったので、オランダ人、ドイツ人、フランス人、ポルトガル人は急いで金をこちらに運び、それで金貨をつくって四〇パーセントの利益をあげ、ただちにわが国の産物や製品に投資した。もしも彼らがこのように金一オンスから六ポンド相当の金貨をつくり、イギリスのあらゆる毛織物や、麦、錫、鉛、錬鉄、真鍮、砂糖、煙草を買っていたならば、大量の消費で商業全体が崩壊していただろう。というのも、彼らはイギリスの商人よりも二、三〇パーセント安く売ることができたので、わが国の外国市場をすべて停滞させただろうからだ。つまり、わが国の大量の商品をすっかり運び去り、実際の値段よりも三〇数パーセント高い金をたくさんわれわれの手元に残していっただろうからである。

だがそれだけではない。仮にわが国の商いの標準よりも値段が下がれば、大量にわが国の商品を外国に持ち出しても利得になるとは限らない。わが国の商いの標準とは、貧困層労働の安定した相場のことである。商人が儲けられず、製造人が生活できないような相場では、商品の大量消費はどういう利得になるのか？　疑いもなく、仮に価格から二、三〇パーセント値引きすれば、この時期なら国内で三か月もすると、毛織物を売りつくせるかもしれない。だから確かに、安値は消費を促すだろう。

しかし、これは商業にとってどれだけの利益となり、一般に商いにとってどれだけの利点となるのだろうか？　その値段では大量の商品の元が取れないし、そのような足場では商いを支えられず、かならず相場割れのような商いにとって破滅的な状況に陥るからだ。すなわち、下がる賃金、下がる食料、下がる土地といった状況であり、それは要するに、文字どおりの意味で下がる資金なのである。

商いを支えるもっとよい方法は国内生産量を下げることであり、消費を生産に合わせられなければ、生産を消費に合わせればよい。またすべての人を働かせてなんら利益にならないよりも、仕事をしたがっている人には何か別の方法で職探しをさせる方がはるかによい。これについては、いずれまた十分に詳しくのべることにしよう。

総合的に見て、わたしは次のことを主張し、また明らかにできるものと信じて疑わない（安値が消費を促すという古い通説にはなんら異議を申し立てない）。つまり、商いに携わるいかなる国民にとっても本当の利益とは、製品の価値すなわち良い質を適正な標準に保ち、そして信望を犠牲にしてただ値段を下げ、市場でただ相場を低くするよりもむしろ、本当に価値があるから安く思える、ということである。

わたしは、本質的な価値によって製品の信望を維持するのが、国の生産にとって唯一の成功であり、そうすれば製品をつくる国民は金持ちになり、その国も栄えて強力になると主張する。

中国やインドなど東洋諸国の製品は、なるほど世界でもっとも広く行きわたり、種類もいちばん多い。そしてたんに安値を強調して世界中で積極的に売り込まれていて、それが前述した原則に従って消費を促している。

しかしその反面、それら生産国に目を向けてみると、はっきりと因果関係が見られる。見事な製品をつくる国民はこのうえなくみじめで、その労働は何ら価値がなく、賃金は口にするだけでも恐ろしく、暮らしぶりは考えるだけでもぞっとするだろう。女性たちは馬の代わりに犂を引き、男性たちはわが国と比較できないほどの重労働にあえいで死ぬ。なぜならば、口にする食べ物は身体を維持するのに十分な滋養がなく、手にする賃金でもっと上等な食べ物を用意できないからである。それでいて過酷な監督は、われわれが（これも残酷だが）馬にときどきするように、彼らを鞭で打ちすえて仕事させるのだ。

ノイエンホーフ氏(37)は中国について執筆するにあたり、世界最大の皇帝の運河で船を上流へ引っ張る、あるいはわれわれの言い方だと牽引する、貧しい人々の悲惨さについて、これと同じような説明をしている。そして気の毒にもその労役で疲れ切った者たちが倒れて死ぬまで、監督はわが国の荷馬車の御者のように、どれだけ鞭で打ち続けるかをのべている。つまり、彼は考えるだけでも情け深い人の心をひどく痛ませるような説明をしている。こうした労働にたいする賃金はせいぜい、わたしの計算によれば、一日につき英貨二ペンスほどにもならず、おそらく製品の場合も似たようなものだろう。

だから、イギリス（あるいはもっとも安い賃金で労働が行なわれているヨーロッパの国ならどこでもよいが）における製品を、ただ安くして強引に消費を促進しようとするジェントルマンが、つくる人々の賃金を中国とかインド並みに下げて満足するならば、確かに消費を増やし大量に売り払うこともできるかもしれない。けれども、その利点は何だろうか？　商品を売って労働者を零落させることになるだろうが、全体的な恩恵は、はっきり言ってわたしには分からない。

　こうした問題すべてについてはまた、とくにイギリスの商業に関係するときにのべるとしよう。そこで、ここでは言及するだけに止めておく。製品の値段を下げるということの考えが商業の一般原則と受け取られ、個々の事例に間違って適用されているからだ。

　賃金の問題には例外があり、わたしがイギリスに関して唱えたこと、すなわち、世界のどんな国よりも高い賃金がわが国の貧困層に与えられているという主張にたいする反論として、この例外が持ち出されるかもしれない。そしてわたしが、アメリカにおけるヨーロッパの植民地――フランスやスペインなどの植民地だけでなくイギリスの植民地をも含む――で支払われている高い賃金のことを忘れたか、あるいは知らないと思われるかもしれない。そこでは一日につき一ペソ銀貨[38]またはむしろ五シリングが、そしてジャマイカ*では六、七シリングが、職人や労働者に労賃として与えられている。また現地では、たんに賃金が高いために、奴隷の値段がここ数年で一人二〇ポンドから三、四〇ポンドに上がった。

　しかし、これについては簡単に説明できる。すなわち、現地で賃金が高くなったのは、二つの要因、つまり食料品の高値と人手不足、西インド諸島における食料品の高値とアメリカ大陸の植民地における人手不足のせいである。そこでだれであれ経験豊かな人に比較計算させれば、生活費と十分に等しいかバランスよく、賃金はイギリスと同じくらい植民地でも割安で、もっと割安の場合もある、ということが分かるだろう。個別の検討については、しかるべき箇所を参照されたい。

全体を要約すれば、商いは世界の富であり、国家間の貧富の差を生み、勤勉を促すとともに勤勉によって育まれ、世界中の自然の恵みを広め、本来は存在しない新しい種類の富を生み出す。商いには二人の娘がいて、その後裔が技術を豊かに実らせ、人々を雇うのである。

製造業と海運業。

いかにこの二つが力を合わせて世のために尽くし、幸福で不安のない生き方を人々に教えているかを見てみよう。つまり、いかにこの二つが結びついているかを、しかも快適に暮らせる唯一の方法である勤勉さで結びついているようすを、見てみよう。怠惰で無為な人生は幸福でも快適でもない。仕事は生で、怠惰や無為は死であり、忙しいことは喜び、楽しみであり、何もすることがないのはまったく憂鬱で気がめいるもので、要するに災いや悪魔にしかそぐわない。

製造業は商品を供給する。
海運業は船舶を提供する。
製造業は貧困層を養う施設である。
海運業は船乗りを育てる養成所である。
製造業は外国からお金を集める。
海運業はお金を自国に運んで来る。
製造業は船に荷を積んで外国に運ぶ。
海運業は船に荷を積んで自国に運ぶ。

製造業は富である。
海運業は力である。

結論を言えば、国内の雇用を促進する製造業と国外の雇用を促進する海運業がいっしょになり、全世界をにぎやかに動かしているように思える。勤勉な国民を鼓舞するため手を握っているように思える。うまくいけば間違いなく世界は豊かになるだろう。

第二章　とりわけイギリスの商いについて

本章の見出しにあるように、とりわけイギリスの商いについて言う場合、まるでイギリスだけを指しているかのごとく、ごく狭く限った意味ではないことを了解していただきたい。それだとイギリスは、その地理的な範囲に、国境で囲まれ地表のあの小さな場所に限定され、まったく小さいものになってしまう。

だが、商い用語で理解してもらわないと困る。イギリスの商いとは、イギリス領内のあらゆる場所の、あるいは通常の表現で言うと、イギリス政府が統治する諸国の商いのことである。

イギリス国家ないしブリテン王国の広く散在する植民地や領地をイギリス帝国と呼ぶのは、われわれにたいして敬意を表しているのだと考える人もいるが、わたしはそうした当今の偽った呼び方をまったく好まない。そう呼んだからといって、国王陛下とかイギリス国家にたいし、なんら称揚したことにはならないと思う。イギリス国王は、そういう称号を好んで用いたりまったく重んじなくても、皇帝のように富裕でありさえすれば十分である。

だがこう思わないわけではない。つまり、世の風潮に調子を合わせ、周辺諸国においても、もう数時代経つとあらゆる階級の人々、少なくともそのほとんどは、自負が大きくなるに伴いこれ見よがしに気取った生活をするだろう、またいくつかの国では伯爵や公爵が世間が憤慨するほど増えたのに呼応して、人々も背伸びした生活をしつづけるだろう、と。

こうしてやがては伯爵が公爵に、公爵が王子に、王子が国王に、国王が皇帝になるかもしれない。要するに商いと同じく、いかにこの世では名誉が商品になり、気高さが安価になり、威信が楽な支払い条件で市場に出るかについてのべるのは、不作法なことではないのである。そしてこちらでは教会政治、あちらでは国家政治とやらで、この世は真の名誉ではなく称号のために数年で蹂躙されるかもしれない。名誉は花が咲いて種になるけれども（イギリスではなく外国の話）、価値のない称号はこの世の恥である。しかし、これについては後でのべよう。

元に戻って、イギリスの商いとはすなわち、イギリス領の商い、イギリス政府が統治する諸国の商業である。とりわけ第一に大ブリテン島とアイルランドの商い、そして第二にアメリカ、アジア、アフリカにおけるイギリスの植民地と在外商館の商いである。これらすべてが総合されてイギリスの商いをつくり上げているわけだ。

他国で行なわれるイギリス臣民の商業全般に目を向けるとき、彼らはそこで主権国を持たない商人として取引すると言われるので、それはまったく別個の問題となり、別の仕方で論じられることになるだろう。というのも、一国内の商いと、他国での商関係による売買とは、つねに区別しなければならないからである。そこで論を進めるに当たり、いかなる場合にも正確を期するため、その区別を保つように留意しよう。

イギリス内の商いとイギリス国民による商いとは別物であり、前者は場所に局限され、後者は人によって営まれる。この世界のどんな地方や国でも、機会があれば、たとえイギリス国民がいかなる場所にいかなる方法で分散し、移動し、努力を積み重ねて定住しようとも、商いは営まれるのだ。

商いにいそしむ国民であるイギリス人の偉大さと豊かさが、非常に際立っているというのは正しい。すなわち、わが国の商品だけでなく商人も、この世界のあらゆる商いを営む地方や港町で見られる。おまけに商人は現地に落ち着くが、彼ら自身の資金力により、また現地で買う品物よりもイギリスから持って行く商品の価値により、商活動が支えられている。

なるほど世界各地に商人は定住しているが、販売よりむしろ買付に熱心なように見える。たとえばモカ[39]やスラト*といったインドや、ベンガル湾*や、インドや中国沿岸全域の在外商館や商業港ではそうだ。だが、その他のほとんどの地域ではイギリス人は、買付よりもむしろ販売するようにしている。少なくとも売買を同じ程度にし、イギリスの商業全般、とりわけ商人たちに大きな利益をもたらしている。たとえばトルコ、イタリア、スペイン、バーバリ沿岸*、ポルトガル王国、オランダ沿岸、ドイツ沿岸、デンマーク沿岸、バルト海*、北海等々においてである。

こうした国々ではみな、すでにのべたように、わが国の自然の産物や生産品とか人々の労働生産物や製品を、わが商人はおもに販売する。そして買い付けるのは、最初イギリスから船積みし、そこの市場で売って大もうけしたイギリス商品との、交換商品にすぎないか、あるいはむしろ交換商品の一部である。もうけや差額は、物事や国の道理に応じ、いくつかの方法で決済される。それぞれ当該の箇所で見ていくが、ある場合には交換により、ある場合には正貨で、ある場合には直接本人に、ある場合には一つの国から別の国に、といった方法でだ。

しかし、とりわけイギリスの商いは、以上のように特徴づけられ、また「イギリスの商業」と題してのべると、次のように概括される。

一、もっぱら外国に輸出するわが国の産物と製品。

二、海運と航海。

三、国産品と輸入品の国内消費。
四、以上すべての結果としての、それらに対処する仕事での国民の雇用。
いずれの項目においても、どんなに計り知れないほど重要な仕事がこの王国で続けられているか、あるいは通常の言い方に従えば、処理されていることか。いかにおびただしい数の人々がつねに働き、男性や女性や子供が雇われ、五歳や六歳や七歳の児童（と呼ぶのが正しいかもしれない）が自分で生計を立て、自らの手仕事で暮らしていけるようにされ、莫大な富が一般の人々の間に蓄積されていることか。しかもこの富はじつにたいへんなもので、仮に計算してみると、貧困層は、つまり以前は貧困層のなかに数えられた、職人と呼ばれる小売りや商いや労働を受け持つ類の人々は、王国全体のジェントリーと貴族を合わせたよりも多くの実質的な動産を手にしているのである。しかもこの場合、彼らはこれまた驚くほどの分け前にあずかっている、土地や家屋などといった不動産は、勘定に入らないのである。

だからここで話を中断し、イギリスの商いにおいてたいへん重要であり、わたしが知る限り世界のどこにも比類のない事柄につき、少し熟考してみる価値がある。すなわち、イギリスの取引資源は完全に国内で調達され、わが国の商業がすべて自国のものに発しているというのは、一種特有のものである。他の国ではそうでない。オランダ人の商いはぜんぜんオランダに固有のものではなく、たんに売り買いし、持って行って持って来るだけであり、最初に輸入するものを再輸出するだけで、自国のものはほとんどあるいはまったく何も輸出しない。オランダ製と言われているリネンでさえ、（材料である）紡ぎ糸の大部分をシュレジエン[40]とザクセンから、残りの材料である亜麻をロシアとポーランドから輸入している。

オランダ人は売るために買い、イギリス人は売るために植え、掘り、羊毛を刈り、織る。わが国の製品は自国製であるだけでなく、そのほとんどの原料も自国産である。ほとんど、と言うのは例外がいくつかあるためだが、多くはない。

わが国の毛織物では、原料はみな自国産だが、ただ油と染料のいくつかは別であり、染料にはたとえば癭瘤《えいりゅう》(41)、藍《インディゴ》*、コチニール*、その他数種がある。弁柄《べんがら》*は臨時に用いるもの、例外的なものである。わが国の製品の大部分は弁柄を使わずにつくられているし、またおそらくつくられるだろう。

わが国の金属類の製造で、錫と鉛は自国産、銅と鉄は自国産、例外はスウェーデンとスペインから輸入される鉄であるが、それもほんの一部にすぎない。というのも、一般にあらゆる鉄の鋳造品において、鋳鉄は自国産だからである。

わが国の絹の製造で、いかにも主要で基本の原料は外国産である。とはいえ初めて、絹製品は最近ようやく自国産と呼ばれだした。それは改善したおかげであって、年に二〇〇万ポンド近くの絹製品を、わずかばかりのリボンを除いて外国から買っていたことはまだ記憶に新しい。そして以前は絹のなかった諸外国、フランスやイタリアやスペインと同じく、わが国のように改善しつつある国が、自国でも、または少なくとも植民地でも、絹をつくるようになるまでには長くかからないかもしれない。というのも、イタリアには最初、またフランスにはごく最近まで、自国産の絹がなくてすべてトルコやインドから買っていたという事実は、よく知られているからだ。わが国の輸出用の産物はすべて自国産か、あるいは同じことだが植民地産であり、たとえば次のようなものである。

麦、鉛、明礬、綿、石炭、魚類、砂糖、糖蜜、食塩、薬種、煙草、生姜、麦芽、銅、生皮（毛皮）、藍、錫、米、肉、その他

これらの輸出品はすべて自国産であり、生産量が莫大なため、国を富ませ人口を増やしてもくれる。

人口が多く富裕な国民は必然的に、輸入品だけでなく自国の産物も多量に消費するが、これがイギリスの商いの姿なのである。

われわれは世界のいかなる商業国と比べても、外国の産物をいちばん多く消費するが、外国製品の消費はもっとも少ないと言うのは自慢でなく、ましてや僭越でもない。全面的に輸入している外国製品は、リネン、紙、ブリキだけと言えるかもしれないが、実際にはそれらもまた、大部分は輸入していることを認めても全部というわけではない。

スペインはわれわれよりもたくさんの外国製品を輸入しているが、自然の産物では魚以外はほとんど輸入していない。フランス人についても、いま自国製品の非常に大きな恩恵を受けているとはいえ、同様のことが言える。

われわれは、金、銀、ワイン、ブランデー、麻、ピッチ、タール、亜麻、蜜蠟、油、鉄、鋼鉄、果物、羊毛、絹、獣毛、薬種、染料の原料、硝石、紅茶、コーヒー、材木、香辛料を輸入している。この他にももっとある。しかし、これらはみな外国の土地の産物や生産物であり、製品や製作物ではない。そしてこれらすべてをわれわれは、他のどんな国とも比較にならないほど大量に国内で消費している。

だが、リネンと紙とブリキを除くと外国の製品はほとんど輸入しておらず、またブリキ以外の二つはいま国内でも大量につくっている。イギリスにおけるワインとリネンの消費は莫大で、ワインは国内で、とりわけスコットランドとアイルランドで、大量に製造されているにもかかわらず、世界のどんな国よりも多く輸入している。東インドのリネン製品について言えば、イギリスでいま消費されている量は少なく、また消費されている製品、すなわちキャラコは、用途が同じなのでリネンと見なされるかもしれない。

しかし、商いという最初の論題に話を戻せば、イギリスの商いはだから要するに、

ヨーロッパのどんな国と比べても、
国内産出物の最大の輸出と外国産出物の最大の輸入で成り立っている。

輸出は外国から富を集めてたくわえ、わが国民を増やして富ませるけれども、国民は一般に暮らし向きがよいので、つまり中流の商いを営む勤勉な人たちはかなりよい生活をしているので、国内だけでなく外国の産物をも大量に消費する。このようなことは世界のいかなる国家にも真似できないが、詳細については順を追って考察しよう。

まさにこうした状況によって、どれほどわが国の民衆の数が増えたか、しかも考えられないほどにまで増えたかについては、紙幅に余裕があれば考察に値する。わが製造業のおかげで、何年も経たないうちになんと人口稠密な町が建設されたことか！　いかに町が市へと発展し、（昔はほとんど知られていなかった）小村が人口の多い町へと成長したことか！　このような観察に好奇心を覚える人には、製造業に携わる州や町、港町、沿岸諸州に注目させ、それらと、製造業が進められていない州、海岸部がないので商いの拡大に直接的な影響を受けない州とを、比較させよう。そして両者の相違に関して、規模が大きくて人口稠密なたくさんの町、たくさんの人間、昔から大きな町だったがいまだに拡大をつづける町という点から、もっぱら観察させよう。

どんなに人間が製造業の周りに集まり、いかに不毛な僻地でも織物をつくる地方に群がるかを分からせよう。その反対に、そういう人口稠密な地方に比べると、国内の他の地方は状況が違えば人口が増えていただろうに、なんと住民がまばらだろうか？　ある地方など、そういう人口稠密なところよりもはるかに肥沃で多産で、もっと豊かな土壌で、快適で、ずっと温暖で健康的なのにである。しかし、商いがあるところには人間がおり、富があり、大きな市場があり、大きな町があり、要するに現金がある。自負心がジエントリーを貧しくしたように、一般の人々を富ませたのは商いだからである。

商いに携わっている国民を軽蔑するのは、ジェントリーの判断力にとって不面目であろうと、前章でのべたのもご理解いただけるだろう。ジェントルマンがどんなに家柄や血筋を誇っているかは分かっているが、彼らの富や財産が明らかに減少しはじめているのが実情なので、たとえ商人はジェントルマンになれないなどと言っても、商人は今日、王国のほとんどどこでもお金でジェントルマンになれるのだ。

そこでつけ加えさせていただきたい。次の二項は、多くのジェントルマンの家系が運がなかったり愚行で減ると新たなジェントルマンを迎え、衰え落ちぶれると再興される、それは両方とも商いによってである、という内容である。そうでなければ、この国には数年でジェントルマンの家系はほとんど、少なくとも財産のある家系はほとんど、残らなくなるだろう。

一、古い家柄が、財産を浪費して使い果たし、奢侈と贅沢な生活のせいで身代が傾き衰えたので、あり余るほどの富を築いた商人の娘と結婚して軽蔑する商人と血縁を結び、ふたたび元どおりになって栄えた。そういう商人は、息子ができないために財産を娘に残さなければならなかったのである。われわれの知るところによると、ジェントルマンだけでなく最高位の貴族をも含む数え切れないほどの家系が、こうして一気に年に五万ポンドから一〇万ポンドないし一五万ポンドの程度にまで身代を回復した。

二、このように貴族やジェントリーの衰微した財産が回復され、彼らの家門の傷がより富裕な商人の娘によって癒された。また商人やその息子は、多数のジェントリーの家系が身分を失うほど落ちぶれて貧困と困窮に当惑していたときに入れ替わり、ジェントリーに加わった。

相続人が貧苦と貧乏なままで財産が売り払われ、一家はあたかも墓場に葬られたのと同じく完全に消えて滅び、忘れ去られる。このロンドンから数マイル以内でかつて栄えた一家に、今回の例をとることができよう。この一家の長男は食べてゆけない準男爵(42)で、辞令もないのに赤い軍服を身につけている。そしてぼろ服なのにサーと呼ばれ、そういう敬意がかえって彼の悲惨な状態をいや増すことのないよう、偽名で通している。幼い子供たちは慈善で養われ、大きくなった娘たちは四頭立ての馬車で女中奉公に出る。

(一年に一八〇〇ポンドの地代がある)地所はある市民に買い取られるが、その人は、誠実で熱心な努力によりお金をためて繁盛する商いに従事した後で、下の息子たち二人に帳簿と卸売店を託し、世事から引退し、その地所に住み、治安判事になり、申し分のないジェントルマンになる。長男は大学で教育を受け完璧な素養を身につけたが、まるでノルマン征服以前に一〇〇世代ものあいだジェントルマンの血統であったかのように、彼の真の実力がじつに豊かなこともあって、州のジェントリーによく迎え入れられる。

ここで、自分たちの古い家系の価値について大いに弁じ、財産を増やして血統を守ることにはほとんど目もくれないジェントルマンには、次のようにするのも無駄ではあるまいと、言いそえてもよいだろう。つまり、ジェントリーの名簿を調べ、そしていまや紋章官たち自身でさえほとんど見出せない、あの莫大な数の滅びて消えた家系の地所が、どうなったかを探し出すということだ。彼らに言ってもらおう。それら地所はいま、商人や市民またはその子孫に買収されていないかどうか、そういった商人の子孫はいま、貴族だけでなくジェントリーをも含めた大きな名簿や一覧表の間隙や空所や切れ目を埋めていないかどうか、富を継承することにより、またますます大きくなっていく商いから生まれた新しい商人により、第一項のように回復するか、あるいは第二項のように入れ替わられるかしていない家系が、多く残っているどうか、についてである。

要するに、商いは旧家が零落して衰微すると蘇らせ、滅びて消えた旧家の代わりに新しい家系を据える。八〇年と経っていないが、かつてイギリスのジェントリーが所有しており、現在は買いとられて市民や商人の手に渡っている大きな地所は、ロンドンから一〇〇マイル圏に五〇〇カ所はあるはずだ。商いで得たお金で公明正大に買ったのだが、ある人は商取引で、ある人は小売商売で、ある人はたんに製造業で儲けたのである。とりわけ織物業にはそういう例が多い。わが国のこの種の製造業については衰退ぶりがさんざん言われているか、または言われてきたにもかかわらず、ウィルトシア[43]やグロスターシア*といった織物業や製造業に携わる地方で、一人当たり四、五万ポンドの収入をあげる織物業者を大勢（じつに大勢）見つけるのは難しいことではない。また、年に五〇〇ポンドから一〇〇〇ポンドの収入、不動産、その他の仕入れ品があるという人もいる。彼らの子孫は織物業者の血筋だからといって、成り上がりのジェントルマンだと非難されたり、職人だと思われたりすることはけっしてないだろう。

だがこれらの製造業によって建設された人口稠密な町に話を戻し、好奇心の強い人には次の大きな町につき、調べてもらおう。

マンチェスター*、リーズ*、フルーム*、ウォリントン*、ウェークフィールド*、トーントン*、マックルズフィールド*、シェフィールド*、ティバートン*、ハリファックス*、バーミンガム*、その他

このなかには、最高位の執政官は巡査で、ジェントリーの家系はほとんどあるいはまったくない、ただの村落のような町もある。それでも富に満ち、人間に満ち、どちらも毎日増え続けているのである。すべてが商いの力と、発展中の製造業が誘因である。こうした町には、ヨーク市よりも多くの人間が住んでいると言えるかもしれない。そのうえ、（前にのべたように）日々確実に拡大しているが、ヨーク*は違う。

好奇心の強いこの人の目を、以上の内陸の町から港町に向けさせよう。港町では国内外の商いが栄え、海運業と製造業と商品がお互いに助け合い、富も人間も増やそうと手を携えているように思える。イギリ

スではロンドンとブリストル*を除いて匹敵する都市はなく、やがてそのうちのいくつかは、ブリストルを凌ぐ見込みが十分にある。たとえば次のような町である。

ヤーマス*、ハル*、プリマス*、リバプール*、ニューカッスル、ホワイトヘーブン*、コルチェスター*、リン*、ビデフォード*、ディール*、その他

これらの町はどれも商いによってつくられ、いかに大勢の住民が仕事のために、したがって、商いが住民にとても気前よくばらまくお金のために、そこへ引き寄せられることか。

だが、これだけに止まらない。好奇心の強い人にもう少し遠くまで行ってもらい、こうした町に隣接する地方を調べさせれば、製造業が定着して進行しているところでは、状況全体そのものに明白な相違があるだろう。つまり村落が密集し、市場を開く町がずっと多いだけでなく、はるかに大きくて住民でいっぱいの光景を見ることになるだろう。要するに、その地方全体に小集落ないし小村がたくさんでき、あちこちに家が建ち並び、そのため一帯は新しくできた植民地のように、至るところに人間が満ち、仕事も十分にある。

好奇心の強い人に、デボン州㊹を調べてもらい、サージ*が取引されているエクセター市*の二〇マイル圏を見てもらおう。

ノーフォーク州*では、毛織物業が行なわれているノリッジ市*の二〇マイル圏である。

エセックス州*では、ベーズ*製造業が行なわれているほぼ四〇マイル圏である。

ウィルトシアという州では、上等なスペイン織と雑色織の製造や混毛織物の製造が行なわれている、南部のウォーミンスターから、北部のマームズベリーを含み、ブラッドフォード、トラウブリッジ、ウェス

トベリー、テッドベリー、フルーム、デバイゼズなどといったあらゆる大きな町までの、あの栄えている谷間全体にわたる。

グロスター州とウスター州*では、トルコ商人向けの白い布地が取引されている、シレンセスターとストラウドウォーター*からウスター市*までである。

ウォーリック州とスタッフォード*という州では、金属製品の製造と刃物類が取引されているバーミンガムの町一帯と、コベントリーの周辺である。

ヨークシア*とランカシア*という州では、有名な綿製品、鉄製品、ヨークシア織、カージー織などが製造されているマンチェスター、シェフィールド、リーズ、ハリファックスといった大きな町、ならびに隣接する各地域である。

以上すべての地方、ならびに名前をあげようと思えばあげられるその他多くの地方一帯は、なんと富んでいることかと言わないまでも、なんと人口稠密であることか！　町がいかに密集し、市場がいかに充実し、村落が、開豁地でさえもが、いかに人間でいっぱいなことか！　それはじつにたいへんなもので、ハリファックスの教区ないし牧師の管轄区だけでも、一四、五カ所の教会堂の他に、一六カ所の分会堂と一〇万人の教会員が数えられる。そして人々は、水や、石炭や、製造業に適したその他の資源利用の便宜に応じて、丘や谷に広く分散して（というのは山の多い地方なので）自由に暮らしている。だから、直径一二マイルの教区全体は、前にのべたように新設された穀倉地帯ないし植民地に似ていて、各家族は自分たちの売買を増やすために、いわば内に閉じこもり自分たちだけで生活する。また地域全体が計り知れないほど人口稠密であるにもかかわらず、仮に村落のなかや道路沿いに散在した家屋のそばを真っ昼間に通っても、道をたずねようにもほとんどだれにも会わないだろう。だが、夕方に仕事が終わったころに行ってみると、大勢の住民の姿が至るところで見られるので驚く。

こうした地方を観察してから例の人に、商いとはほとんど関係がなくて、住民は主として地主と借地人、ジェントリーと農夫から成る、イギリスの数少ない州を見学してもらおう。するとそこでは、土地を耕すとか、不可避な労働を手早く片づけるのに入用な人間には事欠かないが、状況全体ははなはだしく異なるのであり、次の事項がそのことを明らかにしてくれる。

一、わたしが名前をあげたような町や、そういう大きな町と伍するのにふさわしくないもっと小さい多くの町に比べると、市場を開く町は数が少なくて規模も小さい。いや、製造業に携わる地方での村落は、これら問題の地方における市場町と互角である。

二、村落は遠く離れ、小さくて人口が少ない。そして開豁地について言えば、なるほどあちこちに農家や田舎屋はあるものの、前述の囲い込まれた州に広がるおびただしい住居の比ではない。しかも前述の地方では、往来がときには二、三〇マイルも長く続いて住民がいっぱい歩き、まるで一つながりの街路みたいなのである。

三、こうした仕事のない州では、女性や子供が何もしないでぶらぶらし、ある者は戸口に座り、またある者は通りで遊んでいる姿を目にする。つまるところ、貧困層が金持ちから仕事を与えられている市場町やもっとも人口稠密な村落でも事態は同じで、分散した個々の村落ではさらにいっそうこういう傾向が強く、そこでは彼らは自分たちのことしか関係がないのである。

その反対に、製造業に携わっている州で目にするのは、紡ぎ車がほとんどの家で回り、毛糸と紡ぎ糸が窓という窓に垂れ下がり、織物や、糸巻き機や、梳毛機や、毳《けば》立《だ》て機や、染色機や、仕上げ機がみなせわしく動き、女性だけでなく子供さえもたえず仕事をしている光景だ。

四、労働と暮らし向きも同じである。というのも、貧困層は仕事がいっぱいあるところではかならず賃金をもらい、他の人々が飢えているときにものを食べ、かなり豊かであるのにたいして、仕事のない州では貧困層にきわめて厳しいからだ。ところで、なぜこのようなことになるのか？　土地に、また当然ながらジェントリーの地所に、注目していただきたい。製造業に携わる州は売買に、仕事のない州は楽しみに、適している。前者は村落や大きな町で、後者は猟園や大きな森林で、あふれている。前者は人間が、後者は猟の獲物が、いっぱいである。前者は豊かで多産であり、後者は荒廃して不毛である。勤勉な層の住民は前者に逃げ、何もしない方の層は後者に取り残される。要するに、富裕で繁栄する商人は前者のなかで、衰退し衰微していくジェントリーは後者のなかで、生活するのだ。

前者の産物は勤勉と熱意によって改良され、すべて自分たちの間で消費される。後者の産物はあってしかるべき量の半分にも満たないが、お金がないため前者の市場に運び去られる。前者ではどんな肉でも真ん中の脂肉を食べ、勤勉に働くので買うことのできる柔らかい部分を味わい、また後者では皮の部分の粗末な堅いところを食べ、まったくの骨折り仕事しかなく、したがってお金がないので切り詰め、みじめな生活をする。

理由はおのずから解明される。日雇い仕事で農業しに行き、生垣をつくり、溝を掘り、脱穀し、荷車を引くなどをして仮に八ペンスから一二ペンス、州によってはもっと少ない日当を週ごとにまとめてもらう、貧しい労働者がいるとしよう。もしも彼が妻と三、四人の子供を養わなければならず、妻子はほとんど稼げないとすれば、彼はつらい思いをし、貧しい生活をするに違いない。そうに違いないと想像するのは簡単である。

しかし、仮にこの男の妻と子供たちが同時に仕事を得ることができれば、仮に隣家とか隣村に織物業者なり、ベーズ製造業者なり、毛織物ないし混毛織物の織屋が住んでいれば、そういう製造業者は貧しい女性に梳いた羊毛とか、毳立《けば》てた羊毛を毎週届けて紡がせ、彼女は家で一日に八、九ペンスを得る。織屋は彼女の幼い子供たち二人に呼びにやり、その子供たちは織機で働いて糸を巻いたり、糸巻きをいっぱいにしたりなどしており、年上の女の子二人は母親といっしょに家で紡いで、各々一日に三、四ペンスを稼ぐ。そんなわけで合計すれば、家族は家にいて、父親が外で手にするのと同じくらい、一般にはそれ以上もらうのである。

これで暮らし向きにはなはだしい変化があり、家族はそれを感じる。みんなは前よりも十分に食べ、寒くないようにもっと服を着て、そう簡単に、そう頻繁にも、困窮して悲惨な状態に陥らないのである。父親は子供たちのために食べ物を手に入れるし、母親は衣服を買ってくれる。そして子供らは成長すれば、牢獄や絞首刑を免れるために家出して従僕や兵士とか泥棒や乞食になったり、植民地にわが身を売らないでも、近くの商いに携わってだれもが生計を立てられるのだ。

注　わたしはかつてイギリスの大きな人口稠密な町のなかを通った際に、ある将校が曹長と二人の鼓手を連れて長期間滞在し奔走したけれども、新兵の募集はかなわなかったと知るに至った。ただ二、三人の飲んだくれは例外で、将校らは連中を騙して酔わせ、正気に返る前に兵籍に入れたのである。

その理由をたずねると、その町のある正直な織物業者はこう的確に答えてくれた。「真相は明白で、こんなふうなのですよ。現在のところ商品の活発な需要があり、この町と周辺の村落には一一〇〇台の織機がありますが、一台も休んでいません。だからこの町の四歳以上の貧しい家庭の子供なら、かならず自分で稼げます。そのうえ、いまのところたいへん申し分のない商いが行なわれているために、賃金が少し上がっていて、織り手や紡ぎ手はかつてよりも多くもらっています。状況がこうであるうちは、あの人たちがたとえどんなに太鼓をたたこうとも、ここでは兵士は集まらないでしょう。でも商いが沈滞して住民に仕事がなくなったときにやって来れば、十分に兵士を集められるかもしれませんよ」。生まれのよい将校はそれと気づき、製造業のない州で運を試すために鼓手といっしょに立ち去り、そこで若い男どもを十分に見つけたが、そういう地域ではたとえば農夫、調馬師、従僕などに見られるごとく、男は貧しくて高慢であり、仕事がなく怠惰であった。

要するに、軍隊を兵士でいっぱいにするのは貧乏や空腹であって、商いや製造業ではない。したがって、スイス人やグリゾン人、デンマーク人やリューネブルク人、ヘッセン人やプロイセン人は太鼓をたたく音が聞こえると喜び、外国が自分たちの軍隊を雇い抱えようとすれば嬉しがる。そういう人間の数が多くて不満に思っているからだ。それと同じ理由で、スコットランド人とフランス人は、たんに国内では雇用がないから、兵士とかあくせく働く者（すなわち召使）の仕事を求め、ヨーロッパの、いやそれどころか世界の、あらゆる国々に散っている。それにたいして国民に製造業があって国内で十分に仕事のあるイギリスやオランダやフランドルでは、いざというとき兵士を募集するくらい困難なものはない。最近あったフランスとの戦争で、長い平和でだらしなくなった男どもを、初期の会戦ですっかり連れ去られると、この問題が分かった。それからイギリス人は、見つけられるかぎりの貧しい男どもをみな送り込んで、無理やり兵士にできるよう、治安判事に権能を委ねる法律をつくらなければならなかった。

だが、この法律も[45]役に立たなかったのである。次の治世に戦争がふたたび始まったが、兵士を得るのがきわめて困難で、女王は部隊を組織するのに、近隣のあらゆる君主から軍隊を雇わねばならなかった。たとえばザクセン人、ヘッセン人、デンマーク人、リューネブルク人などで、イギリス人は荒っぽく強制しなければほとんど集まらなかったのである。スコットランド人でさえも、不満やらもっとよい仕事があるため、まったく十分な人数を供給できなかった。理由は明らかであった。商いが栄え、製品に需要があり、商人がたくさんの注文を出し、男たちには仕事がいっぱいあったのである。まったくのところ、織機や羊毛梳き具用ストーブ*、あるいは商品の織物加工、仕上げなどの作業でそれぞれ週に九シリング、一〇シリング、一二シリングもらい、家で暖かく楽に心配なく暮らせる気の確かな貧乏人なら、だれが週に三シリング六ペンスの給料で、外国に行って野営陣地で飢えに苦しんだり、城の傾斜壁で頭をたたきのめされたりするだろうか？

　ここで読者には、最近のことでだれの脳裏にもあり、十分にわたしの目的に適う一つの出来事を思い出していただきたい。フランスと戦争していたある年、フランス王国全体がひどい穀物不足に陥った。その不足たるやたいへんなものだったので、穀物を求めて世界中くまなく探したと言ってよいような商人たちがいなかったら、実際よりも何千人も多くの人々が死んだに違いない。というのは、多数の人間が完全な穀物不足で死んだからである。

　たまたまその前年に、フランス国王[46]はすさまじい打撃を三回受けた。すべて一つの会戦で生じた、バルセロナ*の救助、トリノ*の戦い、フランドルのラミーイの戦いといったようなそれぞれの重大時に、フランス軍が潰走したので、フランス国王は軍隊に新兵を補充することのむずかしさにたいへん当惑した。そこで同盟国の大半はこう思った。フランスの最期がやって来た、フランス帝国の没落が差し迫っている。フランス軍が壊滅し、国が四方八方から脅かされ、国民が飢え死にしそうで、パンのためにお互いの喉をいまにも掻き切ろうとしており、国王が軍勢を立て直すのは不可能だろう。

　こうした危難のなかで将官たちは国王に話しかけるのをほとんど恐れており、逆境をわきまえていない老国王はとても強情で不機嫌で憤然としていたので、だれもおせっかいを焼きたがらなかったけれども、すべてが破滅に帰そうとしていることは知っていたのである。

その間、国王はいくつか命令を発し、人を雇い、世界のあらゆる地方から穀物を集めるために、すべての方面にお金を出した。レバントのもっとも外れの港町から、エジプト、シリア、キプロス、多島海のあらゆる小島、ボロス湾*、サロニカ*、さらにはコンスタンチノープルにさえ及んでいた。そして大量の穀物が調達され、国王はそれを軍隊に供給すべく国の倉庫に運ぶように、はっきりと命令を下した。けれども軍隊を補強し、そして前の不運な会戦で敗れ、切り裂かれた多数の旅団全体を元通りにするために、兵士を募ることについては、まるで気にもかけなかったし一言も触れなかった。それにまたいつもの習慣どおり、その重要な事柄に応じるべくお金を出すよう、財務官あるいは主計官に命令することもなかった。

ついに、フランス陸軍元帥の何人かは、そのようにぐずぐずするのは危険だと考えてひどく憂慮し、国王の愛顧を厚く受けていることを頼みに、そのことを国王に上申しようと決心した。国王陛下は彼らがやって来た目的を見越していたが、別の業務の話を快活にし始め、それから他の話に花を咲かせてとても暖かく歓待したので、拝謁の主眼について、すなわち新兵を募って軍隊を増やすことについては一言ものべる機会を与えず、たえず話をあらぬ方向に向け続けた。

とりわけ、国王陛下は元帥一人一人に、彼らの領地、とくに彼らの直轄地で、穀物不足で住民はどんな具合かをたずねた。すると全員が、悲惨な有様は言語に絶し、貧困層の多くが死んでいる、という点で意見が一致した。「しかし軍隊はどんな具合だ？　気の毒なわが兵士たちに穀物を供給せよというわしの命令は実行されたか？」。「はい、陛下」と元帥の一人が——ヴィルロワ閣下[47]だったと思う——言う、「兵籍に入っているような陛下の軍隊は大事に扱っております」。「分かった。わしは新兵を募るように命令していないし、また来春までそうするつもりもない」。そうのべてふたたび穀物について触れた。「わしの倉庫はいっぱいになっているか？」と国王は言う。「はい、倉庫には十二分に補給をし、全部いっぱいにしております」と元帥らは答えた。

将校たちは国王陛下が新兵に触れたことに驚いたけれども、畏れ多い専制君主の激しやすい気質はたいへんなものだったので、だれもそれに応じようなどとはちっとも思わず、国王の措置を黙諾するかのようにまったく恭順に去って行った。国王の措置をこのうえなく馬鹿げていると考え、愚かな人間か発狂した人間と変わりがないと思ったにもかかわらずだ。

元帥らが立ち去るとき、国王は、宿営しているどの領地でも、軍隊が国の倉庫から穀物を供給されるよう十分に留意せよ、という命令を繰り返した。それから、「国王の言として、もしも穀物不足を被る場合にはわしの罪ではなく、フランス陸軍元帥たちの罪であることを、わが親愛なる兵士たちは知るべし」というのが国王の指令だと発表するよう告げた。

そこで、兵士は国の倉庫から穀物を供給される、というはっきりした命令を国王が下されたという公の通知を、軍隊を激励するために印刷して発し、また宿舎が倉庫から遠い連隊は、供給を受けるため倉庫の近くまでただちに移動させられた。

以上が実施され、兵士にはパンがたくさんあると至るところで知られるようになるやいなや、元帥たちは、前には分からなかった国王の知恵をたたえた。というのも、どこでも貧しい飢えかけた小農たちが軍隊に走り、じつにすばやく兵籍に入ったので、軍隊では約八万人の兵士が不足だったのに何ら費用もかからずすっかり補充され、新たに二〇連隊の増強があり、しかもこれらすべてが驚くほど迅速であったからである。

この顚末は、わたしが言ったことを十分に裏書きしてくれる。その理由はわたしがのべたとおりで、貧乏と困窮が兵士を集める、というわけなのである。商いは平和の友であり、はるかにすばらしい仕方で国民を養ってくれる。すなわち、商いは国民をパンのために、争わせるのではなく働かせるのだ。そしてもしもイギリスで兵士が足りないとすれば、数が不足しているのではなく、暮らしがよすぎて軍人のなり手がないからである。

　これはまた前述を裏書きする。すなわち、イギリスの商いに従事する中流層が裕福であるように、その下で労働し製造に携わる人々は、世界における他のどんな国の同じ階級の人々よりも、はるかに裕福だということである。

　彼らは他国よりも裕福であり、生活や飲食や衣服がずっとよくてお金をもっと多く使っている。そしてわたしが信じて疑わないのは、イギリスではもちろん他のいくつかの国でも、彼らの国内における比例配分が同じであることだ。少なくとも、国民が自分たちの境遇について認めることをいやがらず、実入りのよいときにはそれらしくするのをためらわない、自由な国々においてはそうである。つまり、イギリスの商人は、下位のジェントリーの大半よりも、そして外国で上位の階級のある人たちよりも、とつけ加えてよいかもしれないが、立派に暮らしている。いや、本国をあがめて外国をけなすのはやめるとして、次の点は非常に明白である。ロンドンには、たとえばチーズ屋、食料雑貨商、ろうそく屋、真鍮細工師、家具商などといったきわめてありふれた職業の商人とか小売商人がいて、年収三〇〇ポンドから五〇〇ポンドある大半のジェントルマンよりも多くのお金を、家族で使うことができるし、また実際に使っている。しかも、商人がお金を使い、富裕になり、出費の重荷をはね返して栄えるのに反して、ジェントルマンは収入ぎりぎりまで使って少しも貯めない、という注目すべきおまけまでつくのだ。

（〔チーズ屋などよりも〕もう一段上の）たとえば反物商、金物屋、乾物商、小間物屋、ブラックウェル取引所、その他での仲買人などといった、小売商人や倉庫業者や卸売商人が、どんなにたくさんロンドンで見られたことか。彼らは家政やその他それに付随することに年間五〇〇ポンド使い、一年で五〇〇ポンド以上貯めるだろうが、他方、年間一〇〇〇ポンドに上る財産を持つジェントルマンは、一年の終わりにはほとんど帳尻を合わせられず、そして商人と比べてずっと見映えのよい生活はできないし、また商人よりも信用が高いなどということはまったくありえない。

　ロンドン、ブリストル、リバプール、ヤーマス、ハル、その他の海港都市におけるわが商人たちは、家庭ではこのうえなく立派な紳士のように華麗にふるまい、また帝国の伯爵のように贅沢に出費しても、なんと裕福になることか！　だから、財産は池であるにすぎないが商いは泉である、というのは正しい。

　だがもっと卑しい人々について考えてみると（というのも、数がとてつもなく多いので、概して彼らのなかに、わたしがいまのべている富が内蔵されているからだ）、明らかに、イギリスで商いによって生活を支えられている有様は、同等の地位にある他国の国民の場合と違う。外国で商いに携わる人と働く貧民がどんな生活をしているか見たことのある人に比較してもらえば、これはあまりにも明白で議論の余地がない。

　わたしはまさしく、製造人と小売商人という二種類の人間にもとづいて仮説をたて、それを公衆に提示する任を引き受けているのだ。つまり、両者の労働あるいは商いの勤勉の成果である利益と、考えられないほど多くの人数があって初めて、わが国の産物とわが国に輸入された外国産物の国内消費が桁外れに大きくなり、またわが国の商いが後でのべるように驚異的な規模にまで高められたのである。

　それについては詳しくのべる必要がなく、簡単に概要が描けるだろうし、また大部の書物でもその輪郭を完璧には辿れないだろう。彼らはよく食べ、よく飲むのである。収入に比べると、たとえば牛肉、羊肉、ベーコンなどの獣肉の食べ振りときたら、極端、いや贅沢でさえある。飲み物は、ときどき度を超すのは無視するとして一般には強いビールのスタウトか、良質の食卓ビールだ。その他のものについては、彼らの家屋や貸間がかなりよく家具を備えつけられ、少なくとも有用で必要な家財でいっぱいになっているのを目にする。貧民、日雇い職人、骨身を惜しまない労働者と呼ばれる人たちでさえ、こんな具合なのだ。つまり、ベッドで眠り、潤沢に暮らし、懸命に働き、貧乏を知らない（知る必要がない）のである。

これは消費のほとんどを占める人たちである。この人たちのために、食料品店が土曜日の夜は遅くまで開けられている。なぜならば、彼がふつう一週間分の賃金を夜遅くに受け取るためだ。この人たちのおかげで、多くの居酒屋が存続し、大勢のビール醸造者が財産を手に入れ、物品税でじつに莫大な歳入が集められる。この人たちが膨大な量の粗挽き粉や麦芽を消費する。要するに、この人たちはわが国の商業全体の生命であり、しかもすべてその人数の多さにもとづくのである。何百人とか何千人とか何万人とかではなく、何百万人だ。つまり、膨大な人がいるから、商いのあらゆる車輪が動かされ、陸海の製品や産物が仕上げられ、保存処理をされ、外国市場に向けて準備される。高い収入で彼らは生計を立て、その人数が多いから国全体が支えられる。賃金のおかげで彼らは豊かな生活ができ、その贅沢な、気前のよい、物惜しみしない生活様式のおかげで、外国の産物だけでなく自国の産物をも含む国内消費がたいへん高められている。もしも彼らの賃金が低くて見下げ果てたものなら、暮らし向きもそうだろう。もしも収入が些細ならばほんのわずかしかお金を使えないだろうし、商いはじきにその影響を受けるだろう。彼らの収入が多い少ないに従って、王国全体の富と力は上下するだろう。というのも、前にのべたように彼らの賃金にすべてがかかっているからだ。つまり、食料の値段は量的な消費に、食料の値段には地代が、地代には租税額が、租税額には国全体の強さと力が、かかっている。だから、これらの人たちは元来、こうした依存関係のそもそもの原動力なのである。

同じように外国との商いも影響を受ける。もしも貧困層の賃金が減ると、同じく消費量も減るだろう。もしも消費量が減れば、ブランデー、油、果物、砂糖、煙草のような舶来品は減るだろう。というのも、貧困層にお金がなければ、舶来品に一般に代表される贅沢品に割くことができず、必需品のために取っておかなければならないからである。自国の産物である通常の食べ物の消費は彼らの必要性に、輸入品である贅沢品の消費は彼らのむだ使いに、依存しているのだ。

ワイン、香辛料、コーヒー、紅茶でさえ、ジェントリーが申し分なく上等なものを取ってから、身分の低い中流層の商人にもっと粗末なところをどっさり引き受けてもらい、総量のほとんどもそんな具合に消費される。だから、これら商人は商いの生命をなす人たちである。

いかにも絹の製造は、その主要な部分をジェントリーが支え、商いに手を貸していると言ってよい部門だ。リネン製品については、なるほどジェントリーはもっとも上等なオランダ布、亜麻布、綿モスリンなどを買う。けれども、中流層の商人たちが彼らのなかに割り込み、すぐ後に続いているので、(いまやそんな気がするように)数の多い商人たちがその点でも彼らを凌いでいないかどうか、問題にしなければならない。アイルランド、フランス、ロシア、ポーランド、ドイツから輸入され、毎日消費されている、その他の種類の莫大な量のリネン製品に関しては、言うまでもない。

このようにわが国の商いの実質と支柱についてのべた後、本論を真に『イギリス通商案』という表題に合うようにするべく、輸入だけでなく輸出にも関係するいくつかの部門の規模も少し吟味しなければならない。そしてここで、数字と計算に関して、読者があまり先走った期待をしないように、ちょっとした条件をいくつかつけることが必要である。法外な期待はできないだろうからだ。

国内だけでなく外国にも広がるわが国の商業には、正確な計算はむずかしい事柄がたくさんある。けれども、おそらくわれわれの評価や推測は、ある人々が想像するほど、あるいはそこから商業の蓋然的な見通しや合理的な見解が得られないほど、かけ離れたものではないかもしれない。例をあげよう。

イギリスにおける小売商人の数、紡ぎ手の数、羊毛の量、毛織物製品の嵩を算出することはできない。それにもかかわらず、すでに言ったこととこれから言うことから、わが国の製造業と国内取引の卓越性や、したがってこのように一般的な推定によってしか判断できないその他多くの事柄につき、思考のなかで正確にして合理的な観念を形成できると、わたしは信じて疑わない。

もしもわれわれが与えられた光明から事物の観念をつくれず、なんら手段を講じることができないとすれば、世の人々は多くの有益な知識の領域に関し、無知のままでいなければならない。もっとも、そのような光明が例証になりえないというのは正しいだろう。根拠がさまざまに変化し、全体が事実についての真の情報であるというよりは、意見の問題であるような事物では、とくにそうである。

われわれは、いろいろな部門の土台をなす商いの規模、または個々の規模は決定できなくても、商いの多くの部門については評価できるだろう。富の源を、つまり、銀山をいくつ発見したかとか、各鉱山はどれくらいの銀を産出するか、といったことを調べなくても、スペイン領西インド諸島からの収益について正しく評価できるだろう。このようにして、収益が一年間でどのくらいになるかを知ることはできなくても、毛織物製造の規模と本国への多大な好結果について、正しい見解を持てるかもしれない。イギリス産の羊毛とアイルランドから輸入した多量の羊毛をすっかり消費できることを、説明できるかもしれない。そしてその羊毛がどのくらいの量かは計算できなくても、商い全体の規模を示す証拠として持ち出せるかもしれない、といった具合だ。

船舶数はどれだけかとか、船乗りをどれだけ雇っているかを詳しく説明できなくても、われわれは世界のどんな国よりもたくさんの船と船乗りを擁した、海運ではきわめて強力な国民であると、憶することなく公言できるかもしれない。

同じ根拠により、個々の部門をめぐる状況から、わが国の商業全般の規模について判断できるかもしれないと言うのは、道理に適っている。例をあげると、ある製品の生産に絶対に必要な輸入品の消費が増加すれば、その製品は必然的に増加すると結論づけられる。それ以外にも、判断を下し、推定できるもっと簡単な基準があるかもしれない。けれども、そういう基準でさえ、それを足場に推定を確実なものにしうるような物差しではない。回避もできなければ説明もできない、取引上のいくつかの付帯的な事柄のためだ。

イギリスのワインはすべて外国から輸入され、税関の帳簿から一年間の正確な輸入量を知ることができるので、その消費を判断できるかもしれない。しかし、その輸入量から消費をはっきりと確かめることはできない。なぜならば、税関を通ったものはすべて輸入されて消費されるが、消費されるものがすべて税関を通ったとはかぎらないかもしれないからだ。隠れた商い、密輸が大きな力を発揮していて、外国のブランデーについても同様である。これらについては後でのべよう。

さらにまた、蒸留された麦芽の量と物品税担当官が測定した初抽出の蒸留酒の量から、蒸留酒の消費も判断できるかもしれない。しかし、隠蔽がその商いではたいへん大きく与っているので、われわれの計算が正確だなどとはけっして言えない。

全体的に考えて、もしもわれわれの計算や推測が道理にかなっていて蓋然的であるならば、できるかぎりの力を尽くしたのだからそれで十分だと認めていただければと思う。イギリスの商業は巨大でほとんど信じがたい規模であり、ときには数字と計算に窮しても満足しなければならないほどである。読者には、われわれになしうる最大限の調査と最大限の発見で、またそれができずに推測する場合には、目に見えるものから導いた根拠で満足していただきたい。

第三章　イギリスの通商の発端、発達、拡大について

本章の最初に出てくる用語を組織立てるのは、いささかむずかしい。見出しは「イギリスの通商の発端、発達、拡大」と概括的に記されている。どの言葉もみな発展を意味するので、必然的に新しい時代のようにある定まった時代の意味を含む。そしてそこから、レースの出発地点ないし出発場所と同じく運動が始まると言えるだろうが、このレースにおいては、馬であれ人間であれ、後でどんな優位に立とうともそれは競うものの体力と気力の結果だから、走るものはみなまったく一様にスタートする。

そもそもの初めから、どんな国にもなんらかの商いがあり、どんな人々にもお互いになんらかの売買があったと思う。すなわち、人が交流し始め、日頃食べていくうえでお互い相手に何を望み、または相手に何を分けてやれるかということを、お互いの便宜上たずねるようになって以来ずっとである。

だがこれでは、商業の特質と起源についての退屈な考察に引き戻されるだろう。それは無味乾燥で無益であり、したがって見出しでは慎重に回避した。「通商史」とか「イギリスの通商史」でなく「イギリスの通商の発端、発達、拡大について」の歴史としていることに、おそらく気づかれるだろう。それによりいまのべたように、世界の諸外国と対等の位置に並んだイギリスが思う存分にレースで競い、通商において周辺の国々に先んじた時期（その時期がいつであろうとも）を示そうとしている。以来ずっと優位を占

めてきて、イギリスの通商はそのおかげで現在見られるような驚異的な規模に達し、あらゆる隣国から、次章で見るように世界を凌駕していると認められている。

無関係の詮索を始めることなく、われわれの意図からかけ離れた状況をくだくだしく言うのではなく、いかにしてこの時代を見定めるかが、いま留意しなければならない問題である。わたしはそれを自分流でやるし、わたしよりも賢明な人々の意見と違うかもしれないが、それを撤回させるような論拠にもとづき、自分の意見を立証することに努めよう。そうできなければ、相手の意見に屈することになるだろう。だから、いずれにせよ目的が達せられ、イギリスの通商の規模と拡大が確認されて記述され、その時期が突き止められよう。

イギリスは海と近隣の強国に囲まれた島国なので、近隣との平時の交流と戦争のために、とりわけ海運がきわめて必要となった。そして多くの機会を通じて、イギリスの艦船がおびただしい数であったばかりでなく、たいへん侮りがたくもあったことをわれわれは知っている。だが、史実はきわめて乏しく、また、いつ、どれだけ、どのようにして、この国が海を知り始めたのかを暗示するようなほんのわずかの断片さえ拾い集めることができない。

われわれは史実から、実際のところ否定的な事柄をいくつか集めている。ブリテン人(48)に海運の知識がなかったことをかなり確信しているし、またユリウス・カエサル*が大艦隊を率いてここに上陸したとき、ブリテン人のあいだで船が用いられていたという記録も読んでいない。

ローマ人には船があり、ブリテン人にはなかった、あるいは大したものがなかった、ということは認められるだろう。そして史実から明らかなように、ローマ人が後にこの島国を征服して占領したのだから、彼らが最初に海運の知識と船舶の使い方をこの島国に伝えた、と考えるのはまったく自然である。

フェニキア人がローマ人*よりも数時代前に来島し、おそらくこのうえなく立派な船を用いて取引したことは真実であるし、史実からもそう教えられている。だがたとえそうであろうとなかろうと、ブリテン人がフェニキア人から何かを学んだということは分かっていない。

デーン人がこの後に大艦隊でやって来て、イギリスとノルマンディーの両岸を荒らした。彼らの船がどんなものであったは知らないが、ブリテン人もサクソン人*も対抗できるようなものでなかったことは明らかである。だから、ローマ人が去るとすぐに、海運や航海の知識は、イギリスと世界のこの地方一帯で著しく減じ衰えたようだ。というのもカムデン氏*によれば、サクソン人は奇妙な船でやって来たからである。木造の、つまり材木と薄板や厚板でできた小型船または大型船でだったようで、防水シート（タールと油に浸した粗布）で厚板を覆ってとめていたから、槙皮《まいはだ》で詰めるよりも防水で役立った。

もしもこれが本当ならば、現在では航海術において諸外国に大きく優っている北方世界は、造船や船の管理についての知識を、だいぶ遅い時期に得たといえよう。

デーン人は、今日からみれば船という名に値しないような代物だったにせよ、ずっと立派な船を持っていたと考えてよいが、戦いにも貨物輸送にも、戦争にも商いにも適さず、そして出没しては死に物狂いで戦い、強奪し、全滅させようとする一群の盗賊や海賊を防いで航行する備えをするだけで、応酬しようという目的とか意図はまるでなかった。そのため、船を焼き払われても――ときには海賊が、またときにはブリテン人とかイギリスのサクソン人が焼き払った――、大きな損失ではなかった。というのも、ノルウェーあるいはユトランド半島沿岸に一艘の船を急行させて注文するだけで、彼らはまもなく好きなだけ多くの船を得たからである。だがこの間中ずっと、こんなことをしても商いのための海運はなく、また仮に使用できる船があったとしても海運の仕事はさしてなかった。

これに反して、その時期にイギリスと他の国々の間で続けられていた商業は、その詳細については知るのがきわめてむずかしいものの、間違いなく外国船で行なわれていて、ついには商業の拡大によってイギリス人も造船するようになったか、または海運の拡大が商業をもたらした。そのいずれと考えるにせよ、双方とも同じように蓋然性がある。

ユリウス・カエサルがフランス沿岸から、すなわちその著書『ガリア戦記』で言うガリアから、軍隊も大型船とガレー船でイギリスへ運んだというのは間違いない。しかし、この大型船を自国の国民、つまりローマ人に建造させたというのもまた、同じ『ガリア戦記』によれば間違いない。というのも、ガリア人がブリテン人と同じくかつて船を所有していたという事実は、見当たらないからである。

カエサルは約二カ月で船を建造したと言われる。だからそんなに大型なはずはなかっただろうし、本人もこの問題に少し触れて、ガレー船*を大ブリテン島に到着したとき海岸に引っ張り上げた、と語っている。というのも、沿岸を頻繁に訪れた商人からブリテン人が、カエサルは自分たちを侵略しようとしているようだという情報を得ていたことを、本人ものべているからだ(『ガリア戦記』第四巻第九章を見よ)。しかし、商業にどのような船が用いられたかは分からないが、その時期にもなんらかの商いはあったのである。というのも、ブリテン人の商業または海運でなんの取引をしたのか、どんな船で取引したのか、以上からだけでは分からない。ブリテン人が商いをほとんどせず、海運はもっと不活発であったことは確かなのだ。というのも、その後長らくブリテン人の船についての記述を、われわれはまったく目にしないからである。

したがって後の時代に、海運が商いを生み出したのかまたはその逆かということは、いまはあまり重要な議論ではない。お互い必要な物を供給するため必要に迫られて国々が交流し、それぞれ必要に応じて各国の産物を交換した、というのが事実ではなかろうか。

国々の産物をこのように交換して、通商ないし貿易が始まったのである。

このように説明される貿易には、必然的に陸路や水路による物資の運送または輸送《ヴォアチュール》が必要になった。後者は帆を使うにせよ櫂を使うにせよ物資を運ぶ船を必要とした、これが海運である。

仮にわたしが海運の歴史を書こうとしているのであれば、フェニキア人の考案とされる手漕ぎ船や、ならびにダイダロス[49]とイカロス*の伝説が象徴するという風を利用した帆船が、いかにして発明されるに至ったかに言及すべきだろう。ダイダロスはキプロスで捕虜になっていたが、船に帆をつけることを思いつき、風が陸の方から強く吹いた好機を見計らい、大勢の人の眼前で大胆に海に乗り出した。息子のイカロスも父親の指示で装備した別の船に乗りこんだ。自分たちの真ん前で逃亡を企てるのを見て激怒した人々は、その企てが狂気じみているとあざ笑いながら、たくさんの櫂で船を漕いで二人を追跡した。しかし二人は沖に出ると、船乗りたちの表現によれば、ダイダロスは人々の一フィートにたいして二フィート進んだ。海も荒れ強風が吹いたので、みなから逃げおおせたが、その様子を人々は「蠟でつくった翼で空中を飛んだ」と評した。息子のイカロスも追手を出しぬいたものの辛抱し切れず、逃げるだけでは満足できずにもっと速く進みたがったが、船乗りたちによればあまりにも多くの帆を張りすぎ、あるいは父親のように巧みに帆を孕ませ、具合をみて、操縦する判断力がなかったので、転覆して溺れ死んだ。それを伝説は「あまりに高く跳びすぎ翼の蠟が溶けた」と表現している。

だが、こういった事柄をのべても横道に逸れてしまうだろう。わたしは海運についてではなく貿易や通商のことを書いているのだ。だから主題に戻ろう。

勤勉でよく働く国民であるオランダ人は（というのもフランドル人はみなオランダ人と呼ばれたので）、われわれよりも前から貿易に携わり、向上し富裕になるのにふさわしい方法を求めて、製造業を始めたようである。この点で、彼らの向上の始まりは、信頼できる権威筋が保証するところによれば、リネン製品の製造であって、カルタゴ[50]の貿易商たちの指導でそれを始めたという。この貿易商たちは、ローマ人とカルタゴ人が始めた戦争が激烈なためフランスに逃れたが、戦争は後にカルタゴの破滅で終わった。

カルタゴ人が貿易をたいへん援助し、貿易商と製造業の双方を奨励したことは（この事実はそれ自体で一つの歴史になる）、よく知られている。カルタゴの貿易商たちはフランスに逃げ、そこからある者たちはフランドルに逃げたが、ここはローマ人がフランスほど徹底して征服していなかったのである。

彼らはフランドルで貿易と製造業を始め、この国の生産にとても適していると分かった亜麻を植えた後で、もちろん住民を仕事につかせて、亜麻を仕上げ、紡ぎ糸または撚糸を紡ぎ、織物を織り、漂白し、それからどうやって売るかを住民に教えた。そしてこれが、一七州[51]におけるリネン製造業の開始についての正しい説明だと、わたしは考える。

注　オランダ人はリネン製造をカルタゴ人から教わり、カルタゴ人はそこを植民地にしていたツロ人またはフェニキア人から、ツロ人・フェニキア人はエジプト人から、教わった。エジプトの上等なリネン製品は、聖書に載っている史実であり、またいちばん古い史実としてしばしば言及されている。

勤勉だと仕事に事欠くことはめったにない。フランドル人がリネン製品の製造を始め、それにいわば手を引かれて毛織物の製造に導かれて行った。そして例のカルタゴの避難民たちもその手掛かりを与えた。それもそのはずで、昔のヌミディア*人には羊毛がどっさりあったし、バーバリの羊毛は今日に至るまで上等なのである。

だがここで、フランドル人は待ったをかけられた。というのは、ベルギア（オランダとフランドル）もガリア（フランス）も、羊毛をまったく産しなかったからである。このため仕事はしばらく中断したけれども、勤勉な商人はけっして降参しない。まもなく、近隣諸国を探し求めるうちに、イギリスに羊毛があって、しかもたいへん上質で上等であり、世界で生産される他のどんな羊毛も商売上それに匹敵するものはない、ということが分かった。

これにたいへん勇気づけられて、フランドル人はイギリスで羊毛を買い、ベルジアで製品につくり上げ、まず自分たちで使い、後に近隣諸国に毛織物を供給し、ネーデルランドの国富と国力を非常に増大させた。とりわけ、おびただしい数の人間を引き寄せて国に寄与した。まもなくわずかな漁村と、骨折って働く貧しい国民がいる国から、じつに人口稠密で富裕で強大な国家をつくったのである。

ブリテン人もまた彼らなりに、この通商の拡大によって恩恵を受け、フランドル人に次いで羊毛から上がる利益の分け前に与った。それまで羊毛はほとんど無価値でしかなかった。というのも、フランドル人のように製品に仕上げるのではなく、羊の皮を羊毛がついたまま身につけていたからである。しかしいまやフランドル人が熱心に羊毛を求め、相当な値段をつけるようになったので、ブリテン人は羊毛を保存するだけでなく、羊に栄養を与えてもっと世話をする気になった。羊毛を増やし、羊の数を増やすためである。

このようにしてイギリスの通商が始まったのであり、またこのようにしてイギリス国家の富裕と偉大さが始まったと言えるかもしれない。フランドル人が桁外れに大量の羊毛を引き取り、桁外れの値段をつけたからである。

注 国王エドワード三世の時代に、フランドル人がイギリス産の羊毛にたいし、一パックにつき四〇ポンド払ったことがわかっている。ちなみに、現在の価格に直すと一パックにつき二〇〇ポンド以上であったが、そのことについてはしかるべき箇所でのべよう。

これによって国にはお金が満ちあふれ、貿易商は豊かになり、イギリス産羊毛の指定市場がアントワープに創設され、最低でも五万パックの羊毛が毎年ここに輸送された。また羊毛を積んで通常はサウサンプトンとロンドンから出航した船団の数はたいへんなもので、ときには五、六〇隻から一〇〇隻が同時に出航することもあった。

実際のところ、船の大部分はオランダ人、つまりフランドル人（一般にオランダ人のこと）が所有していたと思わなければならない。というのも、オランダ人は貿易と製造業でわれわれに先んじていたように、海運や航海の点でもまたわれわれに先んじていたとしか認められないからだ、ただし、羊毛で富裕になってから、とりわけ貿易が拡大するに従い、われわれもまたまもなく造船を始めたが、これについては後回しにする。

羊毛の生産量がこのように大量で値段も高かったので、貿易した差額は必然的にわれわれの側がとても大きかった。つまり、イギリスの利益が大きかったのである。ブリテン人はこの後長らく外国からほんのわずかしか物資を買わず、またブリテン人の羊毛にはふつう現金で支払われたからだ。それどころか、羊毛の他にもさらに二つも産物があって、それはイギリスに特有で諸外国にはなかったもの、すなわち錫地金と鉛であった。

どちらの金属も、この頃よりずっと前に古代ブリテン人により発見されて発掘され、とくに錫は現在より幾時代も前に、フェニキア人がイギリスから運んだという事実を示す、非常に有力な証拠がある。

わたしが考えるところによると、フランドル人との貿易が始まったころにはイギリスの輸入品がとても少なかったので、イギリス人が外国から求めるものをすべて買うにも錫と鉛を輸出するだけで十分であり、だから羊毛はみな必ず正貨で支払われたのである。

つまり、これがイギリス国民をじつによく富ませ、現金をどっさりもたらすことになったが、とりわけ土地所有者は、すなわち封建領主や勲爵士やジェントルマンやその他の階級の人たちは、とても富裕で強大になった。そもそも羊毛と羊を所有していたのはこうした人たちだったからである。

注　わたしがその他の階級の人たちと言うのは、はっきりと聖職者たちを指す。修道院には、地代の大半ではないにせよ多くが羊毛で支払われていた。ある修道院は、修道院（修道士たちのこと）と大勢の付添人に羊肉を供給したり、羊毛で金庫にお金を補充するため、羊の大群をお抱えの羊飼いに世話させていた。そして国王エドワード三世の時代に、聖職者は国王と国王の戦争のために羊毛を税金として課されたのである。

どんなに多額のお金が羊毛のためにこの王国に毎年流れ込んだか、ノルマン人に統治された時代でさえ、イギリスがこのおかげでいかに富裕で強大になったか、ほとんど信じられないほどである。そしてもしもイギリス国民があんなにしばしば外国との戦争によって疲れ果て、暴君から略奪され悪税に苛まれ、内紛で荒廃して消耗し、聖戦[52]と呼ばれる愚かで馬鹿げた熱中というか狂熱のために、強奪されて空っぽになるということがなかったならば、いまより途方もなく富裕であったかもしれない。

だれか数字が得意な人に、その当時の通商についてちょっと計算させてみよう。右にのべた割合で輸出された羊毛だけでも、正貨で英貨二〇〇万ポンドに達したのである。莫大な金額であり、現在なら一年で一〇〇〇万ポンド以上であろう。

あらゆるものがとても安かったときに羊毛がじつに高く、逆に現在はあらゆるものがとても高いときに羊毛がじつに安いというのは、まったくのところたいへん奇妙である。羊毛一パックと当時呼ばれていたのはどれくらいの量なのか、どうしてそのような値段がついたかは、いまだにはっきりしない。もしも一パックが当時も現在と同じ量だったならば、あまりな高値であって、おそらくそれは、いまもときどきノーフォーク州に持ち込まれるのが見られるような、大型の梱《こり》なのかもしれない。一梱で四輪荷車がいっぱいになり、羊毛袋ないし大袋と呼ばれるものである。だが、いまではそれを確認できない。けれども大きさはどうであれ、梱の数は同じだったのである。

繰り返して言えば、羊毛一梱は現在よりずっと大きかったに違いない。そうでなければ、イギリスの羊毛の生産量は取るに足りないものだったはずである。五万梱の羊毛が全収穫高あるいは全生産高であったなどと言い出すのはおかしな話であるからだ。羊毛であれ紡ぎ糸であれ、現在われわれがアイルランドから一年間にその二倍以上を輸入していることは、明白なのである。イギリスの羊毛は五万梱というより五〇万梱に達している可能性の方が高い。そしてケント州(53)のロムニー沼沢地*で飼われている羊だけでは、毎年二五二三梱の羊毛しか産しないという事実をわれわれは確信しているが、しかるべき箇所で正確な計算をするのでお分かりいただけるであろう。ロムニー産の量は全部計算してみると、全国の羊毛の二〇〇分の一にもならないのである。

しかし、羊毛一梱の大きさについていろいろと推測することにけりをつけるべく、それが現在の一梱より大きかったに違いないことを、まずわたしは進んで認める。現在は一梱につき二四〇ポンドの重量しかなく、けっして英貨四〇ポンドにはならないだろう。だが一梱が一袋で、二千ポンドの重量があったとしよう。いまも羊毛一袋はその重さであり、また四輪荷車の積荷に相当するので、羊毛一荷といくつかの地方では呼ばれているからだ。そうすると、実際そのような値段になるかもしれないし（ばかに高くもあるが）、また同様に当時一年に約四〇万梱あっただろうイギリスの羊毛の産出高ないし収穫高と、いちばんよく合いもする。そしてそれは、貿易の初期としては膨大な羊毛売買だったのである。

この貿易が当時は本当に規模として驚異的であったことは、多くの注目すべき状況によって明らかである。とりわけ、羊毛製造業のおかげでネーデルランドに、つまり一七州に――イギリスはもちろん、ネーデルランドもこうして強大になりだした――もたらされた、富と人間の増大が証拠となる。

それにまた、この貿易は変化していったが、それは事実にもとづく証拠を欠くほど遠い過去のことでもない。というのも、この貿易は同じ状態でヘンリー七世の時代まで続いたからであって、われわれはそのとき（君主の知恵と賢明さにより）フランドル人のなかに割り込み、国内でわれわれの羊毛を大量に製品化し始めたけれども、エリザベス女王の治世まで羊毛輸出の禁令はなかったようだ。エドワード六世[54]の動産五分の一の取り分として使うべく、羊毛を積んだフランドル人の六〇隻以上の大船団が、サウサンプトンからスヘルデ川に向かって出港したと分かっている。その羊毛は国王の借金の支払いのために送られたのである。

ネーデルランドの毛織物貿易は当時、現在のイギリスにおけるよりも、または当時から現在に至るイギリスよりも、はるかに大規模であったという意見をもつ人々に会ったことがある。彼らはその理由として次のようにのべている。

一、もしもネーデルランドが非常に大規模に消費していなかったならば、そんなに大量の羊毛を使い尽くすことはけっしてできなかっただろう。というのも、当時はイギリスは現在のように囲い込んで耕作していなかったため、羊毛の生産量はそれ以後のどんな時期よりもずっと多かったからだ。

二、ネーデルランドには貿易面で競争相手がいなかった。その他のどんな国にも長い年月にわたり、毛織物はまるでなかったからである。このおかげでネーデルランドは、原料に好きな値段をつけることができ、製品も原料に見合った価格で売るというように、貿易を自由に支配できたのである。

三、ネーデルランドは同じやり方で貿易すべてを律していた。そしてネーデルランドが現在のように毛織物をトルコ、ロシア、東インドと西インド諸島、その他の遠い国々にまで広げなかったのは真実であるが、他方、フランス、スペイン、ドイツ帝国、ポーランド、スウェーデン、デンマークの全域に商品を供給した。どの国も毛織物をまったくつくっていなかったからである。そしてついにネーデルランドの領土がオーストリアの王家[55]のものとなり、スペイン、ドイツ、イタリア、そして一七州全部が、あの偉大な君主カール五世の統治で一人の支配者の下に結びついたとき、ネーデルランドは全領土にわたって無制限の通商を許され、商品の売買をこのうえなく助長することになったが、これについてはさまざまな詳細な説明ができるかもしれない。

以上の事柄を考えれば、ネーデルランドの貿易は巨大であったことが認められるに違いない。それが現在におけるわが国の同種の貿易と等しかったか優っていたかは、だれにも判断できないことである。したがって、そうした遠い昔の推測にもとづき、貿易の計画とか見通しを立てる企てはするまい。

後になってこの貿易が変化した様子や、エリザベス女王の時代に見られたごとく、ごく短期間にイギリスで貿易により富が築かれた様子は、かつての貿易がどんなものだったかについて何らかの観念を与えくれるかもしれない。そして実際のところ、この部分を完全にではないにしても避けて通れば、見出しで提示されているような本書の内容に中断がかならず生じる。だがここではできる限り簡単にすまそう。

国王ヘンリー七世がイギリス人に国産の羊毛を製品にするよう仕向けた最初の君主であったという事実は、彼を追慕するためにも認めなければならない。わが国の毛織物の起源の話が出るたびにこれを付言しなければ、彼を正当に評価したことにはならないだろう。

ヘンリー七世は、最初に潜んでいたブルターニュから逃げなければならなくなり、叔母ブルゴーニュ公爵夫人[56]の王宮に、一種の避難民として滞在していた。ここにいる間に、彼は同地方における通商のたいへんな拡大と進歩について見聞する機会を得た。つまり、同地方にある都市はいかに人口稠密であり、市民はいかに富裕であり、貿易商はいかに優れており、住民はみないかに忙しく仕事に従事しているか、といったことである。五歳以上の子供はほとんど、糧を得るために何かをすることができた。そしてとりわけ、すべてこういう通商、富、住民の仕事は、原料すなわちイギリスの羊毛とフラー土*の供給にまったく依存していること、フランス全体には自国産の羊毛が一パックもなく、仮に供給がなんらかの事故で止められたら国民はすっかり零落し、貿易は終止符を打たれるだろうこと、要するに、その供給源がないと製造は続けられないことを彼が見落とすはずはなかった。

彼のように眼識の鋭い君主は、王位に就くと次のことが心に浮かんできて仕方なかった。確かにイギリスの国民はのらくらして仕事もなくじっとしているのに、羊毛をこのまま製品化しないで国外に流出させ、加工する外国人を富ませ、結果として自国の貧困層を飢えさせるなんてじつに間違っている、と。疑いの余地もなく、製品の主要材料や原料だけしかないところでは、自然の女神が製品そのものの製造を命じているように思われ、また製品がこのうえなく有利につくられるかもしれないこと、少なくともそれがわが王国にとって利益になるだろうこと、その利益を逃すべき理由が認められないことなどが、どうしようもなく彼の心に去来した。つまり、もしも防げるものなら、外国人がもうこれ以上わが臣民の口からパンを奪って食べないようにしよう、と決心したのである。

国王がこの適切な決心を実行に移すためにとった個々の措置に、ここで立ち入る必要はない。このような所見を遂行しようとして、王はただちに仕事に取りかかり、それを続けるのにふさわしい手段を見つけることに専念し、国内のいくつかの地方で羊毛の製品に着手したとのべるだけで十分である。たとえばとくに、ヨークシアのウェスト・ライディングにあるウェークフィールド、リーズ、ハリファックスだ。この地方は、特有の立地のために選ばれ、仕事に適合し、無数の水源や、炭坑や、その他そういう仕事を続けるのにふさわしい条件がたくさんあり、また今日に至るまで羊毛の製造が盛んである。

だが、あまりに長たらしくなろうから、この問題の詳細を歴史的に吟味せず、次のように言うだけで十分である。国民の繁栄にたいするこの君主の気遣いはたいへん輝かしい成功をもたらし、国の臣民の幸福を願いつつ同じく真心こめて国全体の向上をめざす、後のどんな君主の胸をも燃え立たせる例としてまったくふさわしい、と。しかもこういう目的でわたしは言及するのであり、こういう目的で本書がイギリス政府当局に、この時期にこうして提出されている。現在の国王陛下には国民の利益を推進しようとする同じ熱意と愛情、同じ進歩の素質、はかるに大きな富と力の源にもとづく利点があると確信しているので、おそらく他のだれも徹底して考察したことのない古来のイギリスの通商をさらに向上させ、製造を拡大するためのいくつかの展望を明かすのになんら不足もなかろうからだ。

国王ヘンリーは君主にふさわしく、しかも自身の領土の利益のためいかに決定するかだけでなく、いかに実行するかも知っている君主にふさわしく精力的に行動した。そのうえ、それがとりわけ思慮分別と警戒が必要な規模の企てであること、性急に試みるべきではないし、あまりにも熱心に推し進めるべきでないことをも知っていた。そこで王は、働いて製造するよう国民を鼓舞してやまず、しかもかなりの大金を払って製造にすっかり熟練した非常に多くの外国人をひそかに呼び寄せ、初期段階にある臣民を指導させた。とはいうものの、王はフランドル人への羊毛の輸出をすぐには禁じなかったし、また数年後までその輸出に以前より多く課税することもなかった。

いや、国王はその計画をとても完成できるどころでなく、治世中に羊毛の全面的な輸出禁止はけっしてできなかった。いかにもそれを試みはしたものの、たとえさらに先に進んでも、国民は生産したすべての羊毛を加工して使い尽くすほど貿易に精通していないこと、フランドル人は商売にたけ、長い経験があり、いろいろと新しい種類の商品を手がけるけれども、イギリス人は現在のところそういうものを知りえず、知ったところですぐさま模倣する腕前を持ち合わせていないこと、したがってイギリス人は徐々に進まなければならないことを、彼は悟ったのである。

そのうえ、もしも何年かしてイギリス人が自給自足をし、国内消費に十分なだけの商品を製造できるようになって、自国産の羊毛でできた製品をフランドル人から買う必要がなくなるならば、大きな目的を達したことになり、製造業の揺籃期として大きな一歩であったのだ。それに反して、イギリス人が外国の市場に供給できないうちに羊毛の輸出を禁じたならば、貿易全体を零落させ、羊毛の消費をも妨げることになったのである。

逆に、国王は賢明で好戦的な君主らしく行動して都市を包囲し、それから要塞を攻撃してこのうえなく狂暴に外塁を打ち壊したものの、住民のことは容赦し、自分のものにしようと待ち望んでいる都市は、できる限り破壊するのを控えた。そんなふうに国王は、臣民が完全に自分で貿易できるようになるまでフランドル人にそれをすすんで維持させ、そしていずれは自分のものになると分かっている通商を台なしにしないよう、気を配っているようであった。

つまり、こういう足場に立って思慮深い君主は、完全によく調整された措置に、しかもとりわけ彼が目指した目的に適合した措置にもとづき行動し続けた。そして一度は羊毛の輸出をあえて差し止めたが、命令違反を見逃し、後で差し止めを完全に解除して計画の成功を国民の勤勉に委ねた。また国民は勇気をもって快活に振る舞い、不断に進歩し、そしてこのまま進めば、ついには完全にフランドル人から商売を奪うだろうと察して大いに満足したのである。

こんな具合に製造が始まり、徐々に拡大していった。それにまた一〇〇年経ってようやく、イギリスは、製造の独占権を主張して羊毛の輸出を禁止できるほど熟達の域に達した。だが、アルバ公[57]率いるスペインの暴政のために、スペインの統治を完全に取り除こうとしたオランダ人を共和国に駆り立て、また実際に主要な製造人であったプロテスタントのフランドル人に、イギリスに避難しなければならないように仕向けて、ネーデルランドの通商の零落が完了するまで、羊毛の輸出禁止はけっして効果が表われなかった。そしてフランドル人はまもなくイギリスに、以前にはなかった数種の製造業をすべて創設したのである。

このようにして、この大事業が徐々に拡大し前進したのは、国王ヘンリー七世がイギリスで製造を促進し始めた一四八九年から、エリザベス女王がその熟達の成就を見届けたと言えるかもしれない一五八七年までのことであった。

きわめて短い期間に、女王がフランドルにおいて製造を支えていた羊毛の流出をまったく差し止め、当時世界で知られていた国々のうちもっとも辺境の地にもイギリスの通商を広めたこと、またフランドル人が以前に供給していた各地方、およびフランドル人が取引していなかった多くの地域にまでイギリスの毛織物の売買を広げたことは、ここでのべる価値がある。

一、女王の保護の下で独立国家に昇格し、フランドル人、つまりスペイン人と関係を断ち通商してないオランダ人は、製造に手出しをせずに漁業と外国商品に専念した。そして以前は川、すなわちマース川[58]、ライン川*、その他ドイツに流れ込む川を使ってきわめて大々的に商売していたのだが、それまでフランドルから供給されていた毛織物を当然ながらイギリスに依存するようになり、いわばわが国の最初の顧客と呼べるようになった。

二、国民の利益に心から熱心で、とくに貿易商を擁護していた女王は、臣民に貿易の水門を開けてやるために、まったく名誉に恥じないように堂々たる随行員をつけて正式な大使一行を外国へ送った。第一にトルコ皇帝へ、第二にロシアまたはモスクワ大公国の大公あるいは皇帝へ、第三にムガール帝国皇帝へ、第四にペルシア国王へ、要するに女王の冒険心あふれる臣民が望むところはどこへでも送ったのである。というのも、当時は進取的な時代であり、イギリスの貿易商は詩人の表現にあるように、

風が運ぶか、海がうねるかするとき、*

どこまでも海を船でいっぱいにしたからだ。

三、女王陛下の指揮の下で、その特別の激励により、幸運な航海者、貿易商、その他の冒険家が現われ始めたけれども、彼らは航海の経験を積んでいるだけでなく、世界中貿易するほか、航海の支援者であり改良者でもあった。当時なんら競争相手もなく海をいろいろ動き回って、発見のために地球上を探索し、植民地を建設し、世界のどんな地域にも在外商館を設立した。しかし、これについては、またもっと詳細にのべることにしよう。

右にのべた女王の措置、すなわち羊毛の輸出禁止により、ネーデルランドの毛織物は致命的な痛手を被った。残酷なスペイン人が主要な製造人たちを追い散らし、わが女王の輸出禁止が取り残された製造人たちを飢えさせたのである。というのも、いまや加工できる羊毛がもうないので、仕事そのものがただちに停止をよぎなくされ、貿易が跡絶えて消滅したからであって、それ以来、ほんの少したりとも蘇生できなかった。それもそのはずで、以前はイギリス産の羊毛の供給に完全に頼っていたので、その流入がなくなり経路が断たれると、食べ物のない肉体とか生気のない生命と同じく存続できなかったのである。要する

に、フランドル人はさんざん貧乏を味わったあげくに離散し退散した。アントワープ、ヘント[59]、リール*などといった大都市は衰退した。住民は安全と仕事を求めて他の地方に去った。人口稠密な町は、以前に比べると人口が減った。とはいえ新しく樹立されたオランダ共和国は、荒廃から立ち直って人口稠密で富裕な国になった。

後に残ったまだ大勢の人々は、以前のようなものではなかったとはいえ、レース、亜麻糸とくに細糸、織目の細かい亜麻布、その他思いついた別の製品に専念した。彼らがきわめて勤勉な民衆であることは認めなければならない。

フランドル人の領土は、いまやフランス人によりさらに縮小された。アルトワ*州全部、フランドルとエノー*の大半、とりわけダンケルク港、アラス*やカンブレ*やドゥエー*やリールやサントメール*やその他の多くの大都市を奪ったからである。だから、現在ネーデルランドと呼ばれる残りの部分は、昔に比べれば小規模でしかなく、その貿易はおもに取引の部門に限られていて、オランダやフランスと、前述のようにレースと亜麻布の製品の河川貿易を続けている。毛織物についてはあきらめるしかなく、かつて売り先だったイギリス人から、立場が代わって買わなければならない。

以上がわが国における古来の通商であり、そこから現在の通商が生まれたのだが、わたしはこうした概略を示すことは絶対に不可欠だと考える。もはや後ろを振り返る必要もなく、この社会全体の新時代の始まりに、それをわが通商の真の源泉として、イギリス固有の通商として、今後の進歩の計画を始められるためにも。

この時期以降のわが国の貿易の進歩も、驚くべきものである。現在の規模をわたしは驚異と呼ぶが、その名に十分値すると思っている。いかにしてそのような規模になったのか、近隣諸国の禁令や侵害にもかかわらず、いかにしてさらに改善され増大されうるかが、今後解決すべき問題として残っている。

第四章　エリザベス女王がスペイン人と関係を絶ってからの、イギリスの通商の拡大について

前章においては、国民の利益、とりわけ通商の利益を増やそうという意向を、エリザベス女王が抱いていたと言及した。本章では追加的な見解として、国民の君主である女王のこうした熱意が、新しい発見をしようという名状しがたい情熱で臣民を燃え立たせたため、国民は植民地を建設し、未知の航路を発見し、在外商館を設立し、貿易のための新しい商関係に携わったことをのべなければならない。そしてこの治世において、この新しい指針を推進するために（当時はまだそれが新しかったから）、国民は現在わが国の通商でもっとも繁栄している分野のいくつかを、わが国の毛織物が目下いちばん定着しているところで始めた。例をあげよう。

一、前に言ったように、女王がモスクワ大公国に大使一行を送ったので、イギリスの貿易商の相当数は商品を携え、大公国の広大な領地を通ってペルシアに行ける認可を大公から得た。そしてペルシアにイギリスの織物である、カージー織、ベーズ、セイ(60)などを運び込み、たいへん有利に売りさばき、同じ道を通って収益を持ち帰ったが、ボルガ川で二五〇〇マイル、アルハンゲリスク*までドビナ川*で八〇〇マイル進み、カスピ海を渡り、イスパハン*まで陸路を行った。この人たちはロシア商会と後で称されるようになり、じつに、自国だけでなく彼ら自身にとってもたいへん高潔で利益のある通商を行なったが、その後なんら

害を与えないのに、しかもその片鱗さえなかったのに、モスクワ大公国の皇帝ないし大公の専制的な圧力により中断させられた。

右のルートは、これもまた当時新たに発見された、ロンドン―アルハンゲリスク間の海路とともに、ロンドンのある貿易商によって五回繰り返し利用された。彼は、ハクルート*の『航海』に詳しいが、ランカスターという名前であった。

二、すでに言ったように、女王が大使を通し、偉大なるスレイマーン・トルコ大帝*と平和・通商条約を結ぶと、貿易商たちはただちに船で後に続いた。そしてトルコ商会が創設されると、在外商館をコンスタンチノープル、スミルナ、アレッポに設立し、当地では貿易が盛んになって大規模に拡大し、今日に至っている。

三、スペインとの戦争が、一つにはスペイン人に報復するために、もう一つには発見のために、女王陛下の臣民たちをさらなる冒険へとかりたて、サー・ウォルター・ローリー、ドレーク、スミスといった人々はたんに通商の理由で、ハドソン湾*、ニューイングランド、バージニア*、バーミューダ*といった大きく現在栄えている植民地を、ニューファンドランド*の漁場とともに発見して建設した。各植民地の規模と通商は簡単にはのべられない。またその後、バルバドス*、ネビス*、アンティグア*、セントクリストファー島*など、それにジャマイカのような、西インド諸島と共通して呼ばれるアメリカの島嶼植民地や、大陸ではニューヨークや、さらにオランダ人から征服して得た東西ジャージーや、もっと広範囲にわたる最近の発見の過程で得たペンシルベニア*とカロライナ*も加えられた。

こうした植民地との往来で、イギリス人の通商の優位は今日、たいへんなものである。優位が見られるのは、輸出されるヨーロッパの商品、とりわけイギリスの産物、リネン・毛織物・絹の製品といったものの消費においてだ。そして使われる多数の船乗りや船に、また現地のプランテーションや建物や土地の価格や奴隷などで得られるこれまた莫大な富のごとき、植民地から生じる収益に、優位が見られる。したがって、スペインに毎年ガリオン船で送られる銀と、イギリスやイギリス植民地に送られる砂糖、生姜、煙草、米、毛皮、魚、その他のアメリカの産物とでは、どちらが真の価値において大きいのか、容易には答えられない。

じつに途方もない規模に貿易が成長し、莫大なイギリスの商品が消費され、無数の市や町が建設され、いろいろな国々、いや、いろいろな王領に入植して人を住まわせ、非常に富と貿易の蓄えが増して見積もれないほどである。

四、同じ進取的な時代にアフリカの黄金海岸への貿易が始められた。その貿易は、もっとも明白な通商の原理にもとづいていた。すなわち、いちばん見劣りのする輸出品がいちばん高価な商品と交換されるのである。取引を始めたと自任する権威者が正当に是認する限り、貿易は驚くほど上首尾に行なわれた。だが、依然として威風を保っていたものの、とても奇妙に、不可解に、イギリス一国だけでなく貿易全般の真の利益に反して、とうとう断念され見捨てられた！　そしてわたしは、黄金海岸との貿易こそ通商における唯一の国家的な利益であると思う、と言わせていただきたいのだが、イギリスではまったく無視されているように思われる。しかしこの貿易は、もっとよい時代を待ち受けている。それに（もぐり商人の侵害に悩まされなければ）同種の貿易のうち世界でもっとも繁栄する貿易になりうるのだから、しだいに元に戻り、だれもほとんど期待しないような仕方で繁栄するだろうことを、わたしは疑わない。なぜだれもほとんど期待しないかというと、可能だと考えないからであるが、可能であるし容易でもあることを適当な機会に証明しよう。

五、貿易の拡大のために講じられたこういう個々の措置のほかに、前述したオランダへのイギリス製品の輸出は、女王がオランダ人の好意を強く受けていただけでなく、諸事万端にたいして持っていた強力な力の当然の結果として、この女王の治世に始まった。オランダ人は女王を崇敬し、自分たちの偉大な支援者であり保護者であると見なし——本当にそうであったように——、その返礼に女王とその国民に恩恵を施せるようつねに怠らなかった。とりわけ、イギリス製品の消費の促進と増大は、これ以上に陛下を喜ばせるものはないと知っていたので、とくに留意した。

こうした女王の役割は実際のところ、当時、製造業の発達を左右した主要条件の一つであった。それもそのはずで、その他の役割については、毛織物製造業が将来きわめて大きくなる土台ではあったものの、国王ヘンリー七世の役割についてのべたことがここでも当てはまり、その貿易で収穫があったのは何年も経ってからであり、女王の死後長らく経ってからだったのである。

注　通商の拡大と国家の繁栄のための寛大な配慮をこのようにはなばなしく試みて成功したことは、たとえ幾世代か後まで結果が見えず、あるいは利益が得られないにせよ、君主や現代の立法府の気高い手本である。そして彼らの気持ちを動かし、臣民の未来の利益のための土台を据えさせる。ただし、その恩恵はすぐには感じられず、多少遠い先に見込まれるだろうが、そういう見通しは、多少とも本書の構想に生かされている。

つまり、以上がイギリスにおける外国貿易の発端であり、ここから国内製造業が生じた。以上が今日イギリスで続けられている膨大な商取引の発端であった。この時代は（前述のように）イギリスが貿易で自由に振る舞い、あらゆる近隣諸国の機先を制したときであり、まるでスタートのときに騎手の腕前ですばやくみんなの先頭に飛び出し、速いだけでなくじつに強いためずっとそのまま先頭にいつづける、レース中の筋骨たくましい馬のようなものであった。

スペインとの戦争で得た利益により、イギリスはただこの治世だけで、通商に関しては全世界が今日までけっして追いつけないほど近隣諸国の優位に立った。アメリカでなされた発見がこの例である。イギリスが発見をし始め、その時期がまだ早かったのでイギリスだけで分割し、時間を無駄にすることもなかった。フランス人が気づいてすぐに乗り出したけれども、アメリカの北部沿岸はすっかりなくなり、イギリス人に所有されていると知って快く残りもので我慢した。すなわち、大きくて危険なセントローレンス湾[61]に達し、カナダの荒れ果てた極寒の地方に耐え、セントローレンス湾のほかは海から遠くて通商しづらいところにイギリス人の後を追って入植した。そうしたあらゆる不都合により、フランス人はつねに貿易で制限を受け、一五〇〇年間の占有において取るに足りない発展しかしなかった。ルイジアナとミシシッピ*についていえば、送り込まれた人たちの大半を餓死させただけか、別の仕方で死滅させてしまったので、フランスの占有は実際のところ国内では泡沫のようなもの、外国でもほぼそれと変わらないものにされてしまった。

フランス人は西インド諸島にはもう少し早くやって来たので、イギリスを除く近隣諸国の他のどこよりもよい分け前に与った。マルティニク*、グアドループ*、トルトゥガ*、セントクリストファー島の一部、その他を得たからであり、おそらく今日まで保持している。

オランダ人は最後にやって来て、大陸ではほんのわずかだけを獲得し、そのほんのわずかをイギリス人のせいで失った。ニューヨークと東西ジャージーである。だから、東海岸にはオランダ人のものと呼べる領土がないし、なんらかの重要性を帯びた島が一つもない。なるほど、ブラジルには足場があってそれを二〇年以上も保持していたが、ポルトガル人の軽微な武力でふたたび追い出された。まさしくそのポルトガル人を、オランダ人はかつてひどく侮辱し、狼が羊の一群を追い散らすように追っ払ったのである。オランダ人がいまアメリカに持っているのは、スリナム*とクラサオ島*の二つの小さな植民地だけで、なんら重要性もまたは名前をのべる価値もなく、またカラカス*沿岸のスペイン人とそこで行なわれている密貿易がなければ、保有する価値がほとんどない。その貿易もいまや完全に消滅しそうであり、そうなると彼ら固有の産物が唯一の恩恵になるだろうが、あまり大したものに思えないであろう。

これに反して、いかにイギリス人の植民地は拡大され改善されたことか！　その程度ときたら、植民地がイギリス政府に反抗し、自力で強力な独立国を樹立する危険があるなどと、無知のせいか示唆する人がいるほどである。

いかにもこの考えは馬鹿げていて根拠がないものの、わたしが右でのべたそれら植民地の真の拡大と、そこで行なわれている通商の盛んな有様を、裏書きするのに役立つ。

これら植民地の拡大が、どんなにイギリス製品の消費に結びついたことか！　本国から、ニューイングランド、バージニア、バルバドス、ジャマイカ、その他すべての小植民地への、あらゆる種類の商品の一年間にわたる輸出で立証してみよう。一〇〇〇隻以上の頑丈な船がイギリスと植民地の間をつねに航行しており、さらに一〇〇〇隻以上が漁業貿易をも含めて、大陸と諸島間を航行したり大洋を横断するのに用いられる。他に多数のスループ船(62)がバージニアでの貿易のためにたえず用意されていて、その数は他船総数の二倍に上るということだ。

わたしはインド貿易については、われわれ自身の不始末により、現実にはイギリスにとってじつに不利益なものになって、誇るべきことがほとんど見られないため省略した。だが、一般的な通商がわたしの関心事であって、とりわけわが国の製品が著しく関係する地方についてはそうである。

オランダ（わが国と膨大な貿易をしており、わが国の毛織物だけでも一年間に二〇〇万ポンド分を購入する、と議会のこの問題に関する特別審議において確言された）に次いで、ハンブルクおよびバルト海沿岸地域とのわが国の貿易は、並はずれた規模にまで拡大している。そこでわが国の製品を阻止するためにドイツでこのところ現われた、製品にたいするいくつかの禁令や非難にもかかわらず、まだ他のどんな国よりも優っているし、要するに、おそらくいかなる推測も及ばないほど際立っている。

トルコ貿易は、前述したようなその最初の確立から、考えられないくらい整然と行なわれてきた。その拡大は収益が適切に算出できるから一目瞭然で、一年間に英貨三、四万ポンドから三〇万ポンド以上に増大している。

イタリア、フランス、スペイン、とくにポルトガルにたいするわが製品の輸出は、エリザベス女王の時代に初めて確立されてからどんなに進んだことか！　なるほどフランスは、われわれのとんでもない愚行により、ある意味でわれわれの輸出相手ではなくなった。しかし、ブラジルと赤道以南のアフリカ両沿岸における植民地を拡大したポルトガルはどうだろうか？　イギリス製毛織物の消費がポルトガル人の間でいかに増えたことか！　だから、ポルトガル人だけで今日、かつてスペインとフランスを合わせた消費よりも、もっと多くのイギリス製毛織物を買い取っていると、わたしは確信する。

イタリア、とくにリボルノとジェノバ、メッシーナ(63)とベネチアへの貿易も同じで、同程度の改善が進んでいる。驚異的な規模にまでイギリスの製品は到達したが、すべてはあの輝かしい君主によって敷かれた堅固な土台の上に築かれたのである。女王はこうしたすべての扉を開け、すべての冒険商人を送り出し、すべての植民地を建設し、または建設するのに道を拓いた。女王は航海者で地球を取り巻き、東インドと西インド諸島の、アフリカの、オランダの、ハンブルクの、レバントの、バルト海の通商に土台を据えたのである。

いかにも女王は、スペインとの戦争による敵意が和らぐのを、ましてや止むのを見届けるまで、あるいは誇り高く傲慢だったスペインが、後に謙遜して落ち着いた友情と交流に変わるのを見届けるまで、生きなかった。だが、すべては女王の指揮にもとづいていたのである。例をあげよう。

女王が創設したのを足場として、アメリカの植民地はその後、現在見られるような繁栄に至っている。女王が土台を敷いたのにもとづき、トルコ貿易、東インド貿易、オランダ貿易、東方地域*貿易は、現在われわれが目にしているようなものにまで成長したのである。

しかしとりわけ、前にのべなかったが、イギリス海軍の栄光はすべて女王が海上で威力を慎重に発揮したおかげで高められている。女王はスペイン人に、スペインの戦力が陸上ではどんなに優れていようとも（スペイン軍は当時侮りがたく、将軍だけでなく兵隊も世界一であったことを認めなければならない）、つまるところ、女王陛下はスペイン人に、わが木造戦艦で十分な防衛力になること、艦隊の無敵の勢力と乗組員の勇気と雄々しさにより、通商だけでなく戦争の威力をも強めたことを示した。こうして女王は敵のすぐ近くまで攻め立て、敵がどんなに遠い所にいても恐怖でおののかせたのである。

海軍を用いて女王は、カディスを襲い、数限りない財宝を積んだガリオン船を焼き、リスボン（当時はスペインの手中にあった）を攻撃し、ガシリア沿岸を荒らし、こうしてスペイン全土を震え上がらせた。同じようにして女王は、島々を強奪し、アメリカ大陸に入植し、沿岸に上陸し、都市を略奪し、船を破壊し、アメリカにいるスペイン人から莫大な富を奪った。

要するに、女王は海を軍艦で覆った。そして海の支配権を握る者が世界を畏怖させるのであり、また海を制する者が、ヨーロッパやアジアやアフリカやアメリカでのあらゆる通商、ならびにあらゆる権力を制すると、国王ジョージ[64]と同じくイギリスの敵どもに知らしめた。

　これですべてというわけではなく、女王はこのように海軍力を発揮することによって、海軍力を増大させた。いや、女王は海軍力を拡大させ増大させる最良にして唯一の方法を講じた。貿易での成功が貿易商を生んだように、海上での成功が船乗りを生んだのである。じつを言うと、臣民はみな新しい考えにかき立てられていた。まさしく貴族階級や第一級のジェントルマンたちが、まずそうなり始めた。バース伯一族*、エセックス伯*、サー・ウォールター・ローリー、さらに大勢の人につづいて、カンバーランド伯のクリフォード家の人たち*、サー・ジョン・ホーキンズ*、サー・トマス・キャベンディッシュ、デボンシア家のサー・リチャード・グリーンビル*、といった面々がいる。ある人たちは船を、またある人たちは軍隊を指揮した。ある人たちは植民地を創設し、またある人たちは資金を供給した。ある人たちは生命を、またある人たちは財産を危険にさらした。みんなが何かを賭けたのである。貿易、戦争、海がお互いに張り合った。国全体が一種の炎に包まれていたのだ。

　船乗りは、船ではなく銀を満載した船団を強奪して、金持ちになって戻って来た。出かけたときは乞食で、家に帰ったときはジェントルマンだったのである。それどころか、彼らが家に持ち帰った豊かな財貨は、本人だけでなく国全体をも富ませた。

　田舎の人たちが定期市に向かうように、国民は海に駆り立てられ、若者はみんなまるでそう生まれついたかのごとく自然に船乗りになった。イギリスの船と船乗りはおびただしい数に上り、いわば海を覆った。世界のどんな地方も訪れない場所はなく、女王は言うなれば大洋の覇者として君臨した。しかし女王が船乗りになるよう強要したという話は、史実でも言い伝えでも聞いていない。公私にわたる冒険的事業で、女王の輝かしい海上での成功は国民をたいへん鼓舞したので、彼らは至るところで奉公のために押し寄せ、どんな危険な事業でも人手を欠くことは決してなかった。

つまり、こんなふうに女王は、海軍力を発揮することによって海軍力を増大させた。しかもその程度は、この世のいかなる強国も女王の治世ではいつであれ、海上で女王の競争相手になることができないほどのものであった。いや、仮にキリスト教国のあらゆる海軍大国がすべて連合したにしても、女王は当時迎え撃つことができたと言っても言いすぎではないと思う。わたしは船乗りと船舶数についてのべているのであって、船乗りたちの善良さを強調しているのではない。もっとも、彼らがスペイン人からの戦利品に意気揚々として、当時、世界のいかなる船乗りよりも立派で大胆であったことは、認めなければならない。だがそれはまた別の問題である。

本論に戻ろう。現在の事情と当時も変わりがなかった。スペインは女王陛下の許可がなければ、アメリカの財宝を持ち帰ることができなかった。しかも、スペイン人が思い切って許可なしに持ち帰ろうとするたびごとに、ほとんどいつも失敗に終わったというおまけまでつくのだが、われわれの場合にはまだ持ち帰れないなどということがなかった。

ここでイギリスの貿易だけでなく侮りがたい戦力も姿を現わし始めたのだが、世界はそのときまでイギリス海軍のことをほとんど聞いていなかった。皇帝カール五世は、フランスと、トルコ人（当時は海上できわめて手ごわかった）と、チュニスやアルジェ[65]*の海賊と、大層はなばなしく戦争を続けていたとき、強力な艦隊を擁していた。そして息子の国王フェリペは、当時まだ国家を形成していなかったオランダ人と戦争したとき、そしてイギリスに無敵と呼ばれたあの恐るべき艦隊を向けたとき――しかもいわば天と地が共同してその艦隊と戦わなかったならば、本当に無敵であっただろう――、まったくのところ強大な海軍を保持していた。

しかし世界は、イギリスの戦いの兵《つわもの》（悪い習慣で軍艦はこう呼ばれる）についてほとんど聞いておらず、ましてエリザベス女王の頃までのイギリス海軍などまるで知らなかった。

わが国の海軍力とともにわが国の通商は、まるで双生児のようにいっしょに生まれて離れ離れには生きられないかのように、増大した。女王の植民された新しいプランテーション、初期の植民地はみなどうだったのだろうか？　そもそもの初めには、ほとんど克服できないほどの困難があり、事業そのものも困難であり、その結果も困難だった。それはすなわち、未開の国に入植し、未開人のなすがままであるということだ。気候の厳しさと生活必需品の不足により、何度飢えで苦しみ凍え死にそうになったことか？　不誠実な原住民に何度大量虐殺されたことか？　開拓地を何度捨てるように追い込まれたことか？　だから仮にスペイン人も海からイギリス人を攻撃できたとして、もしも女王がイギリス人を守り通商を保護する態勢にいつもなかったならば、イギリス人が行なったあらゆる発見や入植した植民地は、不幸な赤ん坊のように生まれたときに窒息させられ、歴然たる海軍力の結果として、すべてスペイン人の手に落ちていただろう。

だが女王はあの栄光のすべての中心人物であった。冒険心に富む女王の臣民はいろいろ土地を見つけ出し、建設して定住し、その地域にいた弓矢の敵にできるだけ防備を固めた。

しかし、安全保障は女王の海軍力であった。女王はこれでスペイン人を手いっぱいにし、おかげでスペイン人は新しく入植した貿易商たちを攻撃しようにも時間の都合がつかなかった。それにまた彼らには余分な船もなかった。スペイン人はあらゆる地域でイギリス人と出くわし、あらゆる沿岸で戦い、おまけに、どんな場合でもほとんど戦うたびごとに打ち負かされた。

女王の保護の下で通商が拡大し、取引が前進し、イギリス国家が帝国へと膨張し、イギリスの貿易商が世界のあらゆる地方で全面的に商交渉を展開した。

このように過去を少し振り返ったので、現在の状況に一、二言触れ、これから起こる問題で締めくくることにしよう。

第五章　イギリスの通商、とくに毛織物製造業と関係する部門の現状について。驚異的なその規模。どうしてそれが巨大だと言えるのか、実際の規模はどうなのか、に関する若干の考察

以上により、われわれは少しばかり物事の発端を教わり、イギリスの貿易商たちはその輝かしい起源をおそらく知るだろう。いかにして彼らが賢明な君主たちの強力な影響力と父親のような関心からいわば生を受けたか、いかにして貿易国になったたか、ということをである。次のように再び要約してみよう。

天は、通商全体の根幹、源泉である羊毛をイギリスの貿易商に授けた。世界中のあらゆる国民を除外して彼らに与えた。彼らに敵《かな》うものなしである。

国王（ヘンリー七世）は、その賜物に目を開かせ、製品につくり上げさせた。イギリスの貿易商がほとんど一〇〇〇年もの間無知のために羊毛を勤勉なフランドル人に売り、国外で毛織物になったものを、フランドル人から買い戻しさえしたのである。

輝かしい女王（エリザベス）は、製品にした後の市場の見つけ方を教えた。女王は貿易の水門を開けてやり、貿易がお金の水門を開けてくれた。要するに、女王は貿易国をつくってやり、それが今日のような富んだ国になったのである。

しかし、わたしはこの通商の規模をのべるにあたり、根拠もなくその大きさを誇っているのではないことを、世の中に示すように求められている。つまり、空威張りや気取りからなのではないと局外者にも分

かるように、またわが国の読者にもわが貿易の真の大きさについて語るときはいつでも証拠立てて説明できるように、である。

いかなる国においてであれ、貿易の源《ファンド》は――その源《ファンド》にもとづいて生じた通商がその国の貿易だと言うのが妥当である――、次の二つに違いない。

土地の生産物、および国民の労働。

さて、もしもこの双方でイギリスの貿易が他のいかなる国よりも大きい、ということを明らかにすれば、その規模を十分に立証したと考えていただいてもよいだろう。

第一に土地の生産物である。

ここで、先に進むにあたり万事を明白で平易にし、できる限り隙を残さないようにするために、産物ないし生産物という用語を簡単に説明したい。貿易にかかわる生産物とは、いかなる種類のものであれ、国内で消費される、わが国の国民が用いる部類のものではない、と理解してもらわないといけない。というのも、わたしがこの議論において貿易――わが国の外国貿易――と理解しているものは、王国内の商いに関係がないからである。こうした前提に立ち、麦、家畜、石炭、魚、家禽、あるいはわが国の産物のうち加工せずに使うものすべての、莫大な消費をすっかり取り除く。これは言語に絶する金額になるし、わが国民のうちいわゆる小売商人、運送人、沿岸航行の船員と呼ばれる大勢の人たちを雇用するし、また使用人、労働者、馬、数え切れないほどの船、平底荷船、小舟、二輪荷車、四輪馬車を使用するし、しかも膨大な富がこの部門の商いにより生じる。けれどもこれは、わたしがとくにいま議論しているわが国の貿易の問題とかその派生の問題ではない。ここで言う土地の生産物とは、海を越えて輸出されるような部類の産物を指す。国内で消費されるものは別の項目に入るだろう。この生産物には次のものが含まれる。

1、羊毛。わが国の貿易用の生産物のうち最高にして最良のもの、わが国の全通商における精髄で生命、われわれのあらゆる繁栄と成功の源泉。

2、麦。輸出向けに限る。

3、石炭と革。輸出向け。

4、錫と鉛。鉄と銅。

5、魚と塩。

魚は土地ではなく海の産物なので農産物とは呼べないということに、だれも異議を唱えないだろうと思う。

6、煙草、砂糖、生姜。
7、ラム酒、糖蜜、藍。
8、ココア、オールスパイス[66]、薬種。
9、獣の柔毛と皮。
10、テルペンチン、米、綿。
11、材木、マスト、厚板。

（6〜11）わが植民地の生産物で、わが国の生産物と同じとする。

わが国の貿易の規模はこれらの産物を土台にしていて、品目ごとに考察するとともに、国民の労働分を価格に加算し、それぞれ物事の道理にかなうかぎり合計を倍にしていけば、その規模が明らかになるだろう。

国民の労働が次の問題である。この労働は、国民が精を出す仕事に応じて評価されることになっており、原料固有の価格に加えられるべきものである。そのように加算されて仕上がったものが製品と呼ばれる。

一、羊毛は最初にして最大の生産物であるように、最初の主要な製品になる。羊毛の価値を評価するのは、生産量を推測するのと同じくらいむずかしい。羊毛のために雇われる人間の数は何千人ではなく何百万人の単位である。羊毛業が管理され運営される大ブリテン島では、町や、町の地域とか村落とか封建貴族の領地といった区分ではなく、島国の州や地方や地域や地区の単位で、計られる。羊毛はあらゆるところでつくられるので、どこでもその仕事に従事する人の姿が多かれ少なかれ見られる。その規模を憶測してもらうには、製品をつくり上げるのにこの島国全体の羊から、つまり数限りない丘の上にいる家畜から産出する羊毛をすべて使い尽くすだけでなく、外国からも莫大な量の羊毛を求めていることを強調するのが最もよい。

注(67) わたしが次のように言っても、たいへん控え目だと思う。羊毛と紡ぎ糸の形でわれわれは、連合以後に製品化するため概してイギリスに搬入される、スコットランドのあらゆる羊毛の他に、アイルランドから毎年一〇万パックの羊毛を輸入していて、協定で示された羊毛の分量は、一年間に英貨六万ポンドに値するとイギリスの議会で見積もられた。

イギリスで使われる羊毛の量を調査したい人たちは、イギリスで飼われている羊の数を見積らなければならない。それはとても困難だろうが、羊にふつう餌をやって飼育している地方を検分させ、あるいはその地方を精密に検分した人間から話を聞き、そして以下のように、イギリスのいくつかの地域でたえず飼われている数え切れないほどの羊の群れを調べさせよう。

1、ロムニー沼沢地。長さが約二〇マイル、幅が約一〇マイルの広大な土地で、もっとも肥沃な最良の牧羊地。この地名を最初にあげるのは、その広さを確実に説明できるし、羊毛というこの生産物について、推測よりはましなことも少しは言えるかもしれないからである。

ふつうロムニー沼沢地と呼ばれている平坦地には同じ性質の違う土地も含まれていて、どれもみな同じ平原にあるけれども、ロムニーが主要部分をなしているのでロムニーという名がついている。平原台帳で評価されている土地の面積は、こんな具合である。

	エーカー
ロムニー・ウォランド沼沢地……	四〇〇〇〇
ギルフォード沼沢地……	三〇〇〇
ブロームヒル……	九〇六
デンジ沼沢地……	二九一二
新ロムニー平原……	二九二
合計	四七一一〇

この大湿地帯の境界は概算によると、ライ港[68]ないしギルフォード沼沢地の東側からハイズ*の町ないし港の西側まで二〇マイル、南北方向では南が沿岸のリド*から北のウォーコーン*までで、平均の幅は少なくとも一〇マイルはある。

この土地のすべてが（あるいは取るに足りないところまで含むすべてが）、羊を繁殖させ飼育するのに使用され、飼われているとされる羊の数は、すなわちフリース*羊毛を産する全雌羊はどんな天候下でも、一エーカーに三頭と見なされている。

注　毎年売り払われるたくさんの子羊は含まれていない。

したがって以上から、この平原が生産する一頭一刈り分の羊毛は、一四万一三三〇フリースである。

ふつう羊毛は一四フリース合わせて一ドラフト、四ドラフトで一パックと見なされている。そこで五六フリースが一パックになり、一パックは二四〇ポンドの重量がある。すると、こうなる。

この平原におけるフリース羊毛の年産は、二五二三パック二三フリースである。

わたしは同じように各地の概算を出すこともできようが、すべてを合計したところで正確な計算にはならないだろうから、読者を数字で悩ませないことにしよう。主要な産地について少し触れれば、残りについても正しい見当をつけてもらうには十分である。

2、サウス・ダウンズ*。カーペットのように広がった土地で、サセックス州*のボーンからチチェスター近くまで伸び、ハンプシアのポスト・ダウンまでちょっとした切れ目がいくつかある。長さは少なくとも六五マイル、幅が平均でふつう五、六マイルあり、至るところに小型ではあるが最上級の毛をもつ羊がおり、全域で推定七万エーカー以上あることが分かる。

3、ダウンズと平原。俗にソールズベリー平原*と呼ばれているが、東西はウィンチェスター*の西側およそ一〇マイル伸びてデバイゼズ*まで、また南北はバークシア*の端にあるアンドーバー*から、ウィルトシアとドーセットシアの全州を通り、ウェーマス*の海まで伸びており、大きなサウサンプトン行政州の全部または大部分を含むが、前述のように、ウィルトシアとドーセットシアのほかは、何エーカーあるかは概算できず、羊の数は推測できない。

4、コッツウォルド丘陵*と、ウスターシア、グロスターシア、オックスフォードシア*で隣接する平野。どの州でも無数の羊を飼育している。

5、サリー州*はバンステッド・ダウンズで莫大な数の羊を飼育している。またファーナム、ギルフォード、ハインド・ヘッド丘陵に向かって同州西部の大きく広がった共有地や荒野でも同じで、みなポーツマス*へ行く路上から見える。

6、リンカンシア*とレスターシア*の放牧を行なっている富裕な二州。そこではイギリスでいちばん大型の羊が飼われており、またここからおびただしい子羊の肉がロンドンの市場に供給される。

7、ニューマーケット荒野*、ならびにサフォーク州とノーフォーク州で隣接するあのダウンズと荒野のすべて。エセックス州側のボーン・ブリッジから北東のセットフォード*へ、それからブランドンのそばを通り、北西のリン*へ、真北の海へと伸びていて、そこでは無数の羊が飼育され、みな白い毛なのに黒い顔をしているので有名である。

わたしは、ウェールズの山地、レミンスター*の上等な羊毛、ヨークシアのイースト・ライディングの森、ダラム州*主教管区におけるティーズ川の土手については問わない。このような土地には島国で最大の品種の羊がいて、レスターシアとかロムニー沼沢地よりもさらに大きい。それから最後にノーサンバーランド州*羊についても控えるが、そことカンバーランド州*では羊の数がたいへん多いので、南部のロンドンにさえ売りに出される。

以上のほかにも、少なくともスコットランドから毎年一二万頭の羊が背中を刈られないまま連れて来られ、また前にのべたごとく、ギャロウェイ、エア、ニスデール、ティビオトデールといった州やスコットランドの別の地域の無数の羊の群れ、すべての羊毛もやってくる。

自国を少しは知り、多数の羊について熟考することにより、産出される莫大な羊毛の量を推測できるような人々がいる。そういうイギリス人にたいしては、何か肝要な事柄でもない限り、以上のような個々の牧羊地帯に言及するのは、われわれの目的から外れているだろう。そういう例として以下に注目していただきたい。

1、前述のドーセットシアの州都ドーチェスターで、たいへん真面目で信用のおける市民から聞いた話によると、都心部の六マイル圏、つまり直径一二マイルの円周内に、中心の州都を除外して、一六七三年六月に、六〇万頭の羊が草を食んでいることが、確証をもって明らかにされたという。

2、ソールズベリーで同じく真面目で思慮分別のある人たちから説明されたところによると、かつてウエーヒル*定期市で四〇万頭の羊が、同じ年にドーセットシアのバーフォード定期市で六〇万頭の羊が、売られたかまたは売りに出されたという。

説明の要点はこうである。この島国で一定に保たれている羊の数はきわめて多く、また無数だと言ってよいかもしれない。だから、羊毛の産出量も羊の数と釣り合っているに違いなく、したがって国産の羊毛を加工するだけでなく、アイルランドとスコットランドからたいへんな量を輸入している製造業は、どんなに巨大か、ということである。

わが国の毛織物製造業の規模の大きさについて観念を形づくるため次に、その輸出と市場を考察する。例をあげよう。

トルコにおけるイギリス製上質黒ラシャの市場、すなわちコンスタンチノープル、スミルナ、イスケンデルン[69]、アレッポ、それからエジプトのアレクサンドリア。

ハンブルクの特定市場、ライプチヒ*とフランクフルト・アム・マインの定期市、アウクスブルクや、ニュルンベルクや、ウルム*や、南北ドイツのもっとも重要な都市の多くの市場。

リューベック、イエーテボリ、ストックホルム、シュトラールズント*、シュテティーン*、ケーニヒスベルク*、ダンチヒ、リガ*、ペテルブルグ*で毎年売られている多量のイギリス製品。しかもこれは、スウェーデン、プロイセン、ザクセン、スイスがわが国の製品の全面禁止や、いわゆる偽造を行なったにもかかわらず、である。

ロッテルダムでもアムステルダムでもいま実際にオランダで見られる、イギリスの毛織物のとてつもない大市場。そこを経由して、ドイツのあらゆる地方や州に送られる。これが一年につき英貨二〇〇万ポンド以上に達すると言われる。

最近大きくなったリスボンの市場。フランス人が供給しているとさんざん言われてきたにもかかわらず、わが毛織物の大市場があるので、ポルトガル貿易は現在、われわれの最善にして完璧な貿易だと言われている。

新旧のスペイン、ならびにイタリアへの貿易。もっとも、前者は密貿易商人にも許可のある貿易商人にも邪魔されてきたとはいえ、かなり重要な貿易である。旧スペインに運び込まれるわが国の毛織物製品が、スペイン人から買い上げる金銀の地金を除く全商品を大きく上回ることは、注目すべきだ。

いろいろ欠点はありながらも、インドとの貿易。これを通して東インド会社[70]は、毛織物製品の形で毎年一〇万ポンド分を輸出しなければならない。

以上に加えて、わが国の植民地やプランテーションでの消費。これはすでにのべたように、どんな計算も及ばない。

ここまでが、貧困層の労働による最初の品目、すなわち毛織物製品のみに関連している。

二、絹製品。イギリスでここ数年でたいへん増えた。だから、故ダベナント博士*やその他の人々の主張によれば、一六八〇年、一六八一年、一六八二年の三年間を通して、フランスとイタリアから絹製品が一年につき英貨一二〇万ポンド以上輸入されたのにたいして、現在ではフランスから年間に輸入されるのが原価で一万二〇〇〇ポンドもなく、イタリアからはずっと少なくなっていると確信している。ただ密輸で使った費用は除くが、それは大した額でないと信じる理由がある。なるほど、これは外国の原料でできた製品であるが、この事実は貿易上きわめて有利で、それへのあらゆる反対論を制する二つの事柄が伴っている。

1、外国の原料は、とりわけトルコとレバントからの生糸や、イタリアとシチリア島からの絹撚《よ》り糸のように、明らかにわが製品の輸出への交換条件として、輸入されるような類のものである。

2、わが国民の労働は商品をつくるのに用いられるが、そうでなければたとえどんなに商品が国内で消費されようとも、われわれは外国人から買うことになるだろう。したがって、この国民の労働のおかげで、一年につき英貨一〇〇万ポンド以上が節約される。そのお金は自分の懐に入らなくても、国外に流出しないで国内にとどまっており、わが外国貿易はその分だけわれわれに利益になっているわけだ。

ここまでのところ、国内消費はわが国の利益の一部門になった。また国民の労働は同じ国民によって使い果たされるものの、国内に一〇〇万ポンドを留めておく手段になった。そうでもなければそのお金は、気まぐれや取るに足りないことで国外に流れるだろう。

だが、外国貿易に戻ろう。

三、国民の労働は外国貿易に、金属製品が輸出される限りにおいてわが国のあらゆる金属製品に、関係している。そして金属製品は、よい形に鋳造されてわが国の錬鉄、銅、真鍮、精錬された白鑞《しろめ》をすべて含んでいるならば、通商全体のなかでたいへん大事な品目になる。また、じつに数多くの家族が鉱山で雇われている。つまり、輸出用の鉛、錫、鉄、銅、石炭を掘るために、すなわち大鋳型あるいは生子《なまこ》の鉛——好きなように呼べばよい——、固まりになった錫、棒状や板状の銅をつくるために、雇われている。

四、あらゆる種類の漁業における国民の労働で、われわれはオランダ人に及ばない。[71] 聞くところによると、彼らは捕鯨業で毎年一万人の船乗りを、鰊漁でさらに一万人を、セント・アイブズから輸送する塩を含むその他のあらゆる漁業でさらに一万人を雇用するという。しかしながら、オランダ人に次いでわれわれは、ニューファンドランドとニューイングランドでの漁業を含む漁獲と保存処理に、世界の他のどこよりも多くの人間を従事させていることは確かである。

五、以上に加えて、イギリスは他のどんな国よりも、オランダ人よりもさらに多くの船を確かに用い、したがってより多くの船乗りと船大工を雇っている。それもそのはずで、オランダ人とフランドル人にはヨーロッパ全体をしのぐ河川航行用に、小型帆船《ガリオット》*、沿岸船《ホイ》*、横帆船《バス》*、それから小型商船《ピランダー》*つまり沿岸船といったような、数え切れないほど多くの小さな船があるけれども、大型の貿易船や戦艦に関してはわれわれに匹敵できないのだ。わが石炭の沿岸貿易、わが西インド諸島の、スペインの、海峡の貿易はすべて大型船で行なわれるが、こうした大型船は一〇門から三〇門の大砲を装備しているか装備することができ、三六門から四〇門の大砲を備えていることもある。とりわけバージニア、ジャマイカ、バルバドス、スペイン、イタリア、トルコとの貿易では多数の船が用いられ、突然の不和が訪れた折りには借り上げて軍艦に利用できるほど、たいへんそれに適している。

ここで、この島国の富だけでなく強さも明らかにされた。そしてつけ加えるまでもなく、わが通商に用いられているこの尋常でない数の船のなかから、政府は無理強いすることなく、しかも現在はもっと無理強いしなくてよいのだが、どんな小艦隊にも、いや、必要とあれば空前のすばやさで全イギリス艦隊にでも、人員を配置できる。

そしてこれが、イギリスの通商の規模を証明する、もう一つの反駁できない説得的な論拠である。すなわち、もしも国王が艦隊のために二万人から三万人の水兵を必要とするならば、いつでも得られる。貿易が水兵を供給し、絶え間なく帰航する船が水兵を用意するけれども、貿易商はいつでも商売に必要な人手を見つける。他方、もしも平和が戻り、イギリス艦隊がドックに入ると、もしも二万人の水兵が給料を支払われて解雇されるとすぐに立ち去り、貿易に（彼らの言ういわゆる）天性を見出し、貿易商はその分だけ多くの船を装備して、有能な船乗りが仕事にあぶれることはけっしてない。

イギリスの貿易の規模が驚異的でなかったら、こんなことは絶対にありえないだろう。ありとあらゆる障害を切り抜けるために生まれた君主、最近亡くなったフランス国王(72)は、どんなに困っていたことか？つまり、決定的に偉大な地位を築き始めたころ、軍艦に乗り組む水兵を見つけるために、あるいはむしろ水兵を軍艦に乗り組ませるために、なんという窮余の策をとらなければならなかったことか？　いかにすべての商船に強制し、航海するごとに定員（または定数）以上の船員を乗船させたことか？　しかもそのうえ、もう一定数の船員を王のために乗り組ませ、賃金を国庫から支払ったのだが、これは船員が海に慣れ、後でいつでも王のために役立ってくれるようにするためであった。

いかに昇進や法外な賃金を申し出ることにより、王の艦隊で勤務する外国の水兵、とくにアイルランド人とスコットランド人を招き、自分の最高の軍艦に乗り組ませたことか？　なぜならば、臣民よりも彼らの方が、ずっと優れた経験豊かな水兵であることを認めていたからである。

オランダでもイギリスとの昔の戦争で一度ならずあり、また一六八九年と一六九〇年にも見られたのだが、戦争が勃発すれば、艦隊に人員を配置するためにグリーンランド船団や、ときには鰊漁すら中止しなければならないし、少なくとも人数を減らさなければならない。

それに反してイギリスでは、一度に一週間ないし一〇日間の短期の出港禁止は別にして、船乗りが足りないから貿易全体の勢いを完全に止めるなどということはけっしてない。それどころか、このうえなく切迫して、何か突然の遠征で水兵が足りないときでも、貿易商とか市や町の正規の申立てによって免除や保護が認められる。たとえば、ニューカッスルから積み出される石炭貿易や、漁獲期間中の鯖や鰊の小型漁船や、しばしば外国へ行く貿易商は免除される。そしてこの方針は、政府が艦隊に人員を配置するのに四万人の水兵を必要とし、二、三〇〇隻の船がアイルランドその他への輸送に使われた、亡くなった国王ウィリアム*の時代にも維持された。

イギリスの貿易の規模が、すでにのべたごとく世界の一種の驚異で、現在どこにも匹敵するものがなく、かつて聞いたことがないようなものでなかったら、どうしてこういうことが可能だろうか？

以上が、一般的な仮説の堅固な証明であると考える。駄法螺とか自慢ではない。そんなさもしい助けを必要としないのだ。ことは、ごく少数が知っていて証言を求められような私的で内密なものではなく、全世界が証人である。イギリス海峡の南方において、港に入るすべての外国船のなかでイギリス船の数が一番多くないような貿易港とか貿易地なんて、ヨーロッパなりアフリカなりアメリカのどこにあるだろうか？　リスボンで、カディスで、マラガ*で、メッシーナで、リボルノで、ジェノバで、ザキントス*で、ベネチアで、公報をどれでも読んでいただきたい。ふつうは、一国と比べただけではなく、諸外国を合わせたよりもイギリス船の方が多いのである。わたしが目にした最近の報告はこんなふうであった。

リスボン	フランス船……………	一八
	オランダ船……………	五
	スウェーデン船…………	二
	ハンブルク船…………	一
	イギリス船……………	五〇

カディス
フランス船……………一二
オランダ船……………三
ハンブルク船…………二
スウェーデン船………一
イギリス船……………一八

リボルノ
フランス船……………五
オランダ船……………二
イギリス船……………八
その他いくつかの港もこんな具合。

アメリカについて言えば、どんな港とか地方でも、フランス船やオランダ船がほとんど見られない。例外はニューファンドランド沖のフランスの鱈漁船と、カナダで見るごく少数の船である。オランダ船はその強力な通商にもかかわらず、ほとんどアメリカとは関係がない。

以上をわたしは、わが通商の規模が大きい証拠とする。個々についての詳細がないという意見は正しいが、われわれの問題に必要でもない。

通商には詳しいという、あらゆる毛織物の価格を見積もった人々に、出くわしたことがある。この人たちは、英貨五〇〇万ポンド分が輸出され、英貨二〇〇万ポンド分が国内消費だと思う、と言った。こういう計算は、以前わが国の古い正貨の価値についてなされたあの世間一般の推測と、たいへんよく似たものだと考える。ある人は三〇〇万ポンドだと主張し、またある人は四〇〇万ポンドだと断言し、しかも後者は判断力と一種の権威をもってのべているのだと公言し、自分たちは並み以上のことを何か知っているのだと、あえて世間に信じ込ませようとしたのである。

この僭越で独断的なやり方から、さらにこの人たちは、イギリスにおける人口密度、土地の価格、耕地面積、これこれの租税により集められるかもしれない金額といった、その他の公の事柄について判断を下した。以上すべてにより、正貨は銀貨で四〇〇〇万ポンドだというのが正しい計算であると、世間では受けとられた。そしてこういう推定にもとづいてこの人たちが、正貨を改正して古い通貨を回収するというあの大仕事に危険を冒して乗り出したとき、総額は四〇〇〇万ポンドよりも一二〇〇万ポンドの方に近いということが分かった。この間違いがあの有名なモンタギュー氏(73)、後のハ××クス卿を思いも寄らない困難に陥れたのだが、それを切り抜けるのに氏は最大限の手腕を必要としたし、また彼ほどの非凡な才能がなかったら、それに圧倒されて破滅してしまう危険があっただろう。

算出するときの原則も、あらかじめ一定の数字とか規則もない計算では、あまりうまくいかないだろう。そのような計算による、または計算にもとづいた判断は、他の点では非常に眼識のある人間をもしばしば致命的に誤らせ、彼らの理解力や判断力についての評判に少なくとも影響を及ぼし、ときには軽蔑にさらしてしまう。これに該当するのが政治算術のあの著名な主張者サー・ウィリアム・ペティ*の推測であって、ロンドンその他の人口稠密な都市における家屋、世帯、住民の数についての彼の計算は、間違っていただけでなく、その後、道理に合わず馬鹿げてさえいることが確かめられたと言えるかもしれない。

わたしはだから、わが国の製品の価格の計算において、五〇〇〇万ポンドと二〇〇〇万ポンドという例の推測には留意しない。このような見積もりをする規則も根拠もないからだ。この数字は低すぎるかもしれないし高すぎるかもしれないが、だれにもそのどちらであるかは分からないのである。

だがどれも、貿易におけるわが国の毛織物製造の規模は驚異である、というわたしの一般命題に疑いをさしはさむものではない。

したがって、ここでいくつかの比較を始め、わが国の通商のとくに毛織物部門にいろいろ言及しながら弁じることを、お許しいただきたい。この部門が並みはずれて大きいだけでなく、少なくとも近隣諸国の規模をはるかにしのぎ、超えているからだ。

リネン製品はあまねく有用で、どんな地方でも望まれ求められるものだから、もしも世界で何かがわが国の羊毛をしのぐとすればそれは亜麻である、というのは正しい。しかもわたしの一般命題を害することなく、これを容認できるかもしれない。

というのも、リネンは一国だけではなく多くの国々、いやあらゆる国々がつくっているからと言ってよいかもしれない。その発祥地だと信じる理由があるレバントのまさしくエジプトから、バルト海沿岸の最下部にあるロシアまでの国々である。それにたいして、毛織物はいまのべたようにいわば家伝薬、つまりわが国に属するアイルランドを除き、世界の他の国にはないイギリス特有のものである。

わたしが言ったように、羊毛はイギリスだけにたいする天からの下賜物であり、本国に特有のものであって、世界には羊毛ないしそれに相当するものを持っている国が他にない。したがってその製品もわが国固有のものである。また模倣したり、羊毛を得ることに躍起になったりして——ということはわが国から盗むか、ザクセンやシュレジエンやポーランドやバーバリなどから手に入れるかである——、どれだけ羊毛を略奪しようとも、大したことにはならない。イギリスが心配するほどのものでは、けっしてないのだ。イギリスに羊毛がある限りイギリスの貿易は不死身であり、少なくともそれにたいして致命的、決定的、破滅的な打撃は加えられないのである。これについてはしかるべき箇所でのべよう。

さらにまた、東インドのキャラコや絹製品は、（少なくともアジアにとって）一般的な商品であり、とても多量にあるので、ヨーロッパに広まるとどこでも苦情の種になって、ヨーロッパのいくつかの王国や国々ではすでに輸入が禁止されている。それほど多量にあるのだ。

しかし、キャラコも絹も多数の国家や王国の、いや、いくつかの国家を含む帝国の製品でもある。生産国にはたとえば、中国帝国や大ムガール帝国(74)、ゴルコンダやシャムやコーチシナ*などの王国、さらに数え切れないほど多くの国々がある。

だが前述のように、毛織物はわが国に固有であり、世界のいかなる国民も手腕の点でわれわれに敵わず、また原料もない。まるで羊毛を製品につくり上げることにかけては世界に並ぶ者がいないかのように、自国民を依怙ひいきしてないし、そのつもりもない。もしも他の国々に従事すべき製造業の原料である羊毛があったなら、製品化でわが国民をしのぐことはないにしても、かなりの好敵手になっただろう。だがそれはありえない。他国には羊毛がないし、手にも入れられない。世界総がかりでも羊毛を供給できないのだ。ある国でいくらか、また別の国でもいくらか羊毛を得るかもしれないし、イギリスからは密輸で多すぎるほどの、またアイルランドからもほぼ多すぎる量の羊毛を手に入れている。こうしてフランス人はいくつかの製品を非常にうまくつくり上げているし、わたしにしてもその勤勉な国民にたいして、次のように認める公正さを拒むべきではないだろう。つまり、フランス人が羊毛のために強いられているやりくり算段を考慮すれば、実際目にするような仕上がりで、このうえなく優れた職人ぶりを発揮している、と。

しかし、それがどういうことになるのか？　フランス人はおそらく自給自足するだろうし、それができれば大きな進歩である。だが忘れてならないのは、そうなるのもフランス政府が、羊毛をやりくりしてどんなに欠陥があっても国産製品を身につけるよう国民に強いるからだ、ということである。こういう知恵はわれわれにはとても手の届かないものである。もっともイギリスには、このうえなく完璧な製品があるが、これに関しては順序を追ってのべよう。

でも結局、フランス人は自給自足することもできず、専制的な政府によるもっとも厳しい禁令や暴虐や恐怖にもかかわらず、――わたしには否定できない事実にもとづいて立証できるのだが――、イギリスの製品を仕入れているし、また仕入れようとし、それもきわめて多量である。

イギリスとフランスの通商が停止する以前というより、停止した直後に、イギリスの商品がリボルノへ不意に大量に輸出されたのは、これ以外の何を意味するだろうか？　同じ商品がダンケルクへ引き続き輸出されたのは、何を意味するだろうか？　そしてとりわけ、マース川とサンブル川(75)を使った、またリース川*とスヘルデ川を使った、オランダとフランスの間の通商は何を意味するだろうか？

ところで、なぜだろうか？　つまり、フランス人が他国人と対等に自国の製品をつくっているのであれば、フランスのジェントルマンが見物したり、宮廷を訪問するためにイギリスへ旅行するとき、着の身着のままやって来て、到着するとすぐに服を仕立て、いつも数着を持って帰国するのはなぜだろうか？

これに反して、イギリスのジェントルマンがフランスへ旅行するとなれば、いつでも新しい衣服をつくって持参する。わたしがいま話しているのは、衣服にもそれを買うお金にも困らない、身分の高いジェントルマンのことである。

理由は簡単だ。フランス人は外国で買えるほど上等な衣服を自国では得られないし、イギリス人は自国で買えるほど上等な衣服を外国では得られないのである。

オランダやフランドルのリネンとレースについても同じである。イギリスのジェントルマンがフランドルとかオランダに旅行するとすれば、できる限りリネン製品を持たずに出かけ、欲しいものはみな現地でつくらせる。そして帰りには間違いなく上等のワイシャツを数十枚つくり、上等のボーン・レース(76)で首と手首を飾るのである。

これとは逆に、オランダ人とかフランスのジェントルマン*がイギリスにやって来るとすれば、前もってかならずリネンとレースを十分に用意している。

理由は右にのべたことの正反対である。オランダ人ないしフランドル人は自国で買えるほど安い品を外国では得られず、イギリス人は外国で買えるほど安い品を自国では得られないのである。

わたしがフランス人についてこういう例をあげる理由は、フランス人が毛織物製品でもっとも注目すべき発展をとげたと言われる国民だからだ。そしてフランス人がわれわれの商品を完成させたと遠回しに言おうとして、言葉が尽くされ、多くの無益な骨折りがなされてきた。いや、フランス人はわれわれをしのぎ、市場でわれわれよりも安値で売っていると言う人もいるだろうが、それは大きな間違いであり、彼らの最高の事業であるトルコ貿易においてさえそうである。またフランス人がトルコに送る商品は確かに彼らの最高品だ。けれども、わたしはその貿易においてさえ、経験豊かな人々に訴えたい。フランス人がわれわれをしのいでいるかどうか、本書の第一章でのべたように、その織物の一梱がイギリスの織物の一梱と同じ重量であるかどうか、あるいは市場で同じ値段で売れるかどうか、一般にイギリスの織物の方がフランスの織物の一梱よりも値段は高いが、トルコやアルメニアの貿易商は、つまりそういう商品を主として売買する人たちは、かえって買い取っていないかどうか、と。

いいい、なるほど、安価だから劣等な商品で我慢するような買い手はどんな市場にもいて、こういう人たちはフランスの織物を買うだろう。値段さえ質と釣り合っていれば、最高の商品と同じく最低の商品にも顧客は見つかるものである。

また確かに、フランスの織物はイギリスの織物と変わらないような立派な外観をし、うまく仕上げられ、上手に梱包され引き立たされていて、色彩のすばらしさも劣らない。だから経験のない買い手を欺くのはむずかしいことではないのだ。しかもこれは、中身はともかく見かけに欠けるところがめったにないフランス国民の、外面的な手際の唯一の例ではない。しかし、フランスの織物の地は薄く、商品の真に固有の価値はイギリスの織物に見出され、しかもそれだけにある。そこに色彩のあらゆる美しさと衣服の華があり、ものがよい。だから、これを最初の買い手が見つけられるかどうかはともかく、最後の買い手で利用者のトルコやペルシアのジェントルマン、すなわちそれを身につける大官《アーガ》ないし高官《バーサ》にはほどなく分かる。一方はしっかりしていて滑らかになり、最後まで堅固だろう。他方はざらざらして軽くて海綿状になり、ぼろぼろになる。そこでこの人々がふたたび布を買うときにはイギリス製を求め、フランス製はもう買わないだろう。なんの役にも立たなかったし、持ちがよくなかったからである。

もしもわたしが、現場に居合わせ事実を目撃した人たちの経験と個人的な知識にもとづいてのべたのでなければ、このようにきっぱりと断言する役目を買って出ないだろう。だが反論できない証拠をあげてその真実性を訴えてもよいが、疑いをさしはさむ余地もまたないのである。物事の道理がそれを物語っているのであって、フランスの織物は見かけだけのフランスふうの光沢を施されているにもかかわらず、派手だが薄く海綿状であり、着用者の名誉にも利益にもならないだろうが、他方、イギリスの織物は板のように最後まで持ちがよく、しっかりしていて強く、ぼろぼろになってもある種の美しさを備えている。

したがってわたしの推論によれば、他国がわれわれの貿易を零落させ、毛織物製品でわれわれを凌ぐのではないかという懸念で脅えなければならないような理由はない。羊毛を国内に保持しさえすれば、どこでもわれわれの製品のために苦しむ必要はない。だが、それに関しては後でのべることにしよう。

わが毛織物製造の規模の問題に戻ろう。前述のように、世界のどんな国で見られるどんな製造業に比べても、わが国の毛織物業は最大の単一製造業であり、内外ともども最大の貿易の誘因であると、わたしは主張したい。たとえどこの国であれ、他の点ではどんなにわが国よりも偉大であり、富裕であり、人口稠密であってもだ。

しかし、イギリスの毛織物製造で考えるべきことがまだもう一つあって、それはとりわけわれわれの誇りなのである。そして仮にわれわれが最大の依怙ひいきをして、自国をほめたたえるのにこのうえない手腕を発揮し、わが製品の美点と有用性を並べ立てたとしても、これにはどうしても匹敵できないだろう。

わが製品は莫大な量の羊毛、そのために雇われる大勢の人間、おびただしい量の商品の製造、仕事ぶりの美しさと完璧さゆえに卓越しているだけではない。大規模なその消費も、貿易におけるまた別の驚異なのだ。そこでわたしは、一言も触れずに見すごすわけにはいかない。できるだけ手短にのべよう。

リネン製品はだれもが身につけ、欲するものである。そしていやしくもかなり容姿がよく流行を追う人なら、身につけなかったり、なしですませるということはほとんどない。だが一方で、多かれ少なかれヨーロッパ中の国々が製造している。だから生産国がすべきことはただ、いろいろな種類のものをお互いにいわば交換するだけである。

絹製品は非常に生産量が多く、あらゆる国々で何らかの形で用いられている。だが一方で、多くの国々で製造され、いろいろな方法でお互いに輸出し合っている。フランス人、イタリア人、ベネチア人、オランダ人、フランドル人、そしていまやイギリス人はみな自分で製品をつくり、東インドの絹織物を慎重に自国から締め出している。

ロシア帝国とトルコ帝国はペルシアから、南方のスペイン人とアフリカ人、北方のドイツ人とスウェーデン人はインドから供給を受け、絹製品は国々の状況や通商に応じて広まって行く。

キャラコは東インドから陸路でトルコへ、陸路と内海でモスクワ大公国とタタール地方[77]へ、たいてい長期にわたる海路でヨーロッパとアメリカへ送られ、ついにはどこでも不平の種となって、オランダを除くほぼすべてのヨーロッパ諸国が、輸入を制限し禁止している。

しかしたとえば、わがイギリスの毛織物は、どこへ行っても出くわす。それはすべての国、すべての市場、すべての貿易地にある。そしてあらゆるところで受け入れられ、重んじられ、用いられ、いや、求められ望まれている。要するに、全世界の人々がイギリス製の毛織物を身につけ、欲し、その栄光と優位のためにわれわれを羨むほどなのだ。

また、わが毛織物は、普及している国々の卑しく貧しい人たちの衣服ではなく、もっとも金持ちの最高位にある人たちの衣服になっている。君主たち、いや、現在では世界中の国王たちと言ってよいかもしれないが、その衣服を身にまとっているのだ。外国やヨーロッパ中の宮廷への大使や弁理公使として、わが国王陛下の委任を受けるという名誉を得たことのある諸兄に、モスクワ大公国皇帝や、スウェーデン、デンマーク、プロイセン、ポーランドの国王たちや、そのうえドイツ皇帝その人までも、イギリスの織物を身につけているのを見た覚えがないかどうか、わたしはアピールしたい。

スペイン国王は、儀式の日ですらベーズ製の外套を着て出席して下さる。トルコ皇帝《グランド・セーニョ》はイギリスの織物でできた礼服を用い、ペルシアの支配者《ソーフィ》はあらゆるペルシアとインドの絹物とともに、深紅色の上質黒ラシャでつくった長いガウンを身につけ、そしてそのガウンを、実際にそうなのだが、世界でもっとも気高い衣服だと見なしている。

君主のように、臣民や貴族やジェントルマンの場合も同じであり、これからも同じだろう。要するに、臣民のうちもっとも富裕で位の高い市民が概して身につけるのである。いや、たいへんわが毛織物が普及したので、ロシアやスウェーデンやその他の寒い地方では次のようなことが分かった。イギリスの織物が高くて手が届かない人たちは、洋服屋が残した切れ端を買い、縫い合わせて毛皮で裏をつけ、長い礼服とか衣服に仕立てて着用していたが、これは物故したロシア皇帝がもっと短い裁ち方にするまで続いたという。

そして以上からわたしは、諸国の臣民が買いに走り、わが国の製品を侵害したと言われる模造品のことに戻ろう。なるほど、スウェーデン人、プロイセン人、その他いくつかの国々の人々はイギリスの製品を模倣していて、自国民の利益のためならだれでも喜んで模倣したいと思っているだろうが、われわれは彼らを非難できない。いや、これだけでも、わたしの言ったことが真実であるという証拠、真正な証明である。というのも、仮にわが毛織物製品が必要でなかったら、彼らは買おうとしないだろうし、また利益にならなかったら、それを模倣してつくろうなどと思わないだろうからだ。

しかし、結局はどういうことになるのか？　いかにも模倣する人たちは、製品のなかでもいちばん粗末で見劣りするもの、しかも無骨者、国民のうちでもっとも卑しい者にまとわせて身を覆うだけのものなら、つくることができる。こういう連中の衣類は、わが国の粗末なダッフル[78]、ウォドミル*、ハーフ・スィック*、概してもっとも粗製のカージー織の一種だが、毛布よりは幾分か上質物であった。あるいはおそらく、わが国のダズン*でいちばん見劣りするもの、いわゆるヨークシア織と呼ばれるものであっただろう。だがこういう模倣品でさえ、そうひどい代物でもないのである。

しかし、この国々において、上流の人々は、依然としてわがイギリスの織目の細かい上質黒ラシャを身にまとっている。そしてイェーテボリとかストックホルム行きの船に、スウェーデンに向けて一度に五〇〇ないし一〇〇〇着分のスペイン織物を運ばせるのがふつうである。スペイン織物とはちょうどわれわれがイギリスで着るような、織り目の細かい混成織物のことであり、製造の過程でスペインの羊毛と混ぜられるからスペイン織物と呼ばれる。

プロイセンやポーランドの国王がわが国の織物を禁止し、自国民を生産活動に従事させたにもかかわらず、このような状況はシュテティーンやケーニヒスベルク、シュトラールズントとかダンチヒでも変わらない。結論を出そう。わが国の製品はあまねく着用されている。この主張には説得力があるのだ。製品によってはどこでも得られるという意味ではない。フランスの織目細かい毛織物、絹織物、混毛織物、その他羊毛の混じった毛と絹の軽い海綿状の製品などのような、いくつか種類の異なる衣類については、そう言えるかもしれないが。

そうではなく、イギリスの上質黒ラシャはあまねく着用されている。混毛織物、サージ、ドロイ、カージー織、キャムレット*といったものも同様である。要するに、イギリス王国の毛織物は、ヨーロッパのあらゆる国々であまねく着用されているのだ。

すでにのべたように、モスクワ大公国の住民は以前、長上衣としてわが毛織物製品をまとったし、ドイツ人、ポーランド人、スウェーデン人もみな身につけている。ライプチヒやフランクフルトの大きな商業中心地とか定期市を見てみれば、前述したように、非常に多くのわが毛織物製品が毎年売られているし、またハンブルクやリューベックやブレーメン(79)やエムデン*といった都市を通って北部ドイツのあらゆる州に供給されている。

ドイツ帝国内の中心都市ではかならず、エルベ川*とかオーデル川*とかウェーザー川*の航行によって運べる限り、イギリスの織物を備えた商人の店がおそらく見つかるだろう。ライン川、マース川、モーゼル川*、ザール川*、マイン川*、ネッカー川*、ドナウ川はみなそれを運ぶ助けとなり、プラハ、ウィーン、ミュンヘンだけでなくブダ*、ベオグラード*においてさえ売られている。そして国内で最高位のジェントルマンが買い、仮に買わなければお金が不足しているからであって、欲しくないためではない。

ドイツ帝国と北方の国々から地中海沿岸に目を転じていただきたい。わたしはトルコ宮廷についてのべたが、そこでは高官《バーサ》と大官《アーガ》や裁判長《カーデレスカ》やトルコ皇帝《グランド・セーニョ》が、礼服でさえイギリスの織物を身にまとっているのが見られる。

イタリアに移ってもらうと、ここでも同じことで、メッシーナの大定期市がその否定できない証拠である。この市ではいつでも、わがイギリス毛織物は一〇万ポンドほどの少額の商いはめったになく、混毛織物、ドロイ、サガスィ(80)、キャムレットといった製品やその他のあらゆる種類の男性用の織物や上質黒ラシャがある。そして加工した絹織物が大量にあってじつに安価であるけれども、イタリア人は概してイギリスの織物とか薄い織物を、聖職者は黒いベーズを身にまとい、修道女は上等なセイやロング・エルでベールをかけ、気高いベネチア人でさえ最高の服装にはわが国の上等な織物を用いている、といった光景が見られる。

ローマでも同じである。外国の君主や大使、イタリアの君主自身も、ミラノ、トリノ、ナポリで、ローマにおいてさえ、わが毛織物を身に帯びる。まったく同じなのだ。フランスについてはすでに触れたし、スペイン人やポルトガル人について言う必要はほとんどない。

このように一つの製品が、これほどあまねく受け入れられているとか、全キリスト教世界に気に入られた衣服であることを誇るなど、いったいどこにあるだろうか？　仮にわれわれが、ポルトガル人の繁栄する植民地ブラジルかアメリカに行くとした場合(81)、現地の酷暑にもかかわらず着用され、消費されるイギリスの製品を売ると、一年につき何十万モイドール稼ぐだろうか？　世界でもっとも贅沢な、金遣いの荒い、気前のよい都市であり国家であるメキシコでも同じである。この世でもっとも尊大なメキシコ国民の最高の自負は、イギリスの織物で身を包むことであり、上等なキャムレットや深紅色なり緋色のその他の織物を使ったチョッキやズボン、とりわけわがエセックス・ベーズの外套を手に入れることだ。

各国のいちばん富裕な首都であるカルタヘナ*、パナマ*、リマ*、サンティアゴ*でも同じである。そのうちいくつかの都市は赤道から一〇度以内のところに位置し、暑熱が我慢できないほどである。わたしがこんなことを言うのは、わが国の製品があらゆる国々、地帯、人間、身分にいかによく適合しているかをのべるためだ。極寒地帯のラップランド人*、スウェーデン人、ロシア人には薄すぎず、灼熱地帯のアメリカ人、ペルー人、ブラジル人には厚すぎず、またドイツ人には軽すぎず、イタリア人には重すぎない。

価格においても同じである。貴族には、いや世界中の国王や皇帝には安すぎず、市民や商人には、いや田舎者や小農には高すぎず、男性方には派手すぎず、婦人方には地味すぎない。われわれみなが分かっていることは、イギリスの製品は貧乏人であれ金持ちであれ、最高位の君主であれもっとも世間に背を向けた隠遁者であれ、あまねく着用されていることだ。ヨーロッパ、アジア、アフリカ、アメリカのあらゆる国々において、大多数の国民の最高の衣服である。そうではない唯一の地方は東インドと呼ばれるアジアの一地域であるが、そこには現地の製品が無数にあり、イギリス人が貿易をした時間が短かったために、まだ成果をあげていない。けれども、わが製品が中国で、それにまたムガール人の宮廷で、歓迎され始めたのをわれわれは知っている。それに東インドでヨーロッパ人の数が増すに従い、イギリスの製品もまた普及するだろうと信じる余地はある。喜望峰を越えたところにあるマリンディや、その他のアフリカ東海岸のポルトガルの植民地では赤道から五度以内であるにもかかわらず、原住民に衣服を着るようにさせた。ポルトガル人の手によって原住民のもとに運ばれたイギリスの製品が、原住民にもいっしょに暮らすポルトガル人にも、あまねく着用されるに至っている。

全世界の人々が証人である以上の事実ほど明白なことが、いったいあるだろうか？　またわが国の毛織物製造の規模につき、いったいこれほど明白な証拠があるだろうか？　それについてはこれ以上言う必要がないと思う。

だから、いくつかの国々が自国民を毛織物の製造に取り組ませるように努力をするのは、不思議だろうか？　いったいその他に何が期待できるだろうか？　それもまた毛織物の本質的な価値と有用性とを、さらに立証する。

第一に、そういう国々は毛織物なしですますことができないように思える。

第二に、毛織物はイギリス以外のどこでも得られないようである。

一、そういう国々は毛織物なしですますことができない。何か他の品物がその代わりをするというのであれば、リネン製品がドイツ人の、絹織物がイタリア人の、身を包むというのであれば、自国産なら何でもかまわないというのであれば、インドの絹織物やキャラコの場合のようになぜわが国の毛織物を禁止しないのだろうか？　全面的に、という意味である。ちょうどスペイン人がこのうえなく馬鹿げたことに、国民が室内で着るものが何もないにもかかわらず、数カ月前に行なったのと同じようにだ。そのためまさにスペインの女性たちは政府をあざ笑い、どこで衣服を買ったらよいかと夫たちにたずねたのである。

なるほど、わが国の製品をいくつか禁止した君主もいる。すなわち、自国の羊毛を用い、国民を働かせてできるような、特定の種類の製品をである。しかし東インドを除くこの世界において、まったくわが毛織物なしですまそうとか、あるいは本当になしですませられるような君主なり国民、王国なり帝国が、どこにあるだろうか？

二、毛織物製品をイギリス以外のどこの国も供給しえないことは、前出と同じように明らかである。それもそのはずで、どこに供給できるような国があり、また、なぜその国民がイギリスのように富裕で、贅沢で、陸海において強力ではないのだろうか？

どこに供給できる国があるだろうか？　わたしが右で立証したように、もしもわが毛織物と同等の製品を持っているか、持つことができる国、あるいはわれわれイギリス人から買わない国――こういう国が存在しないとすれば、近隣国に供給できる国がなくなるではないか？

だが、われわれイギリス人の利得や利益を羨み、この（われわれには幸運な）商品に費やされる莫大な金額を、国内に止めておくように用心したい諸国がなぜ、わが国の特定の種類の商品ではなく、およそあらゆる毛織物商品の全面的な禁止令、しかもすべての地方における禁止令を、発布しないのだろうか？

自分で自分が着るものを考え出せないなんて、ありうることだろうか？　イタリアやスペインの人間は、厚い絹織物やビロードや丈夫なポードソア(82)で身を包めないものだろうか？　また北方において、ポーランド人、ロシア人、スウェーデン人、デンマーク人、プロイセン人、ザクセン人は、たとえば黒貂《てん》の毛皮や白貂の毛皮、ビーバーやカワウソや黒狐の皮（白貂の毛皮よりも高価である）のような、贅沢な毛皮や獣の皮を着こなせないものだろうか？

思うに、リネン製品と絹製品のたいへんなつくり手であり、ロシア人が供給できるだけの毛皮をどっさりもっているという強みを持つ、ドイツ人やイタリア人は、毛皮をある形状に改めたりある格好に変えたりして衣服不足を補えば、外国の製品を買うために自分たちや自国を貧しくしなくてもよいかもしれない。崇敬すべき荘重な黒貂の毛皮や、王にふさわしい白貂の毛皮の飾りは、彼らの虚栄心を満たすのに役立ち、みなからあの地方自治体の大立物のように上級議員と呼ばれるかもしれない。そして好きなだけ華美に毛皮や狐の皮で身を包めるかもしれず、たとえ外側は地味でも内側はすばらしく贅沢だろうし、気候のせいで衣服の暖かさを受け入れるだろう。

けれども、このようなことは不可能なのだ。そんなことでは事足りないであろう。イギリスの申し分のない上質黒ラシャ、美しいキャムレット、混毛織物、サージなど以外はいかなるものも、衣服の用をまったくなしえないのである。なんとしても彼らは手に入れなければならず、イギリスでなければ彼らに供給することができない。彼らの国が暑くても寒くても、炎熱でも厳寒でも、同じことであり、赤道に近かろうが極地に近かろうが、イギリスの毛織物製品をみな身にまとうのである。あるところでは北極熊の凍るような息をさえぎって暖かく包み、またあるところでは日覆いになり、垂直な日光の焼けつくほど熱い光線から守って涼しくしてくれる。

イギリスの毛織物製品はたいへんな規模にまで達し、いまや、世界中の人々に衣服をあてがっていると言えるかもしれない。それを用いないのは世界で三種類の人々だけである。

第一に、インド人のように、自国の製品であるキャラコと絹の衣服しか着ない人たち。

第二に、暑い国に住んでいるので衣服をまったく着ない人たち。

第三に、たいへん貧しく卑しいのでそういう製品を買うことができない人たち。

第六章　イギリスの通商の規模の大きさについて。国内の産物と製品の消費だけでなく、輸入商品の消費とも関連して

わが国の製品やその他の輸出品はこのように多量で、また産物であれ製品であれ、わが国のものの消費と輸出は規模の大きさの点でたいへんな驚異であり、したがって世界のあらゆる地域に広く行きわたっている。わが国の輸入品もそれに劣らず驚異的である。また輸入品を商品として再輸出するのはもちろんのこと、われわれも大量に消費もするので、なおさらである。

輸入品を扱うオランダ人の貿易もまた大規模で、イギリスの輸入量より多いと言えるかもしれない、ということは認めなければならない。そして次のことを考えれば、多くの点でイギリスを凌いでいるのは確かである。オランダの東方地域船団、グリーンランド船団、東インド船団、フランス・ワイン船団、鰊船団、トルコや地中海沿岸へのその他あらゆる部門の貿易、そしてとりわけ、毛織物製品や砂糖や煙草や加工されたその他の植民地の産品、鉛や錫や鉄や真鍮、薬種や染料や麦など、イギリスからオランダ人が輸入するもの、等々。

だが一方、オランダ人は実際にあるがままの姿で、世界の輸送業者、貿易の仲介人、ヨーロッパの仲買人であり周旋人として理解されなければならない。つまり前述したように、彼らはふたたび売るために買い、発送するために積み込むのである。膨大な通商の大半は、ふたたび全世界に供給できるよう、世界各

地から供給を受けることに特質がある。このようにしてある国々には麦を、ある国々には船とか船のための備品を、ある国々には武器やあらゆる種類の弾薬を——たとえば、火薬、弾丸、砲弾、鉛、鉄、銅、大砲、臼砲、など——、ある国々には魚を、ある国々には毛織物を供給するのである。にもかかわらず自国には、麦も、麻も、タールも、材木も、鉛も、鉄も、武器も、弾薬も、毛織物も、国産の魚もない。つまり、航海者や船乗りとして持って来たり、見つけ出したり、運んだりはしているが、自国の自然の産物とか労働生産物はないのである。

またオランダでは、舶来品の国内消費も、麦と毛織物を除いては多くはない。人口は住んでいる国土に比して多いが、外国と比較すれば少ない。生活様式は控え目で、度を越すことはほとんどなく平凡であり、見栄とか華美はたいへん評価が低い。

だが、イギリスは国土が広く、人口稠密で、天然資源に富み、肥沃である。その生活様式は気前がよく、贅沢で、虚栄心が強く、濫費とさえ言えるほどの費用がかかる。国民の気質は陽気で、見栄を張り、荒々しく、度を越していて、犯罪的と言えそうなときもあり、その傾向はすべてにおいて非常に強まりつつある。

その結果として、食べるためであれ飲むためであれ、趣味のためであれ流行のためであれ、あらゆる種類の外国産物の膨大な輸入が生じ、しかもこれが世界のどんな地方も匹敵できないほどおびただしいのだ。この事実は、非難するためではなく問題を説明する意図でのべたのだが、非難のようにも聞こえる。だが問題を明確化するために、少し詳細にわたって説明しなければならない。

わたしは確かな筋から次のことを聞いているが、正しいものと堅く信じている。すなわち、ワインを生産していないヨーロッパのすべての海洋国を合わせても、イギリスの臣民のように大量のワインは輸入していない。というのも、われわれイギリス人には自国産ワインは一滴もないからだ、と。しかし、国内で醸造され蒸留された麦芽酒、麦芽蒸留酒、糖蜜蒸留酒がすでに大量に消費され、またシードル(83)、ペリー*、ミード*、ラム*、その他の蒸留酒が多量にあるにもかかわらずなのである。ワインはまったく贅沢に多量に飲まれ、それも、国内の醸造酒への物品税だけでなく、ワインの輸入にたいするきわめて不当な課税をものともしない。

ブランデーも含めあらゆる種類のワインの輸入は、適正な年間基準にもとづいてしばしば算定されてきたが、最近の統計では一七二一年に、年間六万樽ないし三万トンであった。

だが、わたしの理解にもとづき、補足として以下の点をつけ加えさせていただきたい。

一、この合計は、スコットランドとアイルランドとマン島*に輸入されるワインとブランデーを除外している。また、わが国の植民地に輸入されるすべてのマデイラ・ワイン(84)とカナリー・ワイン*のうち、マデイラ・ワインは少なくとも年間一〇〇〇トンあり、またスコットランドとアイルランドなどに輸入されるワインは、さらに三〇〇〇トンを下るはずがなく、総量で四万トンになる。

二、右の合計は、イギリス、スコットランド、アイルランドの三つの王国全体において、密輸業者が海岸から密輸するすべてのフランス・ワインとブランデーを除外している。とりわけスコットランドとアイルランドでは密輸がひどく、（とくにブランデーの）正規の税金の六分の一も払っていないと信じるに足る理由がわたしにはある。

三、右の合計は、西インド諸島植民地で蒸留され、アメリカ大陸はもちろん西インド諸島の植民地で消費される、すべてのラムを除外している。

これらはみな輸入品と呼ばれるべきであり、その総計は並はずれて大きい。われわれは贅沢でお金のかかる国民だと言うわたしの主張を厳しいと思う人は、現在、国王陛下の領地におけるワインと蒸留酒の年間消費高を計算し、それからわたしが国民を正当に評価しているかいないかを、公正に判断していただきたい。

仮にワインが国民の日常の飲料であるとか、強いビールやエール[85]が英気を養うのに必要な食中酒であるならば、事情はまったく違っているだろう。しかし、ワインが日常の飲料であるにしても、飲むときは水で割るだろう。たとえばスペイン、イタリア、フランスといったワインの生産国ではふつうこうやって飲み、水で割らずに飲むことはめったになく、飲みすぎることもあまりない。

注　フランスやスペインにおいて、水で割ったワインは、まったく食事に必要な日常の飲み物である。しかし、もしも気分を浮き立たせるとか奮い立たせるために何かを飲むならブランデーだが、飲みすぎることはほとんどない。それに反してここイギリスでは、ブランデーもワインもすべてが、それにたとえばスタウト*、パンチ*、強いビール、精製エール、などといったわが国の強い合成飲料すべてが、みな度を越して飲まれ、しかも健康にも道徳にも害になるほどであり、体にも節操にも理解力にさえも致命的になるほどだ。だから毎日、強壮な肉体の持ち主が酒を飲みすぎて死ぬ例や、さらに悪いことに、有能な頭脳と優秀な判断力の持ち主が酒を飲みすぎて白痴や愚鈍になる例を、われわれは目にする。だがそれは余談である。貿易が主題なのでその議論に戻ろう。ワインやこうしたあらゆる強い酒類は、われわれの飲む物ではなく、度を越えたものであり、つまり必要な飲料ではなく、贅沢な飲料である。

他方、わが国の健康的で有益で必要なアルコール飲料であり、家庭向けにつくられ、そういうものとしてわが国民の節度ある階層が利用している食卓ビールは、前述の合計から除外されている。それにわれわれが飲むすべてのワインは、大樽一杯あっても水はまったく混ぜられてはいない。

ここでわが国の風刺を始めようとか、社会一般の悪徳を中傷してみようというのではない。わが貿易の計り知れない規模が主題なのだ。しかし、わが国の悪徳は貿易への利害関係と不運にもまぜこぜになっているので、ある亡くなった著者がその問題についてうまく描写しているように、「わが国の奢侈は通商上の美徳になっている」*し、わが国の贅沢は貿易の生命であり精髄である。

わが国の製品の量を、製造に費やされる羊毛の量から判断しようとしたように、大ブリテン島とアイルランドで消費される麦芽の量から、われわれイギリス人のアルコール消費量も、いくらか推測できるかもしれない。麦芽はアルコール飲料の材料であるからだ。

わたしはここで、長たらしい説明を跡づけるためにおびただしい数字を並べる気はなく、大ざっぱに一目で分かるようにしたい。製造された麦芽の量から醸造された飲料の量をはじきだし、それを物品税ないしは一般に麦芽税と呼ばれる課税を土台にして考えると、外国に輸出されるものを除き、毎年、国王陛下の領土では四〇〇〇万ブッシェルの麦芽が醸造または蒸留されていると、主張したい。

この数字から、弱いビール、つまり食卓ビールとして毎年家庭で消費される量を、差し引く作業だけが残っている。そこで仮に四分の一をわたしの言う必要なビール——弱い食卓ビールだが、思うにあまりにも多量にある——として除いたにしても、まだ三〇〇〇万ブッシェルが強いビールの醸造用に残るだろう。そしてその多くが奢侈と贅沢であり、同じく悪徳と放縦であることは認めなければならない。

これをふたたび飲料に還元し、三ブッシェルの麦芽が強いビール一樽に相当するとすれば、この節度ある国民が一年間に国内で消費する強いビールは、一〇〇〇万樽をくだらないことになる。

いささかなりとも重要で、よく見かけるこの計算の唯一の例外は、麦芽のうちいくらかが蒸留されて蒸留酒になるという点である。そしてもしも一年につき二〇万クォーター、つまり一六〇万ブッシェルが蒸留酒に使われていると仮定すると、答えはこうなるだろう。第一に、この麦芽はいちばん粗悪で、たとえ醸造されてもよいビールができるような種類のものではなく、しかもその多くは醸造にまったく適していない。それにしても第二に、これをわれわれの節制のために活用するとか、前述のような奢侈から切り離して考えるなどということはできない。概してもっと粗悪なアルコール飲料になるように醸造され、もっと悪質な用途に利用されるからであるが、この話は現在のわたしの関心事でもないし、また（できるものなら）完全に忘れてしまった方がよいだろう。(86)

国王の領土におけるこうしたアルコール飲料の消費が一括して計算され、通貨で合計されるとすれば、どれほど膨大な金額になるだろうか？　またわが国の大規模な貿易において、どれほどの割合になるだろうか？

一、ワインとブランデーをいっしょに取り上げ、消費量は合法的に輸入されるものだけだと仮定し、密輸やその他の不正行為によって内密に陸揚げされるはるかに多くの量は、数えないことにしよう。合法的に輸入されるワインとブランデーは四万トンに達するものの、植民地で消費されるラムはじつに多量だが含まれていない。

これを一パイント入りポットに詰めて売ってみよう。小売商人のところに持っていき、こういう具合にしよう。まず、あらゆる種類のワインとブランデーの値段であるが、少なくとも消費者には一クォートにつき二シリングで売る。だがフランス・ワイン、カナリー・ワイン、ライン・ワイン、シェリーはみな二シリング以上をつけ、小売りのブランデーは概してその二倍の値段で売る。一クォート二シリングで買うと一ガロンで八シリングになるが、いつもの通り澱と漏れについては目をつぶってもらう。けれども、イギリスの領土における輸入アルコール飲料の消費は、なんという莫大な総額に達することか！

二五二ガロンが一トンなので、一ガロン八シリング（小売り価格）だと、一トンで一〇〇ポンド一六シリングになる。しかし、澱と漏れのために一トンごとに一二ガロンを差し引くと、一トンのワインは正味二四〇ガロンしかなく、一ガロン八シリングだと仮定すれば、一トンで九六ポンドになる。

一トン九六ポンドで毎年輸入されるワインとブランデーは、三八四万ポンドになる。

40,000 トン	
96	
240,000	
360,000	
3,840,000 ポンド	

注　ワイン商人たちが目減りについて効果的な対策を講じているので、澱と漏れのために減税の必要はまったくない。もしも目減りがなければ、一年につきちょうど英貨四〇〇万ポンドに達する。その他に実際上こっそりと輸入された、つまり、密貿易、密輸入などによるあらゆるワインとブランデーがある。

合法的な輸入にもとづいて、またわれわれの言い方によれば、イギリス王国の領土におけるワインとブランデーの公然たる既知の消費にもとづいて、ここまでは算出できる。しかし、ブランデーが、すなわちイギリスのあらゆる海岸やスコットランドとアイルランドの全域で、フランス産と知られているブランデーが、いかに当たりまえで豊富であるか、またどんなに用いられているか、わたしと同じように知っている人々がいる。ほんの数年前に五〇〇〇トンのブランデーが、一年間でフランスからジャージー島[87]とガーンジー島*に持ち込まれたという話を、聞いている人々がいる。過去何年間かたえずマン島に運ばれて管理され（管理と呼ばれているようだ）、おかげで島全体を驚くほどはっきりと富ますことになった、莫大な量のワインとブランデーについていくらかでも知っている人々がいる。つまり、以上のような事柄についてなんらかの洞察をしていた人々なら、前述の計算に少なくとも二五パーセント多いワインとブランデーを見込んでも、理に合わないとは思わないだろう。

だが、以下に触れるだけで十分だ。右の指摘が、すなわち、ワインを輸入しなくてすむ全ヨーロッパの国々が所有する量よりも多くのワインをイギリスの領土では輸入するという指摘が、まことに正しそうだということを、容易に認めていただけるものと信じる。

ヨーロッパで、貿易の規模に応じて、われわれイギリス人よりもブランデーを多く輸入している国があるのは、本当かもしれない。しかしそれはただ、わが国の麦芽蒸留酒の消費を促進するために、外国のブランデーに重い課税をかけたから、許されることなのである。

二、わが国民の強いビールとエールの消費量はすでに見積もったので、次にここではその金額を計算してもよいだろう。そして（個人的な用途だけでなく販売のためにも）消費される麦芽の全体量から、あるいはまた物品税の割合から、算出するのはむずかしくはないだろう。だが総額はたいへん大きいので読者を驚かすだろう。

なるほど、ジェントルマンの家庭で個人的な用途のために醸造されるビールやエールは、物品税がかからないため、販売目的で醸造されるビールほど費用がかからない。だが一方、仮に自分のために醸造する消費者が払う代金にもとづき、小売りされるビールとエールの見積もりを下げるものとしよう――これはいまわれわれが続けている見積もり方であり、貿易を土台に費用の大きさを吟味しようとするとき、正しい方法なのである。だから、つまり、仮に個々の家庭で消費される量と均衡を保って、小売りされるビールとエールの小売価格を下げるものとしよう――それは思うに非常にはっきりした二者の違いを廃することになる。そうすれば、こうした均等にもとづき、麦芽三ブッシェルにつき二〇シリングとして、イギリスで消費される強いビールとエールのすべてを見積もると、小売価格を結論に導くことができるかもしれない。この計算方法になにか反論があっても、容易に論破できるだろう。だが仮に論破できなければ、減税でおそらく埋め合わせができるだろう。というのも、たとえばこの計算によると、仮に四分の一を差し引いたにしても、強い酒の消費は一年につき英貨一〇〇〇万ポンドに達するからだ。それは莫大でほとんど信じられないほどの金額であり、世界の他の国では単品に費やすことのできない金額である。

さて、この問題を少し別の方法で吟味するために、権限が認められている人に物品税の帳簿を合計してもらい、強いビールにたいする物品税が、イギリスとアイルランドでいくらになるかを教えてもらおう。そうすればなんらかの概算ができるかもしれない。

そこでたとえば、税金が徴収されたと仮定しよう。というのもこの計算では、徴収、事務所の設立、附随事項などにかかる費用を合計したり差し引いたりするのではなく、醸造者からどれだけの金額が徴収されるかを問題にしようとしているからだ。つまり、イギリスや、スコットランドや、アイルランドや、物品税が支払われるべき国王陛下のあらゆる領土で、この金額が一年につき八〇万ポンドに達するものと考えてほしい。さらに増えるとわたしは疑わない。だが口やかましい詮索好きに、必要に応じてこの計算に公正に対処してもらおう。この計算では正しくないという理由ができるまでは、おそらく合計はこうなるだろうとのべる十分な根拠がわたしにはある。

だから、強いビール一樽につき物品税四シリング九ペンスで、年間八〇万ポンド徴税するとすれば、ビールは一樽二〇シリングで小売商人に売り渡されるから、当然売り値はその四倍以上になる。このような机上の概算においては、一樽につき三ペンスの端数を計算する必要がない。そうすれば総額が増えるだろうくらいは読者にもはっきりと分かるかもしれないが、わたしは現状のままに止めておきたい。

したがって、小売商人に売り渡されるビールは、一年で三二〇万ポンドというところに落ち着く。

これに、個々の家庭用に醸造される強いビールの金額を加えてほしい。家庭用でないビールと同じ金額だと前述のように思うけれど、（家庭用のビールの金額は消費者にではなく小売商人に過小評価されているという不利な立場にあるので）揚げ足取りを避けるために三二〇万ポンドの半分だと言っておこう。だから、わが国の領土における強いビールの金額は、一年につき四九〇万ポンド(88)にはね上がる。

わたしは以上のような概算を、麦芽の生産量と醸造量とをもっと厳密に比較することにより、裏づけようと思えばできるだろう。だが、ここでは必要でなく、正確で綿密な検討と仮説ふうの大ざっぱな概算には明白な相違があり、いまわたしの前にあるのは後者である。しかし、十分にわたしは次の計算で納得しているのだが、仮に総額で英貨一二〇〇万ポンドと見込み、そしてそれが実際の総額よりもずっと少ない見積もりだったにしても、この概算はまったく議論の目的に適うほど利点が大きい。たとえば、もしも提案された原則に従い、国民が消費する強いアルコール飲料の金額を計算し、（その目的で）ワインの場合と同じく、消費者にかかる費用によって見積もるべきものとすれば、次のようになるだろう。飲食店主が小売りする強いビール一樽は、一クォート入り瓶で三六ガロン分の一四四瓶に分けられる。これが一瓶三ペンスで売られると（一般的な値段は目下四ペンスだが）、一樽当たり三六シリングであり、その他に飲食店主が多くの場合に一パイント売りで二ペンスに水増しをし、半パイント売りで量目不足による儲けがある。

注　右のようなやり方は、駐屯地で酒を売る従軍商人などや、大きな宿屋でワイン貯蔵室と酒場を受け持つ給仕人の場合に明らかである。彼らはそこで出す酒について、酒場の親方や主人のために一樽当たり三〇ないし三五シリング、ある場合には四〇シリングをしばしば見込んでいる。だからこのような場合、もしもあらゆる強いビールを、一樽当たりほんの二〇シリングの値段で計算しておけば見込んだような売り値に操作でき、それは客が支払う金額の半分よりもあまり多くなりえないから、他の点でどんな不服が出ようともすべてに対処できるだろう。

以上から、わたしがあえて次のように言っても、やり込められる危険はまったくないのである。つまり、国王陛下の領土において、弱いビールを除く以下のあらゆるアルコール飲料で、一年に優に八〇〇万ポンドもの金額が——消費者が小売商人に支払う価格で計算し、また個人的な用途のために醸造される強いビールを含む——費やされる、と。

この計算に含まれるアルコール飲料は次のとおりである。

ワイン各種 ブランデー	輸入
強いビール、あらゆる シードルとペリー	国内で醸造
麦芽と糖蜜の蒸留酒 シードルの蒸留酒	国内で蒸留
砂糖から蒸留されたラム ビールとエールの醸造	プランテーションで

プランテーションはイギリスの一部なのでつねに貿易の計算に入れていて、その他の場合といっしょに合計される。プランテーションの生産物がわれわれのものと見なされるのと同じく、消費もそう見なされるべきだし、適正な計算はみなそう見なす。またこのため、プランテーションから運んだものは、外国か

らの輸入品ではなく国内の生産物と判断される。
外国商品の輸入において次に注目すべきなのはリネン製品であり、これがイギリスと、すなわちイギリス本国での消費とアメリカのイギリス植民地での消費に、ことのほか関係していることを認めなければならない。

この消費についてはまったく、驚異だと言えるかもしれない。そしてイギリス国内、とくにランカシア、チェシア(89)、ヨークシア、その他の四州に分けられるイギリス北部では、じつに多くのリネン製品が製造されており、ランカシアのある市場では、ハッカバック*だけで一週間に五〇〇ポンド分が売れるという。けれども、この程度ではほとんど言及の価値がなく、この種のリネン製品はロンドンではまず見られない。だがイギリスは、リネン製品や、亜麻糸や、これまたリネン製のレースで、全紡績界をいわば荒らしている。

いかにも、おもなリネン輸入品は近隣国産である。だが、イギリスにおけるリネン製品の並はずれた消費はたいへんなもので、まるで全世界が全力を挙げてもわれわれに供給できないかのように思える。しかもこれは、北方の国々からのより地の粗い種類のリネン製品についてだけでなく、目の細かいリネン製品でも、オランダ布*や、亜麻布などいちばん上等なものにたいする需要もじつに大きい。その例として、そのような貿易に長い間携わったある人物が、イギリスだけでそんなに多くの目の細かいリネン製品を身につけ、消費するというのは確かに本当なのだとのべている。それどころか、目の細かいリネン製品が主として製造されるフランス王国、オーストリア領ネーデルランド、ユトレヒト同盟諸州を全部合わせたよりも、イギリスには「いちばん上等のリネン製品がある」のだと言う。

これが文字どおり正しいかどうかという詮索を、批判的に始める必要はない。だが税関の記録を覗き、並はずれた量のリネン製品が目の細かいのも粗いのも、あらゆる地方からイギリスに輸入されているのを帳簿で目にすると、本当に驚きである。例をあげよう。

ペテルブルグやナルバ[90]、レベル*、リガなどから来る、ロシア・リネンと正式に呼ばれる目の粗いリネン製品、ダンチヒ、ケーニヒスベルク、シュテティーン、シュトラールズントなどからの粗布やポーランドのリネン製品、シュレジエンやラウジッツ*やザクセンからハンブルクを経由して来る、菱形地紋の布やダマスク*やローン*、またエルベ川沿いの国々の製品のような、中位の目の細かさを備えた多数の種類を含めた、これまたハンブルクから輸入される、その他のドイツのリネン製品。

注　ハンブルクから輸入されるドイツのリネン製品はまったく計算できないほど多く、一年に英貨何十万ポンドにも、二〇〇万ポンド強までにも、達すると考えられる。

ヘシアンクロース*、オスナブルグ*、ヒンダーランド*、その他ブレーメンやエムデンからの数種類といった、より目の粗いリネン製品、ウェストファーレン*全体の製品、オスナブリュック*、ハノーファー*、リューネブルクのような地域の製品。

婦人のスリップやシーツやそうした粋な用途のためのもので、あらゆる値段と種類があり、一エル*当たり一シリングから一二シリングの目の細かいオランダ布。それからまた、すべてオランダから輸入されるズックという最上の帆布。

一般に一エル当たり二シリングから四シリング六ペンスとか五シリングの、ブリュージュ*やヘントから来る数種類の目の細かなヘント・オランダ布。

リール、ブリュッセル、バランシエンヌ*、メヘレン*、高地フランドル全域、征服地域《ペイ・コンキ》からの、目の細かい亜麻布やレース。亜麻布はたいへん貿易が進んでいるので、イギリスとアイルランドはいま現在、亜麻布だけで一年に英貨二〇万ポンド以上も費やすと言われている。流通量が非常に増えたのは、綿モスリン*が流行しなくなっているせいだ。

フランスから輸入されるダウラス*、ロックラム*、ビトレ*粗布。輸入量はかつて莫大で、一年に一〇〇隻分を下らなかったが、いまは高い関税にもかかわらずまた増えている。輸入されるのはモルレ*からと、その他ノルマンディーやブルターニュのいくつかの貿易港からである。

以上すべての他にアイルランドとスコットランドのリネン製品があり、とくにその輸入が奨励されてから、プリントを施したおかげで輸入量がじつに増え、アイルランドのリネン製品の輸入は一年で少なくとも二〇〇万ヤードにまで達し、いまなおたいへん増加しつつある。また需要がとてもあるので、もしも船がほんのちょっとの風で欠航すれば、市内でアイルランドのリネン製品が一ヤードも手に入らないこともよくある。

われわれがリネン製品を求めて世界をいわば荒らしていないかどうか、われわれが世界のどんな国よりもリネン製品を輸入しているとのべるのは言いすぎなのかどうか、どなたか判断していただきたい。

いかにも、大量のあらゆる種類のリネン製品が、このイギリスからふたたび送り出されているのは事実だ。だが、それにはこう答えられる。それは全部ではないにせよ、主としてアメリカのわが植民地向けであり、前に言ったように、すべて自国民が消費するので、われわれの消費と見なされるのは正しいのだ、と。

確かに、以上すべての場所から大ブリテン島とアイルランドに輸入される、リネン製品の量も見積もるのは不可能である。というのも、スコットランドないしアイルランドでは多量のリネン製品が製造されるにもかかわらず、両地域に輸入される目の細かいオランダ布、亜麻布、その他の種類のものがまだ多量にあるからだ。つまり、金額を概算することができない。しかし、このように貿易のいくつかの部門にわたってのべた後で、次のような一般原則としてまとめたい。すなわち、イギリスを除くヨーロッパのどの国の、またはすべての国を合わせた輸入量よりも、積荷の点であれ金額の点であれ、ずっと多くのリネン製品が他国からイギリスの領土に輸入されている、と。

わたしはヨーロッパのあらゆる王国や州を名前をあげて概説し、各地の特殊事情を踏まえながら、右の一般原則を立証することもできるだろう。ドイツ全帝国、イタリア、フランス、フランドル、オランダを通じて、それらすべての王国や州は、ある量の少ない特殊な種類のものを除いてみずから使うリネン製品をつくるか、または消費する以上の製品をつくって外国に輸出するかしていることは、確かである。

ポーランド、ロシア、プロイセン、ポメラニア[91]などのように、生産するリネン製品が粗悪な国々では、イギリスに比べて非常に少量のリネン製品を使うか、あるいは自国製のずっと劣った質や種類のもので間に合わせるか、そのいずれかであることもまた確かである。またこの国々では宮廷や君主を除き、外国の品をあまり求めない。

これを立証するために、とくにドイツ帝国の北部一帯における周知の例をあげることができる。この地域はオランダからもフランスからもフランドルからもなんら買わないのに、まったく困っていないのは明らかである。それどころか、ジェントリーや、君主や貴族でさえも、目の細かいリネン製品、少なくとも自国産のうちいちばん上等な製品を供給されている。自国産とはつまり、シュレジエンや、ラウジッツ、ボヘミア*、モラビア*といった地方や、隣接地域からのものである。だから、その地方全体では、自分たちの消費量よりも余計にリネン製品をつくっていると言えるかもしれない。

またこの点に関して、次の二項目に見出される証拠ほど好都合なものを望むことはできない。

一、前に言ったように、われわれはそういう地域から目の細かいローンのように上等なリネン製品を大量に輸入しており、質はフランドルで製造される一部の亜麻布や目の細かい菱形地紋の布やダマスクと互角である。また、このような遠方のわれわれにそういった製品を供給する地方は、みずからにも供給することができるということも疑いない。みずからというのは、領土全体で同じ君主を戴き、同じ言葉を話し、お互いに隣接し合っている右のドイツ地方全体のことを言っているのである。

二、イギリスに輸入され、たいへん高い値段で売られている、あの目の細かいオランダ布を製造するオランダ人自身は、材料のいちばん上等の紡ぎ糸をまさしく前述の地方から買う。そしてオランダ人にそういう上等の紡ぎ糸を供給するシュレジエン人が、みずからと周辺の地方に、なかなか手に入らないほど上等な種類のリネン製品をすべて供給できることは疑いようもない。

以上の例で十分であり、これら北方の国々はすべて、みずからの用途に十分なほどリネン製品を自給しているということを立証するため、わたしはこの例を持ち出している。大ブリテンを除き、いやイギリスを除きいかなる国も、外国から大量のリネン製品を買って輸入してはいない。けれども同時に、ヨーロッパのどんな国民もイギリス人のごとく、こんなに多量のリネン製品を身につけて消費していないし、量が同じだとしても品質はこんなに上等ではない。

なるほど、スペインとポルトガルは、自国製のものがほとんどないので多量にリネン製品を輸入する。だが、イギリスと比較すれば言うに値しないし、それにスペイン人は、衣服がいつも同じであることから推測できるように、衣服の量でイギリス人の比ではない。だから、その方面に関してはこれ以上言う必要がない。

ナポリからトリノ、ローマ、ベネチアまでのイタリア各地方については、イギリス人のような使い方をしないいだけでなく、製品は地元でつくる（とくにベネチア人）。

非常に長い間もっとも目の細かなレースをつくることで有名であり、したがっていちばん細い糸のストックがたくさんあるに違いないベネチア人が、このうえなく繊細なリネン製品をもたないなんて想像もできない。ベネチア人は欲しいと思わず、逆に多島海の島々や、他の地方のギリシア人――綿は豊富だが、亜麻はほとんどあるいはまったくない――向けに輸出していることが知られている。

かくして、リネン製品を身にまとう地域全体の説明はし終えただろうと思う。つまり、イタリアとスペインを除くあらゆるところでは、イギリスに比べてリネン製品を身につけることがずっと少ないか、あるいはイギリスよりもリネン製品を多く製造し、またそういう国々の大部分においては、自分で使うには十分な量を製造するということだ。この要約では、いくつか例外があるかもしれない。すなわち、スウェーデン、ノルウェー、デンマークでは多量のリネン製品などまったくつくらず、ハンブルク市がイギリスにたいして行なっているように、リューベック市はスウェーデン向けに輸出を始めている。しかし、この反論は返答に値しない。事前に予防手段を講じてあるからだ。わたしは、他の国がまったくリネン製品を購入しないとか、自分でつくる製品以外は利用しないなどと言っているのでなく、各国を全部合わせても、イギリスとイギリス領土ほどの量を輸入していないとのべ、主張しているのである。

以上でリネン製品の問題は終わったが、次のことにも言及しなければならない。つまり、わが国は消費するリネン製品の量――前に言ったように計算できないほど多い――のほかに、国内で製造もできるよう、オランダやハンブルクやとくに最近ではロシアから、きわめて多量の亜麻糸を購入している。紡ぎ糸の多くは国産の布地に利用されるが、すでに言ったように、その布地をわが国民は、イギリスの北部地方で、またキッダーミンスター[92]、マンチェスターなどにあるリンゼイ・ウールゼイ*製造所で製造する。

また亜麻糸の輸入は、小規模で取る足りないなどということはない。ただし、製品と比較すればまったくそのとおりだ。だがみんなで、本国のリネン製品の消費は本当になんという貿易の驚異であるかを認めよう。その収支は、疑いの余地もなく、一年間で何百万ポンドにのぼる。

注　わたしは外国のリネン製品の貿易に関する説明で、トルコ人ならびに東欧や南欧のあらゆる国民を省略している。そうした人々はみな、リネン製品ではなく綿やキャラコを供給されており、リネン製品はほとんど用いていないというのがその答えである。

次いで主要な輸入品目は果物だと考える。たいへん多種類な小物から成るが、まとめてみるととても無視できないだけでなく、貿易上きわめて重要でもあるだろう。

おそらくわたしは、果物という語を使ったことに異論を唱えられるかもしれない。種類がとても多く、見たところ量も少ないからだ。しかし、商品であり、みなじつは野菜という部類の農産物なので、個々の品目でなく一つの一般的な項目に収めるのが妥当である。これに異存はなかろうと思う。詳細は次のとおりである。すなわち、

1、干しブドウ
2、すぐり
3、無花果
4、オレンジとレモン
5、アーモンド
6、油

これはみな油を除いて（にもかかわらず油もまた同じ項目に属する）、輸入する貿易商によりふつう果物と呼ばれている。そしてどれも、貿易の場合には次の特徴をもつ。つまり、これらの果物はヨーロッパのいかなる国においても、イギリスほどには消費されていない。

注　以下は数カ国から持ってこられるが、主として地中海からである。すなわち、

干しブドウ｛アリカンテ*、マラガ、リパリ*｝と、隣接するいくつかの小さな貿易港から。

すぐり｛ザキントス、ケファリニア*｝と、モレア半島のいくつかの小さな貿易港から。

無花果　アルガルベ*すなわちファロと、フィゲラス*と、バーバリから。

オレンジとレモン｛マラガ、セビリア*、リスボン、オポルト*｝と、ジェノバから多少。

アーモンド　バーバリ、スペインから。

油　リスボンとオポルト、ファロとフィゲラス、セビリアとカディス、リボルノとガリポリ*から。

7、コーヒー｛すべて紅海*のモカあるいはモーカから。アレクサンドリア経由か、喜望峰を回り長期にわたる航海によって。｝

8、茶　すべて中国あるいは中国経由で日本から。

9、ココア　ジャマイカ、カラカス沿岸、ホンジュラス湾*、西インド諸島におけるその他の地方から。

｛ナツメッグ*、クローブ*、メース*｝オランダ経由で東インドから。（たまたま）他のルートはない。

10、香辛料 { シナモン* セイロン島*から前と同じ乗組員によって。
　　胡椒 { マラバル* / スマトラ } からわが国の船によって。
　　オールスパイス　ヌエバエスパーニャ*から。

11、ピクルス、たとえば { ケーパー*。リボルノから。 / オリーブ、など。ルッカ*とセビリアから。

12、以上に加えてアンチョビー* { リボルノから。果物ではなく魚で、大西洋チョウザメ*を除いて唯一輸入している魚。ここに加えたのは、アンチョビーだけで一項目とするには十分でないため。

この果物に属する品目を一見した人は、取るに足りないと思ったり、オレンジやレモンや干しブドウやアーモンドなどはみなつまらないものだと、おそらく考えるだろう。

しかし、そういう人に以上の品物をみなよく調べさせ、それらを輸入の一項目に加えさせると、三つの事[93]実を認めなければならなくなろうが、その事実によってわれわれの当面の趣旨を理解してもらえるだろう。

一、果物は実際はささやかで重要性がほとんどないどころか、逆にとても注目すべきものであり、しかも多くの点で注目に値するのである。

二、ヨーロッパのどんな国民も、果物のいずれについてもイギリス人と同じくらいの量は輸入しておらず、ましてや果物全部となればなおさらのことである。

果物は次の点において、イギリスの通商の巨大さを見事に証明してくれる。すなわち、小口の貿易（と他のどこででも見なされるかもしれないし、また見なされるだろう）をなす一二品目は、われわれが多量に消費するのでたいへん重要になっているのである。総額を算出した人に納得させられたのだが、コーヒー、茶、チョコレートだけでも、オランダ人の香辛料の輸入額に等しいという。

　個々の品目はささやかだが、なんと多数の頑丈な船をたえず利用しているかということもまた、注目に値する。ピピナー船――帆走する商船のことで、小型船の小さな船団をなし、季節になればセビリアからオレンジを、マラガからレモンを持って来る――のほかに、干しブドウとすぐりの貿易だけでも、ザキントス島をも含むスペインとイタリアの沿岸から毎年、四〇隻ないし五〇隻の立派な船に荷を積むのである。

　ガリポリから油を運ぶ場合はさらに一四、五隻多く、したがって単品で輸入されない品目では、それに比例して船も増える。たとえば、コーヒーや茶、リボルノその他の貿易港からやって来るより小さいあらゆる種類の品物であって、個々には小さいが、いっしょに合わせると非常に大きな船荷となり、海運のもっとも重要な面を助長し促進する。

　かつてはとても取るに足りないと思われ、まったく知られていなかった、こうした品目の消費がお金に換算されると、総額でどれほどに達するかは驚きだろう。東インド貿易の三つの主要品目、茶、コーヒー、胡椒だけを合計するとしよう。いかにしばしば東インド船の船荷のなかに、一隻につき五〇万ポンドの重量の茶を、二隻がいっしょに入港するときには六、七〇万ポンドの重量の茶を、目にすることか。これが[94]小売商人に一ポンド当たり一〇～一六シリング以下で売られるとは考えられない。三〇〇～四〇〇タンのコーヒーを積んで帰国する船もよくある。胡椒は確かにもっと価格が安く、それほどイギリスで消費されないが、輸入量は多い。残った金額はチョコレートの分だ。すべてが贅沢品なのに、途方もない金額を使っているわけだ。

絹の輸入は、いまや並はずれて増大した国内消費の問題であり、次にあげた二点から本国にはかえって有益である。

一、絹はすべてわが国内で製品にされる。絹製品はかつてないほど増大したので、他の通商部門の衰退により失業に脅かされ始めたわが国貧困層から多数雇用している。

二、しかも絹が、わが貧困層の勤勉のおかげで国民にいまあの繊細な絹製品を供給しているから、とくに彼らの雇用に結びつくのである。ところで公に立証されたことであるが、絹製品をフランス人、フランドル人、オランダ人、イタリア人から買うのに、(前述のとおり)一年間に一二〇万ポンドかかっていたのである。

この生糸と絹撚り糸の輸入は最近、一年間で約五〇万ポンドに達すると算出され、相手の国々は次のとおり。

トルコ、イタリア、インド

ここでわたしは多量の薬種と染料の輸入に言及すべきだが、ただ名をあげるだけにしておこう。全部合わせたところで、どこの国もイギリスほどの量を消費できないか、またはそれほど輸入していない。たとえば次のものである。

ブラジルスオウ材*とブラジレッタ材*
オウボク材*
ログウッドの芯材*

スマック*
赤色木材*
赤色土*
癭瘤《えいりゅう》
アカネの根*
ホソバタイセイ*
藍
ターメリック*
コチニール
カンタリス*
キナ皮*
多種のゴム質*
ジャコウネコ香*、アロエ*、カシア桂皮*
トルコの薬剤
アフリカの薬剤　無数にある
東インドの薬剤
ダイオウ*、サッサフラスの根皮*、など

わたしはインドからのその他の輸入品や、南洋との貿易によってわが通商に最近加えられたものに、ここでさらに言及してよいのかもしれない。しかし、後者は供給契約*だけは別として、世界のある地方の通商を拡大するために別の地方の通商を縮小させたにすぎず、また前者はせいぜいよく言って好ましくない貿易であり、不適切な経営が輪をかけている。だから、いずれもイギリスの通商全体の規模をなんら増大させるものではないから、貿易論を議論するいまは立ち入るのは控えよう。それが通商の縮小や減少ではないかどうか、少なくとも通商にとって有害で破壊的ではないかどうかを、ここでは問うまい。

しかし、巨大で必要でもある輸入の別の部門を省略してはいけない。東インドや北半球の海洋からの船の備品と建設資材の輸入であり、次のようなものである。

タール
麻
亜麻 } ロシアの領土から

鉄
銅
松材 } スウェーデンからと、鉄のいくらかはスペインから

松材
材木と
樅の（小さな）木
マスト、など } ノルウェーから

粗布 —

帆布
東方地域の板材　｝ダンチヒ、マルメ*、ケーニヒスベルクから
羽目板と
上質オーク材

油……　グリーンランドから

硫黄または
土硫黄　｝（デンマーク）、アイスランド、イタリアから
ロジン

これらすべての品目の輸入額あるいは消費量の概算をするには、わが国の船舶数、つまり一年間に建造される船の数、（それから消費に関してさらに大事なのは）修理され艤装される船の数を、多少とも調べることになるだろう。だが船の数はあまりに多すぎてまったく算出できない。

　われわれがこの貿易のためにいかに奇妙な責めを負いかねないか、ここで触れてもよいだろう。すなわち、これらすべての品——一つ残らずと言ってよい——を、イギリス固有の産物、イギリス国民の労働生産物として、わが植民地からまるまる供給されるならば、また同じことだが、すべてわが国の船で運ばれるならば、イギリスの海運を大きく拡大させるかもしれない。だがその反対に、このことがまったく無視されるか顧みられないかで、商品が現金で買われてその大部分が外国船でわが国に輸送され、貿易全体が不適切に経営されるなら、あるいは言い方を換えて、間違った方向に進めば、デンマーク人や、スウェーデン人や、ポーランド人や、プロイセン人や、モスクワ大公国人に無限の利益をもたらし、また（そうい

う利益が得られなければ）世界でもっとも貧しくて価値のない、もっとも卑しいとほとんど言いたいくらいの国民を富ませることになるであろう。だがこれについては別項でさらにのべよう。

以上の説明のなかで、香辛料とリネン製品――わたしに言わせればオランダ人に特有のもの――だけは別として、オランダからの輸入品にまったく言及しなかった。

しかしこれは、そんなに輸入量が多くないということではない。ただ、オランダの産物とか製品で重要だとか注目すべきものは、まったくオランダから輸入しておらず、オランダ人の手を通じて世界中のほとんどすべての国々の商品をわれわれは輸入している、というだけにすぎない。だから、オランダにわが国の製品を一年間に二〇〇万ポンド売っていると言われるけれども、オランダ人を通じて莫大な量の他国の商品も輸入しているのだ。そんなわけで、われわれにとり有利と不利のどちらに天秤が傾くかを決定するのはむずかしいが、ときには有利だしときには不利なのかもしれないと主張することに異存はない。

いま仮に、イギリスで麦が割高な年があるとし、その結果として輸出が禁止に至っていると想起してほしい。オランダ向けのわが輸出品の非常に重要な部門をこのようにすぐ差し止めるということは、その年のオランダ人との貿易収支全体において、われわれの信用貸を減らすのに大いに役立つだろうし、バランスを変えることができるかもしれない。しかも同時に、オランダ人を通して得る外国商品にたいするわれわれの需要を減らさずにだ。

またさらに例として、同じ年のイギリスの植民地で砂糖と煙草が不足するものと想定してほしい。というのも、麦の不作ないし凶作がイギリスで起きた年に、砂糖キビもバルバドスや、ジャマイカや、アメリカのその他の島々や植民地で（しばしばあるように）凶作かもしれないし、煙草もまたバージニアで凶作かもしれないからだ。

これに次のことをつけ加えていただきたい。このような年には、麦の蒸留がイギリスで禁止される公算が大きく、またおそらくそのような場合には当然だろうが、その結果としてオランダからより多くののブランデーの輸入を許すことになるだろう。そこでオランダ人は、われわれにブランデーをふんだんに供給して莫大な利益をあげ、またわれわれはこの機会にオランダを経由するブランデーの輸入許可を喜び、それと同時に、それが他の場所から直接運び込まれる場合には、耐えられないほどの重い関税をかける。オランダ人がいまブランデーで得ている利益をそっくり、おそらくわれわれ自身の懐に入れることができるかもしれないのにだ。

こうして、オランダ人との通商全般において、貿易のバランスがイギリスにとって不利になるかもしれないし、またときには不利になる、と考えるのは容易である。

それにまた次のことも確かな事実である。この時点においてさえ、麦、砂糖、煙草の輸出は中断しないが、目の細かいオランダ布や各種のリネン製品といったような、オランダからの輸入品が最近増えたり、前述のようにオランダからブランデーの輸入を許可したりすることが、われわれの側の貿易上の負債を果てしなく大きくし、少なくともバランスをオランダ人にたいへん有利なものにしている。

これらすべての説明、ならびにこれからのべるかもしれないもっと多くの説明を要約すれば、おそらく次のようにまとめられるだろう。

一、わが国の産物と製品(わが植民地の産品もわが国のものとして考える)だけから成る、イギリスの輸出品の規模は、世界中のどんな国の規模よりも大きい。

二、外国からの輸入品、ならびに加工したイギリスの産物、すなわち毛織物その他の製品のわが国における消費も、同様に他のいかなる国の国内消費よりも果てしなく大きい。

これまで二章にわたって説明してきたようにこの二項目から、わたしが見出しに掲げた「イギリスの通商の規模の大きさについて」ということと、イギリスの通商は驚異であり、そうした通商は世界のどこかで行なわれているにしてもヨーロッパではどこにも見られないことを、わたしは十分に立証したと思う。

本書を完璧な「イギリス通商案」にするために、必要な論点が他にいくつかある。すなわち、

一、国内取引に関連して、この島国における自然の産物を評価すべきである。すなわち、

麦、鉱石、材木、家畜、鉱物、石材。

ここで家畜の飼育と世話の仕方、とりわけ肉の莫大な消費、家畜の利用、つまり貿易を進めるにあたって牛と馬を労働に利用することについて、のべるべきだろう。

注 それに、次のように主張しても、(そして反駁できない根拠にもとづいて主張を十分に立証しても) よいだろう。すべての事柄をできる限り安くすますのが一般に通商上の利益である。それにもかかわらず、わが国の産物を消費させるためにわが国民と家畜を用いるのが、イギリスの富と貿易の大きな支えなので、水運の利用をふやして国民と家畜の労働を少なくするのは、かならずしもイギリスの利益ではない。これを裏づけ、立証に等しいような例をいくつか持ち出せるかもしれない。

二、イギリスの海運と航海に関連して、イギリスで建造され使用される船舶数、またそのうち、①造船や修理、設備や供給に頼っている取引の数、②そうした船に雇われ育まれて大いに海運を拡大し、国家全体の力であり栄光である有能な船乗りの需要にたえず応えている船員の数。

これら二項目のなかに、なお主張すべき、しかもまったく自慢なしに主張すべき、例の一般原則が生きている。(すなわち)、イギリスは全貿易国をしのぎ、イギリスを除いてこのような貿易を続けられる国は

ない、ということだ。大ざっぱに言うだけでなく立証しないわけにはいかないこの問題は、後の個々の事例で説明しよう。

注　個々の事例を見る前に、次のことに触れておかなければならない。わが国の海運は巨大であるだけでなく、大量の船荷が国産物とほとんど自国製品で占められているので、海運をわが通商を支える顕著な要因として主張するのはなんら自慢ではないと思う。それに反して、オランダの海運には自国品がほとんどなく、船に積み込む食料も外国産である。

引き続いて貿易上の個々の事例を繰り返すが、われわれが他の国々に優っていることはすでに立証済みだと力説したい。次のように考えていただきたい。ヨーロッパにはこういう国はどこにもないのだ、と。

1、われわれと同じくらいの獣肉や麦芽酒を消費する国。
2、自国産のワインがなく、われわれと同じくらいのワインを外国から輸入して消費する国。
3、自国産のリネン製品がほとんどなく、われわれと同じくらいのリネン製品を外国から輸入して消費する国。とくにもっとも目の細かいリネン製品を、こんなに多く身につける国。
4、われわれほど莫大な量の、または上等な羊毛のある国。
5、たとえどういう種類の製品であろうと、イギリスの毛織物製品と同量の、あるいは同額の自国産の製品を輸出する国。
6、われわれと等しい数の船を建造して仕事に使用し、われわれと等しい数の有能な船乗りを維持する国。
7、自国に特有の、あるいは、他のどんな国でも通商によって多量に得ることのできないほど特有の、われわれと同じくらい多種類の天産物のある国。たとえば、

1　錫地金

2　鉛

3　石炭

4　菱亜鉛鉱《ラピス・カラミナリス》

5　明礬

6　羊毛、その他

個々の事例をみな詳しくのべることはできない。

第七章　わが国の貿易の規模の大きさについて。わが国のその他の輸出と関連し、とくにいわゆる再輸出、すなわち初めにわが国の植民地や国外の在外商館から輸入された商品の輸出を含む証明書付きの輸出と関連して

わが国の毛織物製品の量が多いことについてはすべて立証されたが、またその消費が世界でいかに多かろうとも、とにかくこれがわが通商のすべてだという意味には解釈してほしくない。それどころか、毛織物はわが通商の一部門にすぎないのだ。いかにも、それが最も重要な部門であることはつねに認めなければならず、また実際その他のあるゆる部門の隠れた動因、イギリス貿易の車輪全体を動かす推進力であり、その他のあるゆる部門の生命である。

しかし、この他にもたいへん重要な、しかも輸出向けの、商品がいくつかある。たとえば、麦、塩、魚、肉の輸出であるが、本書が書き進められるにつれて分かるように、わたしはこれら四つの品目を一まとめにする。みなイギリスにおける貿易と雇用の非常に大きな源である。おかげで、多数の船もつくられ、初めの公算よりもおそらく多いであろう。

なるほど、この輸出の問題にはアイルランドも含まれるのだが、それについてまだわたしは何ものべていない。もっとも、われわれは一つの政体なのだから、全体の貿易は通商という一つの項目の下に収まるべきなのだ。けれども、アイルランドの貿易がイギリスの通商と混り合い、いまの場合のようにいっしょに経営され、不可分の関係にあるということ以上に、ここではアイルランドの貿易に口出しをしないこと

にしよう。

麦は主としてイギリスからオランダへ輸出される。ただし、イギリスは——真に麦産出国と言えるのかもしれない——、市場が見つかればどこであれ、すぐにでも送れる状態につねにあるのだ。だから、外国のどこで作物がたまたま不作になろうと、たとえそれがフランスとか、スペインとか、ポルトガルとか、イタリアであっても、われわれは供給する準備がいつもできている。イギリスとスコットランドが輸出を停止しなければならないほど、全面的な食糧不足になることはきわめて稀有だからである。

わが国民を養うのに必要な分を超過した麦を輸出に割くことができれば、国富にとって明らかな利益となる。それと同じく、麦の輸出は、わが通商の規模の大きさに準じ、その最も利益になる一部門なのである。

また国内の高い麦価も、外国からいっさい麦の輸入を認めない限り、国民全体にとって損害にはまるでならないし、国の資本も全然減少しない。ある特定の人々には損害になるかもしれないし、また貧困層を苦しめるかもしれないけれども——だがわたしの知る限り、貧困層は麦が潤沢でも欠乏しても同じように貧しい。これについては後述する——、つまりは国民どうしで支払いが完結するから、国の資本にはなんら損失にならないのだ。国民がみな寄り集まって一国家の資本を形成し、その一部を各個人が分け持っている。国民がお互いに支払い支払われたところで、国の資本を減らしも増やしもせず、ただだれか特定の個人が自分の持ち分を減らしたり増やしたりするだけである。あたかも一〇人の男が各々一〇〇ギニーをポケットに入れ、賭博をしに一つの部屋とか家にいっしょに行くようなものだ。まず初めに、彼らは全部で一〇〇〇ギニーのみんなの資金が収まる賭博の部屋に陣取る。しばらく賭博をした後で、一〇人のうち一人ないし二人がお金をすっかりまきあげ、残りの者たちを打ち負かすと仮定してほしい。八人の男がすつからかんで貧しくなり、二人の男が懐が暖かくて金持ちになったけれども、お金はそっくりまだ部屋のなかにあり、一〇〇〇ギニーはまったく減っておらず、賭博に使った資金は減少も増加もしていないのである。

これはあまりにも明白で、詳しくのべるまでもないことだ。国内で消費される麦価の上下についても同様である。

他方、ポルトガルとかスペインとか外国のどこであれ、もしも麦に高値がつくとすれば、麦を輸送する人々の労働だけは別として、その上昇分はすべて純益である。そしてその人々の労働さえもそっくり、航海で消費される食料を除いて国の資本に加えられる。

わたしは、どんな貿易ないし輸出であれ、流通量や価格を当て推量するような、あらゆる偶発的な計算に公然と反対する。前にも言ったように、そういう見積もりを導く一定の数字ないし規則がないからである。またいまの麦の場合がその例であり、計算を支える根拠がなく、とくに頼るべき税関の帳簿もないから、見積もりはできない。

しかし、次にのべる理由から、ある年の輸出量を別の年の輸出量から判断できないことがもしも分からなかったら、税関の帳簿から計算の根拠におそらくなるものを、手に入れていただろう。

一、わが国の麦の輸出量は前年同期の収穫高に、したがって高かろうと安かろうと市場の麦価に左右され、その値段に応じて貿易商が輸出を制限されたり奨励されるからである。

二、同じく国内でできるかぎり輸出の奨励がされたにしても、輸出量は外国における麦の多寡にも左右されるからである。値が高くても安くても、つねにオランダに市場を見出すことは間違いない。だが一方で、もしも無理を承知で輸出しているのだとオランダ人に分かれば、すべての老練な貿易商のように買いたたき、しかもおそらく損をさせるように買うか、あるいはまったく買わないだろう、というのも同様に間違いがない。つまりこうなれば、まったく市場などではない。売って損をするようでは、貿易ではなく、貿易の停止または阻止と呼ばれるべきだ。というのも、なんら利益を見出せない売り手は、よりよい市場だという情報に納得するまで、二度とやって来ないからである。

輸出量はしたがって、このように不確かな事情しだいなので、不確実な事柄にもとづいて計算しても意味はないだろう。ある年に五〇〇万クォーターの麦が輸出され、その次の年には一ブッシェルの麦も輸出されないかもしれない。ほんの数年前にわが国でそうしたことがあり、そのときは一日に一〇〇〇クォーターを下らない麦がかなり長らくロンドンの税関で足留めされ、さらにアイルランドに輸送された。その他に莫大な量の麦が、チェスター[95]水路からはるか北方のスコットランドのクライド川*に至る、イギリスの西海岸の各地で送り出された。アイルランドでは同じ年に大飢饉が起こった。

おそらく過去二〇年間、概して麦が不足しそうなときには節約することのできるアイルランドが、一クォーターたりとも要求しなかったし、また今後二〇年間も要求しないかもしれないのに、年にどれだけの麦が輸送されるだろうかなどといまから計算するのは、非常識な土台を据えることになるだろう。

たぶんフランスでも同じことだろうし、また同じことが多いのだが、フランス人は、ある年には得られるものならイギリスから二、三〇万クォーターの麦を買おうとし、翌年とか翌々年にこちらが輸送してやろうとしても、(あえて言えば)びた一文も出そうとしないのである。

総じてわたしが言いたいのは、麦の輸出量は計算できず、ただいつも非常に多いということだけである(輸出できない場合は別として)。

大ブリテン島の東岸と南岸は、フォース湾*からエディンバラ、テムズ川の河口まで、麦の貿易に主として関係している。ハンバー川*沿いの貿易港や、リンからヤーマスに至るノーフォーク州の沿岸や、ヤーマスの南からイプスウィッチを含むサフォーク州の沿岸は、とくに関係が深い。

二番目は魚である。他の大部分の商品よりも魚に関する輸出量の方が、確実性が多少ともある。とくに鰊、鰯、白身の魚では確実性が高く、税関の数字よりもむしろ貿易商の数字を使うと、貿易商は税関にはできないような概算、つまり外国での概算ができるから確実性が高い。北から始めよう。

スコットランド人は、スコットランドの東岸だけでなく西岸でも、毎年、輸出のために六万樽の鰊を保存処理すると言われている。スコットランド人の鰊の漁獲高を右の数字の一〇倍の六万ラストと計算した人たちは、推測したのではなく（印刷になってはいるが）空威張りしたのだと思う。それはオランダ人が毎年、少なくともいちばんよく捕れる漁場で得る水揚げよりも多いのだ。六万樽とはたいへんな量なのである。

イギリスの沿岸における鰊漁の次の漁業地は、燻製鰊の貿易を手がけるヤーマスである。いわゆる立派な市が立つと言えば、ヤーマスやロースト*フトの町が思い描かれる。申し分のない漁獲期には、一年に四〇〇〇ラストの鰊、すなわち四万樽の鰊を保存処理し、その大部分をオランダ、フランス、スペイン、イタリアに輸出する。

ヤーマスの他に、ロンドンの市場向けと、当面の消費向けの鰊漁があり、この漁獲高は無視できない。だがみな国内の売買のためなので、外国との通商というわれわれの天秤ではまったく重みがない。この頃の鰊はふつうテムズ川の河口で捕られる。

イギリスの西部、ドーセットシアやデボンシアや、ときにはコーンウォール*の沿岸で、サーディン漁はこの地域に特有の漁業であり、その海域ないし地域の他にはどこにもない。こうした漁場で一年に保存処理されるサーディンの量は、ふつう一〇〇〇ラストから一二〇〇ラストと算定されている。
さらに、ブリストル海峡*のビディフォード、バーンスタプル*などといった地区の鰊漁を加えていただきたい。この地区では豊漁の年に、前述のイギリス海峡に面した地区の鰯とほぼ同量の鰊を、ふつう保存処理している。

以上が大ブリテン島の沿岸における鰊漁の概要である。アイルランドのベルファストやロンドンデリーの貿易商もまた、この鰊漁にかなり関与しているという話であるが、その量についてはまったく知らない。

全体的に見て、(鰊と鰯だけの)イギリスの漁獲は、保存処理されない魚の国内消費を除いて、総計で一万五〇〇〇ラストないし一五万樽を下らない。

次は白身の魚で、これはたぶん四地域[96]に分類できるだろう。

一、第一は北海に棲む鱈、したがって北海鱈と呼ばれる魚の漁。ふつうロンドンや沿岸の港町に運ばれ、短い航海向けに船、地回り船、その他に食料として供給するのにたいてい用いられ、同じく国内消費向けに用いられる。だから、貿易上は無視する。

二、第二はいわゆるスコットランドの白身の魚。これも鱈と同種の魚で、アイマス[97]からダンバー*に至りフォース湾の入口へと続く、スコットランドの東部沿岸で捕れる。しかし、こちら側では漁獲量もまた多くない。

三、第三はスコットランドの北西部沿岸と、ルイス島やオークニー諸島*あたりの西方の島々での鱈漁。グラスゴー*の貿易商が、ロンドンデリーの貿易商とともに買いつける。ふつうスペインに輸出されるが、量は多くない。冒険商人が十分にいないために、しかるべき規模にまで拡がらないせいである。

四、ニューファンドランドの鱈漁。

五、ニューイングランドの北部沿岸における鱈漁。
どの漁場でも、じつに多量の魚が保存処理される。そして当事者の数字を信用してよければ、毎年保存処理される魚は二〇万キンタル*を下らない。その大部分は、カナリア諸島、マデイラ諸島、カボベルデ諸島*へ送られるのに加えて、スペインのビルバオ*へ、オポルトやリスボンへ、カディスへ、地中海のスペインとイタリアのあらゆる貿易港、とりわけリボルノへ、またアメリカのわが植民地へ送られる。

イギリスが行なっている、つまりは貿易のための漁業が二つ残っていて、次のとおりである。
一、捕鯨。最初は何年間かロング・アイランド*、ロード・アイランド*、ニューヨークの沿岸で、ここ三年近くは南海会社*によりグリーンランドで、続けられている。
二、鮭漁。樽詰めにして輸出するためであり、次のところで行なわれる。
1、スコットランド北部のアバディーン。
2、スコットランドの近くでイギリスの境界にあるベリック・アポン・トイード。
3、ニューファンドランド、(つまり) ニューファンドランド島の川の中。かなり大量の鮭が水揚げされ、毎年貿易は拡大しているけれども、まだあまり大したものではない。
ここまでは漁業貿易のことであり、オランダ人は鰊と鯨ではわれわれをしのぐが、白身の魚ではわれわれには及ばないと言われている。

注 白身の魚ないし鱈は、非常に増大し拡大しつつある貿易であり、無数の小型漁船以外にも、少なくとも二、三〇〇隻の船またはケッチ*を用いる。

肉の輸出ルートは、三つ[98]ある。
一、フランスはもちろん西インド諸島のわが植民地に向けた、アイルランドからの牛肉の輸出。

二、東インドやその他の長い航海に備えて船に積み込むための、主としてオランダ人が持ち込んだ樽詰めの豚肉を、アバディーンから輸出。
三、ダンケルクとオーステンデの港を通じ、アイルランドからフランドルへ、獣脂、バター、獣皮の輸出。この品目は当然ながら中身の一部として肉に付着している。
これに合わせれば、とくにアイルランドの牛肉は莫大な総額に達し、ここでは見積もることができない。

三番目(99)にわれわれの引き続き重要な輸出品は、わが植民地の産物である。まずアメリカにあるイギリスのプランテーションや東インドにあるイギリスの在外商館からイギリスの船で輸入され、すでにわが国の海運に役立ったのだが、国内消費量よりも多いので、原産地証明書付きで再輸出されるような産物である。

こうして輸入された品物は主として、
1、東インドから
胡椒、コーヒー、キャラコ、茶、加工絹織物、藍、薬種、など
2、アメリカから
獣皮、糖蜜、ログウッドの芯材、バージニア煙草、綿と藍、砂糖、生姜、米、薬種、など
これらのうち再輸出用の主な品目は、
一、胡椒。大部分はふたたび輸出される。わが国内消費量は少ないので、主としてイタリアのリボルノ、ジェノバ、ベネチアと、フランスに輸出される。国内で使われる量は一年間で約六〇〇〇袋である。残りは外国に送られる。
二、煙草。原産地証明書付きで輸出される量は大ざっぱに約三万樽(100)、またイギリスとアイルランドで消費される量は五万樽と、見積もりできるかもしれないが、これはきわめて控え目な数字であることは確か

である。先の講和条約*からこのかた、フランスだけで一年に一万樽、ときにはもっと多くの煙草を輸入するとのことである。残りはオランダ、ドイツ、ノルウェー、バルト海沿岸に輸出される。

注　ドイツという単語で、ここや他でも海運とか貿易についてのべているときは、エムス川*からエルベ川までを含むドイツ沿岸のことだと、理解していただかなければならない。そうすると、エムデン、ブレーメン、ハンブルクといった都市や川やその間にあるすべての貿易港や、さらにホルシュタイン*つまりホルザツィアの沿岸や、アイデル川*からフーズム*までの地帯や、ユトランド半島沿岸が入る。

三、砂糖、藍、生姜、米。それと煙草もイギリスの植民地の産物であり、イギリスとスコットランドからだけでなく、アイルランドやアフリカ沿岸からもイギリス植民地に送られるすべての輸出品の交換品目なので、貿易用語ではイギリスの輸出品と見なされるべきであり、疑問の余地なくイギリスの通商の一部門をなす。これらの価格は決めるのがむずかしい。砂糖と米の輸出量はきわめて多く、とりわけ砂糖が多い。砂糖はオランダやハンブルクやベネチアに船で運ばれ、現地でわれわれがたんに糖菓製造人とだけ呼んでいる人々に用いられる。彼らは製糖業者と呼ばれるべきだが、外国ではもっと正確に砂糖精製者と呼ばれている。

われわれは毎年、一年間に四万樽以上の砂糖を輸出していると考えられる。しばしば非常に異なる、外国での収穫高いかんに応じて、ときには輸出量がはるかに増える。

米について言えば、一つの植民地だけの、つまりカロライナだけの産物なので、新しい貿易であり、ほんの数年間だけ多量に輸出されたにすぎない。だが拡大もしつつあって、いまやペンシルベニアやその他の地方に広がっている。けれども生産量はどうであれ、その大部分はふたたび外国に向かい、オランダや（右で理解されたような）ドイツにはとても歓迎すべき商品であり、アメリカからの交換商品のなかでたいへんな品目になりそうである。

四、われわれはここで、奴隷をアメリカにあるイギリスの植民地、とりわけ島々へ、またバージニアへと輸送する、アフリカ貿易を省くわけにはいかない。その他のアメリカの植民地、すなわちニューイングランド、ニューヨーク、カロライナなどではそんなに奴隷を使わないのである。これらの奴隷はアフリカの在外商館におけるイギリスの通商の産物である限り、イギリスの輸出の一部門なのである。あたかも奴隷がまずイギリスに運ばれてここで陸揚げされ、それからまた外国に送られるとか、西インド諸島へ証明書付き（保証付きと同じことだろうから）で輸出されるとか、ヌエバエスパーニャへ南海会社を通じて輸出されるようなものである。

奴隷の数はきわめて多く、またその価格はかなりのものである。アメリカにおけるニグロの相場は近年どこの植民地でも上がり、年齢、発育、性別に応じ、一人につき二〇ポンドから二五ポンド、三〇ポンドである。そして（貿易が中断されなければ）一年に三万人から四万人、五万人のニグロが運ばれるのが実状だとすると、すべてのニグロが一人平均二五ポンドのこの貿易額は、年間一二五万ポンドにも達する。

ニグロが国内では一人につき三〇シリングから五〇シリング以上はしないことを考えると、これは無限の利益を生む貿易である。そしてこの貿易が中断しなければ——たぶん中断しないだろうし、また実際にそれだけの価値はあると思うのだが——、供給契約のことを勘定に入れながら、おそらく、一年に四万人から五万人の奴隷をアフリカ沿岸から運び、わが拡大しつつある植民地に、彼ら全員の仕事を十分に見つけることになるだろう。

論題を広げることになるかもしれないような通商の部門が、他にもいくつかあるが、わたしは論の縮小に努めたい。だからもうこれ以上、そのような部門には言及しないことにする。

第二編

第一章　一般にわが国の貿易が、とりわけわが国の毛織物製造業が、沈滞し衰退しているのか否かというあの重要な問題についてのゆるぎない議論

最近、わが国の貿易の衰退について国民が不平をもらしていることを、われわれはたいへん心配してきた。こうした不平を言う人たちはその立場を明らかにし、次の点を説明するよう真剣に求められるべきだ。

第一に、概して、わが国の全通商の大半が縮小し衰退しており、現在よりも通商が盛んだった時期が以前にあった、という意味かどうか。

第二に、とくに、わが国の製造業のいずれかが衰退し、消費が現在これまでよりも内外ともに減少しており、またはそうなりそうな可能性がある、という意味かどうか。

もしも第一の意味ならば、それはいつであったか、その事実をどのように証明するのか、のべるべきである。そうすればわれわれはいっしょに事実を冷静に検討し始め、彼らの推定に判断を下し、彼らが主張する個々の事柄にもとづき、彼らの苦情が正当であるのかないのかを決定できるかもしれない。

ところがこうするどころか、こうした人々はたんなる思いつきに甘んじていて、至るところで愚痴をこぼし、詳しく調べることもなく話に出したら大体のところ信じてもらえたと主張する。これでは通商における一種のローマ・カトリック教のように思える。彼らが説明しても、われわれには信じられないことに暗黙の同意を求め、このうえなく粗雑に論点を巧みにかわすからだ。要するに、不平というよりはむしろ

喧騒であり、そういうものとして扱われるべきである。

仮にこういう人たちが用いるのと同じ論法で応じるとすれば、わたしも大体のところで答え、こう断言すべきなのである——もっとも、以下のことを立証するための論拠を、わたしの方がはるかに持っていると思う。つまり、イギリスないし大ブリテンの通商は目下衰退どころか、かつてなかったほどの規模に拡大し、いまだに拡大しつづけている。要するにわが国の貿易は、ヨーロッパの、おそらく世界の、いかなる国の貿易よりも繁栄している、と。

いかにも、これは証拠のない断言と同じく証明のない返答であり、彼らが持ち出したのと同種のものをお返ししているにすぎない。しかし、わたしはしかるべきところで個々の事柄について説き及び、詳しく自分の立場を明らかにしよう。ここでは不平を言う人たちに関する論を進めなければならない。

もしも彼らの不平が先の第二の意味、製造業のような、わが国の通商のなにか特定の部門が衰退したことについてだったなら、その個々の例について次に説明すべきだったのである。明らかに、わが製造業のいくつかは非常に増大している、いや、貿易用語または一般用語で、わが国の製造業ないしイギリスの製造業は増大しているのだ。われわれはいくつかの製造業をわが国のものと呼び、また間違いでもないのだが、以前はけっしてそう呼べなかった。以上については順を追って触れることにしよう。

注　ここでわたしは、一国の通商全般の衰退と、なにか特定の部門の衰退とを区別しなければならない、とのべるべきだろう。時代の慣習、流行、趣味が影響し支配するのに応じて、一国のある特定の製造業が衰えて消滅さえし、他のある製造業が代わりに生まれるかもしれず、こうした例がいまもたくさん見られるが、それと同時に、全体として通商がまったく衰退や縮小はしないかもしれないからである。

しかし、右で言及した不平を問題点にすることにしよう。そして愚痴を言う人たちがいくら不完全に表現しようとも、彼らが理解してほしいと思っていることを推測し、理解してあげよう。わが国の貿易の衰退という表現から考えると、彼らの言っているのはイギリスの毛織物製造業の衰退でしかないようだ。

彼らの主張によれば、毛織物製造業は衰えつつあり、その証拠に内外ともに消費が減少していると言う。一、縮小しているのは次のことから明白だ、と彼らは言う。他の国々が自国産の羊毛を製品にし始め、わが国の製品を完璧に模倣し、わが国民よりも安い賃金で働き、したがってわが商人よりも市場で安く売り、各国政府は貧困層を励ますために国内の消費を強要して、イギリスの製品が領土内に輸入されるのを禁止している。以上はすなわち、わが国の貿易の衰退を立証することになる。

論を進めるとともに問題を処理するために、事実は正しいが推論は誤っていると、手短に答えよう。

第一に、事実は正しい（全面的にではないにしても部分的に）。イギリスの富は毛織物製造業の改善により、目に見えて増大した（またその富についてわれわれが騒々しく無分別に自慢したことをも、いかに毛織物製造業がその富の唯一の原因であったかということをも、忘れてはいけない）。そのため諸外国も必死に取り組むようになり――とは言っても大したものではなかったが――、わが製品を模倣し、自国産の羊毛の製品を仕上げ、貧困層を雇うようにした。だがわれわれには、彼らを非難したり攻撃する理由がない。われわれも同じことをしているのだ。

第二に、とくにそういう国々において、国民を励ますために、君主は概してイギリスの製品を、とりわけ臣民がつくれるような種類のものを、領土内に運び込まないように禁令を出した。これにたいしてもまた、そういう君主を非難できない。われわれも同じことをしているからだ。言っておくが、ここまでは正しいのである。

第三に、だが推論は誤っている。貿易は、いや、製造業はこのために衰退してはいない。禁令や模倣により、そういった国々の国民は、ザクセン、ポーランド、ボヘミヤなどの目の粗い羊毛を使ってできるような毛織物をいくつか自国で作っているだけのことである。だからそういう国々の貧困層は、自国の製品を身にまとっていると言えるかもしれない。しかしこのような服は、そういう国々の田舎者が昔着たと知れわたっている、地の粗い羊毛の外套の代替品でしかないように思われる。というのも、わが国の製品でもっとも見劣りするカージー織、ダズン、ダッフル、ヨークシア織のうちでもいちばん目の粗い織物が、どっさり北方の貿易港にさえ（右のような国の人々はそこに行くのが常であった）輸出されていることを、われわれは知っているからだ。イギリスのとりわけ名高い目の細かな雑色の上質黒ラシャやスペイン織については、あえて模倣しようとか禁止しようとさえせず、ハンブルク、イェーテボリ、ダンチヒ、全バルト海沿岸に輸出される量は相変わらず多く、以前より多いかもしれない。そこで、もしもわたしが調査のためにヨーロッパのあらゆる貿易港を回っても、ある地方が衰えると別の地方が栄え、ある種類の製品が衰退すると別の種類の製品が発達するということ以外に、衰退がどこに見られるかを説明するのはむずかしいだろう。

注　輸入禁止令は、期間が長い方ではフランス、プロイセン、スウェーデンなどで出され、期間が短い方では最近、シュレジエン、オーストリア、ピエモンテ[101]、ドイツのいくつかの地域、そのほかにはスペイン、といったところで出された。その他の地方でも同様なのではないか。

全体的に見て、前述のように、わが国の製品にたいするすべての輸入禁止令を認め、あらゆる製品が外国のいろいろな地方で模倣され独立した商売になったにしても、イギリスの毛織物の輸出がいやしくも減少したことを立証するのは容易ではないし、またそれを認める理由も分からない。したがって、外国の消費は減ってもいないし、貿易も衰えていない。世界のどこか特定の地方でいかに消費が減少したかなどは問題でなく、またわれわれの討議にも値しない。あらゆる国々には、貧困層を仕事につかせる自由、就職を奨励するためにいかなる外国の製品でも禁止できる自由があり、また自由であるべきだ。しかし、イギリスの毛織物は、世界中のいかなる製品に比べてもいちばん普及している品なので、それがある地方では衰えて別の地方では栄え、こちらでは繁栄してあちらでは衰え、国の慣習が変わるに従って需要が変わるけれども、貿易の総体はたぶん同じだろうということしか予想できない。ある場所では海が陸を獲得し、別の場所では陸が海を蚕食するとはいえ、海も陸も量的には減りも増えもせず、ただ位置に変化があるだけだと言われる。わが貿易もそれと同じで、ある地方では製品の消費が拡大して別の地方では縮小し、ある国は門戸を開いて別の国は閉ざすが、それでも総量はさばかれるのであり、外国に輸出され、買われ、売られ、消費される。質量ともにいま以上の製品が輸出されたとか、いまと同程度の製品がおびただしく輸出された時代があったなど聞いたことがない。だから、どうして貿易が衰退していると言えるのだろうか？

二、(102)次の不平は、わが国の毛織物の消費が国内で減少しているというものである。

まったくのところ、これは少しも留意されない問題であるが、このうえない真実と理由が潜んでいて、もっと調べてみるに値する。しかし、それが事実と仮定して、ここで不平を言う本人にこう尋ねてもよいだろう。なぜわれわれは、法律があっても成し遂げるのがむずかしいと分かっているなら、議会や君主を悩まさずにそれを改善しないのだろうか？　なぜイギリスの国民は、社会一般の慣習を変え、みんながこぞって外国製のつまらない物やくだらない物を退け、自国の製品の消費を増やさないのだろうか？　なぜわれわれは、自国の産物で身を包み、われわれ自身の手による労働生産物で着飾らないのだろうか？

これまでの、あるいはこれからの国王や議会がすべて、われわれの好みを支配できるとは限らない。彼らは法律をつくり、そういう法律が人のためになる理由を説明できるかもしれないけれども、われわれのなかの二つの事柄、すなわち情熱と流行は制御できないのである。前者は目下のところわたしの領域外であるが、後者は直接わたしの目的に適っている。

仮にわたしがご婦人方に、法律によって正装するとか、国会制定法によって衣服を身につける気があるかと尋ねたら、彼女たちはこう訊くだろう。わたしたちは法令で定められた道化者で、見世物や絵のようにされるというのですか？　女性は物笑いにされ、議会はわたしたちをインドの女王のように飾りものにする以外にすることがないというのですか？　わたしたちは男性と同様にイギリスの自由を要求し、好きなことをやり好きなことを言うつもりだし、好きなものを身につけ好きなように正装します、と言うだろう。

いかにも、ご婦人方のこの自由気まま、流行への情熱は、イギリスの製品にしばしば有害であった。そしてしかるべき箇所でふたたびのべるが、ある場合にはいまだに有害なのである。しかし、その他同じような行為にたいしてもそうだが、そういうご婦人方の自由気ままさのそんなに簡単な矯正法などというものをわたしは知らない。ご婦人方は、たとえばイギリスの絹織物の代わりに東インドの絹織物を、ウーステッド製の織物の代わりにキャラコなどを身につけるといったような点において、若干の抑制は受けてきた。でも彼女たちがそれで満足しているとは思わない。

だがここでは不平を言う人たちに話をしているのだから、不平からしかるべきところに目を向けてほしいのである。国王や議会は不平不満を法律によって抑制してきたが、実際にその先には踏み込めない。われわれは不平から国民に目を向け、全般的にもっとイギリスの製品を用い身につけることによって、消費を促進してくれるよう懇願しなければならない。いずれ適当な箇所で分かるように、こうすることだけが消費を伸ばすだろうし、製品そのものを増加させうるのだ。

それにもかかわらず、たとえこの点が綿密に吟味されたにしても、不平の原因が正しく突き止められないことは明らかだろう。製品そのものが衰えたというよりはむしろ、消費がいくつかの製品に分散したのであり、おそらく以前は一つの項目だったのである。たとえば、ランカシアやチェシアの綿製品、いまや連合によってわが国のものとなったスコットランドのリネン製品、イギリスで最近たいへん増えたリネン製品、わが国製ではないが消費を奨励すればとてもわれわれの利益になることが分かっているアイルランドのリネン製品、である。もしもこういったものの消費により毛織物製品の消費が分散されても、わが国の貿易の衰えだとは言えない。少なくとも、これらの商品はいま毛織物の代わりではなく、最近使用が禁止されていたキャラコの代わりに、使われるようになったからだ。したがって、それらは毛織物の衰えの動機ではなく、仮に毛織物の消費が衰退したとすれば、それは以前、こうしたキャラコに起因したのであった。すべてについては論が進むにつれてのべよう。

だから全体的に見て、わが国の製品が減少したとか消費が外国や国内で減っているようには思えず、むしろその逆であり、一般にわが貿易が、とくにわが毛織物でさえ非常に増大し、かつてなかったほどの規模にいまでは達したようである。そしてここで、いろいろな場合にそれなりにわれわれの役に立つかもしれないような、特殊な問題を指摘しなければならないことに思い至る。すなわち、製造業の規模がじつはいま唯一の不安の原因である。製造業者の無知と富によりあまりに規模が拡大し、大きすぎるのだ。また生産量が消費にたいして多すぎるか、少なくとも市場に比して多すぎる。市場は完全に開かれていて、競争相手の製品とか禁令により邪魔にされることもないのに、である。そこで、個々の場合に製造業者が不適切な行動をするから、イギリスの毛織物がいまやみくもに増加していることにつき、またきわめて不当にもその増加の抑制が貿易の衰退と呼ばれていることにつき、ここで一、二言のべさせていただきたい。

血管に血液がありすぎるかもしれないのと同じく、一国で貿易が盛んすぎるかもしれないのである。立派で清らかな川が豊かで緩やかな水をたたえて流れるときには、一国の美であり栄光である。川は牧草地に水を供給し、大地を湿らせ、製粉機を動かし、堀や水路を水で満たし、船を運び、国全体を富ませる。しかし、驟雨で膨れ上がると、川は流れが速くなり、土手からあふれ、危険水位に達する。そうして恐ろしく危険になり、国土を水浸しにし、ときには国民を溺れさせ、家畜、刈り取った麦の山、橋、建物、何であれ邪魔になるものをすべて運び去り、泥や砂や石を牧草の間に残し、土地を肥やすどころかやせ衰えさせて、社会にとって天恵ではなく不安の原因になる。他方、長期の旱魃によって水源が止まると、流れは尽き、川は干からび、製粉機は停止し、船は座礁したままになり、土地は乾き切り、国全体が損害を受ける。

本国における毛織物はこの事例とそっくりで、川の流れのように順調なときには国の富であり栄光である。貿易が内外で盛んで、消費が適度な需要を生む間は、製造業は着実で活発で規則正しい歩調で進み、羊毛は使い尽くされて製品に仕上げられ、貧困層は雇われ、主人の製造業者は繁盛し、貿易商や小売商人はいつもの勢いで働き、貿易全体は栄える。
一、貿易上の急変により、商品の異常な需要が生じ、貿易商は外国から突如として異例の委託を受け、あっちでもこっちでも要請が増え、だから仲買人を介して本国に大量の注文をする。また商品の値段は需要に応じてつねに上昇する。国内の製造業者は油断なく気を配り、より多くの機械を借り、より多くの紡ぎ手を雇い入れ、より多くの賃金を与え、また上昇した値段に鼓舞されて新しい注文に応じるだけでは満足せず、紡ぎ手などを求めて地方にまで遠出し、資本が許す限り、あるいはおそらくその限度を越えた生産へと突き進み、そして手短に言えば、市場に商品をあふれさせる。

二、外国から貿易商が委託をいっぱい受けた貿易上の急変や、仲買人の注文が終わると、大きな需要もなくなり、貿易は通常の状態に戻る。しかし、商売の事情も顧慮しないで極端に突っ走った国内の製造業者は、注文が止まったときに手を止めなかったので窮地に陥る。商品は手元に残り、紡ぎ織らせるために農業や酪農の方面から呼び集められた貧困層は、ふたたび放り出され、すぐには元の肉体労働に戻る術が見つからず、仕事がなくてじっとしたまま空腹に悩む。それから彼らは、貿易が衰退した、製造業者が破滅した、外国人がわれわれを侵害している、貧乏人が飢えに苦しんでいる、などと大声で叫ぶ。

ところが実相はと言えば、いわば川があふれて洪水になるように、製造業者はみずから無分別に突っ走って息を切らし、気が狂ったのである。貿易を小規模に始めて自分だけで注文に応じようとし、隣人を仲間に入れるのを嫌い、疲れ切って貧困層を仕事に引きずり込んだ、いや、高い賃金を出して自分より貧しい隣人から職工をおそらく奪ったのである。そして貿易が少し止るといわば座礁し、おかげで貧困層は空腹に悩み、仕事がないのでいまにも反乱を起こしそうである。以上が貿易の衰退と呼ばれているのだが、じつはその正反対であるということは、いくつかの点で明らかなのだ。

世界中で消費し切れないくらい多くの商品を製造して貿易を推し進めようとすれば、貿易は間違いなく衰退するに違いない。だが、それを貿易の衰退と呼ぶのは正しくないのであって、ただ洪水の勢いが弱まったにすぎないのである。大水があふれ出たけれども、いまはふたたび引いて元の水路に収まったのだ。

このようにわが国の製品の浮沈を招くかもしれないような、またはおそらくこのたびそうであったような、急変を少し吟味し、次の記述とぴったり一致しないかどうかを確かめてみよう。

最初はフランスの疫病[103]という最近あった急変。その悲惨な事態に際して、フランスとスペインの通商、いやそれどころか世界のあらゆる地方との通商が全面的に停止し、とくにマルセーユ市ならびに隣接地帯の製品が完全に遮断されたので、イギリスの貿易は非常に増加した。とりわけ、フランス人がトルコや、スペインや、イタリアに送っていたような商品は増加が著しかった。この疫病という特殊な事態の影響だけで外国からわが国の貿易商への委託がほぼ二年間、目に見えて増えた。フランスから商品が得られないことは明白だったのである。

スペインで混乱が起き、数年間にわたりイギリスとの貿易が止まった後でユトレヒト条約*が締結されたとき、同じようにわが国の貿易は促進された。またそれと同じく、シチリア島の引き渡し*の後でスペインと和解し、貿易が日食の後の太陽のように急に始まったとき、ベーズ、セイ、パーペチュアナ*、上質黒ラシャ、サージ、などといったイギリスの製品にたいする需要はたいへんなもので、製造業者は、どんなに作っても作りすぎることはけっしてないと考えたほどである。

こういった急変は、貿易ないし製造業の真の規模を考慮して計算できるものでなく、それはちょうど前述のように、あふれる冬の雨によって川の正しい水路を判断するとか、水量を測れないのと同じである。

それからまた逆に、似たような急変による臨時の抑制のために突然強い需要が止んでも、貿易の衰退だと見なすことができない。それはちょうど、夏の旱魃によって流れが止まり水路が空になるとき、大きな川の渇いた底がその川の通常の容積とか水量を説明できないのと同じである。

仮にここで、天がマルセーユで伝染病をはやらせたときのフランスのような、あるいは一六六五年のロンドン*のような、破滅的な時に遭遇するならば——神よ、そうならないようにわれわれをお守り下さい——、あらゆるわが国の貿易を全体的にどのくらい停止させることになるだろうか？　羊毛とか獣毛の梱《こり》がキプロスからマルセーユに疫病を運んだように、すべての梱に疫病が商品といっしょに詰め込まれていると間違いなく知っているとき、だれがイギリスの製品を求めて委任状を送るだろうか？　けれども、これをわが国の通商の衰退と呼ぶのは正しくないだろう。なるほどそれは痛手であり、さしあたりはきわめて絶望的な打撃だろう。しかし、偶然の出来事であったのだから、原因が取り除かれると貿易は復興して元の流れに戻り、以前と同じになるだろう。

もしもいま（当面の問題に戻ろう）イギリスの製造業者が前述のように外国からの急な要求により、無分別にも商売で極端に走り、平素の領域を越えて紡ぎ手や織り手やその他の働き手を求め、最近そうであったように別の職業から何千人、何十万人という労働者を引き抜いたら、急な要求の停止を製造業者は貿易の衰退と呼ぶだろうか？　それは間違いであって、衰退ではなく流れがふだんの定まった領域に戻ったにすぎず、貿易をふたたび正しい状態に返し、以前と同じように進ませるだけなのだ。そしてこれがわが製造業の現状なのだと考える。

正確に計算して、過去と現在の貿易の、とくに毛織物製造業の領域をめぐって判断を下すのはいかにもむずかしいことである。だが、簡単に試みてみよう。

羊毛は製造業の主要な源であり、その備蓄にもとづいて製造業が営まれる。ところで、羊毛の生産量が多かろうと少なかろうと、その生産量がいかんともしがたい貿易の限界であり、製造業はこの範囲を越えることができない。製造人は、加工できる羊毛がある間しか作業できないのだ。なるほど、別の年の分を少し借りることもあるかもしれないが、それは概して貿易に求められるというより、羊毛の備蓄が変動するように思えるためである。しかし、明らかに貿易全体の衰退ないし発展があるとき、羊毛の量によって知ることができる。そこでわたしは思い出すが、アイルランドの毛織物の自由な輸出が停止される以前、イギリスの羊毛は製造するのには多すぎた。そして農場主たちには向こう二、三年分の羊毛の備蓄があり、売れないので地代が支払えないと嘆くのを聞いたことがある。

だから、あり余るほどの毛織物を用いるようにという議会制定法(104)の条文で明らかなように、羊毛を消費させることがわが国の大きな努力目標であった。羊毛を浪費し消費することが社会の利益になると考えられていた事実を、同法の前文におそらく見ることができるだろう。

それ以後、イギリス中の羊毛を集めても製造業には少なすぎることが分かり、いまではスコットランドの羊毛をすべて採り入れている。質は悪いが莫大な量があり、かつてはそのほとんどが海外用であった。それでも足りずに、われわれは毎年アイルランドから嵩高の少なくとも一〇万パックの分量を求めている。これがわが国の製造業の衰退を示す、きわめて不思議な証拠に他ならない。それどころか、わたしがわが国の毛織物製造業がたいへん増大したと主張した、反駁できない証明なのである。だが、これについては後回しにしよう。

毛織物製造業の増大または衰退を語る人々は、基準を定め、それと比較して増加とか衰退という言葉を用いるべきだ。たとえば戦争による長い中断の後なり、疫病などの後の平和時のような、ある特定の時期の状態に比べて落ち込んだと語っても、何も言わないに等しい。しかし、六、七年をまとめてその平均により見積もらせるとか、輸出量を平均して考えさせるとか、羊毛の相場や消費を平均して考えさせるなら、憶測に(というのも憶測でしかありえないから)少なくとも蓋然性はあるかもしれない。

かつてはわが国の羊毛を全部は使い切れなかったが、現在は国産の羊毛だけでなくスコットランド産すべてや、アイルランド産の年間一〇万パックを消費しているとすれば、イギリスは昔よりも羊毛の生産が少ないか、消費がそれだけ多くなったかのいずれかに違いない。こういう論法は例外を生みにくいと思う。

ただこっそりとフランスに密輸していれば別だが、それは取るに足りないものであり、またこういう取引は、前述のようにわが国の羊毛が売れ残っていた昔よりはるかに少なくなっていることを、しかるべき箇所において明らかにしよう。

わが国の羊毛の産出が変化し、イギリスが以前ほど羊毛を生産していないという意見に関して、いまや議論するに足るときである。というのはいま、この問題に示唆を与える有望な論拠が一つ示されている、または示されうるからだ。その意見を立証する証拠ははるかにに乏しいけれども、まったく無視するわけにもいかない。なぜならば、前述のように、その意見は唯一の反対意見だからである。

蓋然性から判断すべきことが何かあるとすれば、反対側の方にある。すなわち、次のような対策をとっているので、羊毛の生産量が増えているとみる方にむしろ蓋然性がある。とくにイギリスの北西部で、この数年以内に計り知れない土地が改良されて囲い込まれ、ますます多くの羊と、イギリスで莫大に増加したより大型の羊が、繁殖し飼育されているためだ。

ここで、この問題についてとても有益な話を切り出し、現在イギリスで行なわれている一般的な羊の飼育法からいくつか根拠をあげることができようが、それにより、羊毛の生産量は大型種の羊の増加のおかげで増えていることが容易に立証されるだろう。この種の羊がいま飼育されている場所は、グロスターシアのコッツウォルド丘陵や、サウス・ダウンズや、ソールズベリー平原など、また土壌がやせていて、以前のような広々とした州ではない。羊は小さく、産する羊毛は上質ながら軽く、体に見合った短繊維である。レスターシアやウォーリックシアの肥えた囲い込み地や、リンカンシアやノーフォーク州の沼沢地帯や、アイル・オブ・イーリー(105)や、ケント州のロムニー沼沢地や、ダラム州主教管区を流れるティーズ川やウィア川の両岸の肥沃な土地とか、さらにノーサンプトン*、ハンティントン*、ハートフォード*、バッキンガム*といった州全体である。以上に間違いないことは、こうした地方の名誉ある国会議員の知識に訴えるだけで足りる。

大型の羊が増えているのは明らかで、しかもその羊毛一本が西部諸州の三本に等しいのだから、羊毛の生産量がイギリスで減ったとはとても信じられない。もしも羊毛が減っていないとなれば、信憑性のありそうな反対意見が取り除かれ、わたしの論拠が認められ、あるいは少なくとも十分に裏づけられたことになる。次はその概要である。

イギリスにおける羊毛の産出が現在よりもずっと少なかったときでも、それを製造業で使い切るようにさせるのは、しばしば困難だった。

現在ではイギリスの羊毛の産出が増えたけれども、製造業の消費には十分供給できていない。だから、答えはおのずから出てくるのであり、つまりは製造業が増大したに違いないということである。以上すべてを、われわれの現下の目的に合わせて考えよう。

慎重にであれ性急にであれ、製造業は需要との均衡を越えた驚異的に増えた。その需要の停止とか抑制とは関係なしに、われわれは貿易の衰退について不平を言っている。問題はその不平が正当かどうかということだ。

わたしの主張によれば、その不平は正当でもなければ、貿易が衰退している証拠をまったく示しもしない。ただ、ヨーロッパ全体の貿易が一定の需要の中でかつて求めたり、いま求めることのできるよりも莫大に多い量を製造業者が性急につくったので、外国との通商における急変により貿易がたまたま非現実的な方向に動き出したが、その後本来の状態に戻っただけのことである。

簡単に言えば、前述の機会に、製造業者は貿易上の好機を自分で泡沫のようなものにし、市場を商品であふれさせたのであり、それが最近の南海泡沫事件のようにわが身にはね返り、また万事が架空の価値から本来の価値へと戻るのである。

需要のせいで発展にかげりが見え、値段が下がり、貧しい紡ぎ手や働き手が解雇されて飢えに苦しむ。しかし、その原因は貿易ではなく職人にあり、製造業ではなく製造業者にある。製造される商品の量は多すぎて消費し切れず、市場はおそらくこれから一年以上は供給過多だろう。他ならずこのようにして、通商が衰える。すなわち、貿易の真の衰えはなく、ただつくりすぎた量を使い果たすのに、時間が与えられなければならないのだ。

以上すべてから、必要以上に製造することがいかに多くの意味で国全体に有害であるかに、たぶんここで気づくだろう。まるで資金以上の取引をし、自分の資本の範囲を越えて突っ走る商人のようなものだ。その結果、貿易上のほんのちょっとした急変で、信用がなくなってぐらつき零落する。貿易がない場合よりも、貿易がありすぎて破産する人間の方がずっと多いというのは、本国の商人にあっては正しい所見である。

初めに市場を供給過多にして商品であふれさせ、次に市場に活気がないと不平を言うのは、国民によるきわめて不当で不正な仕打ちである。貿易が商品であふれて息苦しくなったら、いかにして呼吸を保つべきだろうか？ ブラックウェル取引所が空っぽなら貿易は息をつくけれども、取引所の天井まで商品が積み重ねられ、構内や廊下や階段がいっぱいになっているのを目にするとき、貿易は悪化し、取引量が多いために圧迫され、もしも軽減されなければ死滅するに違いない。

イギリスの貿易を通常どおり進ませよう。規模はそれで十分なのである。行き過ぎはすべて、貿易を害するのだ。前に暗示したように、突然の値上がりから貿易が何か利益を受けるとは思わず、製造業者はある面で得たものを別の面で失い、貧困層は両方の面で損害を受ける。

わたしの記憶によれば、最近のフランスの疫病とスペインの講和条約の後、イギリスでは商品の注文が殺到し、すべての商品の値が上がったため、エセックス州の貧しい女性たちは、糸を紡いで一日につき一シリングから一シリング六ペンス得ることができた。その結果がどうであったかは、あまりにも明白で隠す術もない。

貧しい農場主たちは乳しぼり娘を雇うことができなかった。娘たちが口々に言うには、自分たちの手で一週間につき九シリング得られるのに、週一二ペンスで奉公に出る気はない、と。だから、彼女たちはみなボキング[106]、サドベリー*、ブレーントリー*、コルチェスター*、その他のエセックス州とサフォーク州にある工業の町へ行ってしまう。

農夫たちでさえ同じことをし、大きな町の居酒屋は若い男や女で込み合い、とうとう教区は、あまりにも意味が曖昧すぎてここでは話せない別の理由から、彼らの行動を承認した。

この大騒ぎが続く間、莫大なベーズの需要があり、そしてその商売に特有の問題であるが、一回の取引高が値上がりした他に、値段が一エル当たり一二ペンスから一六ペンスに上昇した。

外国からの需要が鈍るとすぐに、これら野放しの人々はみな解雇され、紡ぎ手は乞食をして歩き、織り手は暴動を起こし、教区にはのらくら者がのさばる結果となったが、これはみな右のような取引のせいだと言ってよかった。

もしもこれとは逆に製造業に適切な数の労働者が雇われ、商品ができしだい貿易商が融通してもらっていたならば、市場はそれだけ長く持ちこたえ、貿易商はその分だけ安く手に入れ、外国の市場にも供給されていただろう。

しかし、あの軽率で性急な大騒ぎにより混乱しか起こらず、需要は止まった。製造者はできる限り作り続けて、ベーズは国内のあらゆる金持ちの手にいわば質入れされ、値段はロンドンでヤード当たり一ペンスまで下がった。だから、かなりの金額が一枚つくるごとに失われ、たくさんのベーズ製造者が破産した。こうして、いまでは西部地方の人々だけでなくベーズをつくる人々も、貿易が衰退したと言うのである。

ところで、これが貿易の衰退と呼ばれるべきだろうか？　いや、ぜんぜん違う。いまだに適度な需要があり、商品が供給過多でなくなれば貿易は元どおりになるだろう。逆に、注文が殺到して零落したのだ。もうけに目が眩み、製造業者は手の届く範囲内に留まることができず、当然貿易も停止に追い込まれたのである。

そこで貿易の衰退を判断するためには、前に言ったごとく長年にわたる平均的な見地に立ち返り、過去一〇年ないし二〇年ないし三〇年間、貿易が、いかに、どの程度まで行なわれたかを確かめ、そして現在の最悪の状況と比べなければならない。すると、貿易はまったく衰退しておらず、むしろイギリスの製造業全体が拡大していることが分かるだろうと、あえて言おう。

わたしはこれまでの三章において、わが国の商品の輸出と外国の商品の輸入の拡大につき、わが貿易の規模の大きさとして詳しくのべてきた。わが国の貿易が衰えているのだとすれば、どうして輸入と輸出が拡大するだろうか？　そしてもしも拡大していないというのであれば、輸出入が現在よりも多かったとか現在とほぼ同じだった時期を、反論する人には言ってもらおう。

ある人々がこの役割を買って出たが、それこそ、わが国の貿易が衰えたということをわれわれに納得させる唯一の方法である。輸入も輸出も減らないとなれば、どんな方法でわが国の通商の減退を示せるというのだろうか?

こうした腰の重い不平家に、まず、わが国の海運は衰えたのかどうか、尋ねてもよいだろう。白状するが、わたしはそのような示唆さえまだ聞いた覚えがない。その問いに答えるのが容易でないことは、間違いのないところである。けれども、いつであれ不平を言う人々が進んで判断に着手すれば、こちらもすぐに反論するための調査に着手しましょう——こちらの方が説得的だと信じる——、と言えるなら、わたしはそういう人々と同じ条件なのだと思う。さしあたり、読者にはこの島国の西部沿岸を観察していただき、ブリストルや、リバプールや、ホワイトヘーブンや、ダンフリース[107]や、グラスゴーや、ペンブローク湾*からクライド湾*に至るこの沿岸のもっと小さいあらゆる港町で、海運が増大している様をつぶさに調べてもらい、漁船や小舟のほかに、かつて知られていたより一〇〇〇隻ほども多く、船つまり商船が使われていないかどうかを教えてもらおう。この島国を一回りし、同様な観察をしてもかまわないが、前と同じく、そういう種類の異議を唱える人には出くわさないのである。

不平を言う人々によると、はっきりと衰えた貿易が二つあり、通例そのために行なわれた海運は明らかに減っていて、第一に対仏貿易、第二に漁業貿易であるという。

第一に関しては、いかにもフランスとの貿易は減った。だがそれは、フランスのほとんどあらゆる製品を(非常に多くをわれわれが奪い取って)われわれの製品にすることにより、きわめて明らかに、またきわめて限りなくと言ってよいほど、われわれの利益にしたためである。だからわが国の貿易全般の下り坂ないし衰退だとか、フランスとわが国の貿易が減ったと言うのは正しくない。反対に、わが国の貿易のうち、われわれの損をした部門はすべて減り、得をした部門はすべて増えたままか、あるいは望めばそうなるかもしれないということだ。われわれがフランスに年間二〇〇万ポンドを払って輸入していた加工絹織物、ブランデー、紙、帽子、ガラス、その他いくつかの製品がすべてフランス人の手に余るようになり、どれもわが国の貧困層の労働により国内で供給されるなんて、いったいだれが考えるだろうか。以前はフランス産であったブランデーでさえ、いまやほとんどがわが国内の麦芽蒸留酒の蒸留業者によって供給されており、普及して珍しい酒ではなくなったのである。しかし、国民が激しく競い合う種類の飲料であるため、ブランデーの輸入は一年につき九〇〇〇トンから二〇〇〇トン以下へと確実に減った。

かつてはフランスから輸入されてわが国の大損害となったその他の商品は、いま国内で製造されるので、だれであれそれをわが国の貿易の衰退とか減少と呼ぶほど気弱にならないでほしい。それどころか貿易の喜ばしい拡大である。消費量は少なくとも維持されて、わが国民は製造による利益を得ているのであり、また金持ちの消費量も変わらず、わが国民はフランスの貧困層の代わりにお金を得ているのだ。

フランスとのワインの貿易については、おのずから答えが与えられる。相手だけはフランスからポルトガルに変わったが、ワインの消費量は少なくなっていない。そして運んで来る距離が遠くなったので、海運は衰えるというよりもむしろ強まった。船は以前のように多く行き来ができないので、使用されるずっと大型の船にはそれだけ船底がもっとあるか、トン数がもっとなければならず、そのいずれも海運の拡張になる。

漁業貿易が減った問題については、ひどく論点先取の虚偽を犯すことになるので、答える必要はないと思う。反対に、グリーンランド漁場のたいへん有望な大事業により、漁業貿易が最近増えたのをわれわれは知っている。スコットランド漁場をさらに拡張するために、いくつかの提案がなされようとしていることも知っており、また最近の講和条約で、ニューファンドランドにわが国の領土が増えたことにより、いま一つの漁場もかならず拡張されるに違いない。ニューファンドランドでは、漁場を拡張する余地が非常に大きくなっているのだ。それから沿岸でのイギリス漁業もまた、実際に増えたことは否定できない。したがって、その方面のことは事実が確かめられるまで答える必要はないと、言わせてもらわなければならない。

外国との売買において、どんな貿易が損なわれているのか、売れ残っているのはいかなる外国の商品なのか、わが国の市場はなぜ供給過多になっているのか、言い換えれば、国内で消費するとか外国の別の地方に輸出するとかできないので、どういう商品にわが国の貿易商はもう委任状を出さないのか、次に調べてみよう。

この問題はごく手短にすまそう。

東インド会社から始める。この会社の貿易は、国内の禁令や外国の新しい侵略によって制限され、同社の絹織物やキャラコは、リネンや絹といったライバル製品に有利なように着用を禁止され、通商はオーステンデでライバル会社に侵害された。しかし最後には、売り上げ高が英貨約一一〇万ポンドに達したことを知っているが、毎年その半分が実際の額と認めても、衰えつつある通商と呼ぶことはきわめて不適当である。

わが国の植民地貿易を考えてみると、セント・クリストファー島は最近の講和条約でわが国の領土になり、たいへんなまでの改善と拡張が見られて、砂糖、生姜などの収益がいまではバルバドスと同じくらい大きい。それからジャマイカのプランテーションは顕著に拡張されたので、数年で砂糖やココアを一万樽も増産するだろうと言われている。

簡単に言えば、以前はわが国の植民地から砂糖の供給過剰があり、市場でその過剰分を処理するのに苦労したが、いまやイギリスでコーヒーと茶の消費が大きく増加してから、わが国の植民地が全部かかっても消費に追いついていないのは明らかだ。そして以前われわれが砂糖を三万樽輸入していたことから判断して、いまでは一年に七万樽から八万樽を植民地全体から輸入していることは確かである。ただし、大樽の途方もない大きさは勘定に入れておらず、一般に現在では、それぞれの大樽には一七〇〇ポンドから一八〇〇ポンドの重量の砂糖を詰め込み、それ以上の樽もある。

同じように、バージニアとメリーランド(108)の植民地はたいへんな規模にまで拡張されたので、現在では毎年八万樽から一〇万樽を生産すると聞いている。それは前と比べてとても多い生産量であるから、全部を売り切れば、バージニア貿易はいつまでも大きくならないなどとだれも言えなくなる。その他にバージニアから、すなわちチェサピーク湾*から食料の大量輸出があって、これまでより一年につきスループ船数百隻分も多い船荷を諸島の植民地に送っている。そして以前はけっしてなかったのに、アフリカ沿岸からニグロを買う貿易にバージニアの農園主が最近手を染めたのは、ここに一つの大きな原因がある。

わが国の諸島植民地がこのようにはなはだ拡張され改善されると――それはまったく確かであるが――、住民が増えて、前よりもずっと多い食料の供給をアメリカ大陸の他の植民地からやむをえず求めるようになる。これが植民地の貿易を拡大させる、たとえばニューイングランド、ニューヨーク、東西にわたるニュージャージー、ペンシルベニア、カロライナの貿易、それにまたカナリア諸島、マデイラ諸島、カボベルデ諸島からの塩の貿易、ギニア沿岸からのニグロの貿易、等々。よって、東インドと西インド諸島の双方では明らかに、通商全体が拡大している。

それなら、どこに衰退が見つけられるだろうか？　どこに沈滞があり、いかなる貿易が衰え、これまでよりも売買が減ったのは、どこにおいてだろうか？

ポルトガルはそんなことを主張しないだろう。ポルトガル人とわれわれの貿易が明らかに拡大したことは、全世界が目撃していると言えるかもしれない。ポルトガルのブラジルにたいする最近の通商拡大からこのかた、明白にポルトガル人だけで、ポルトガルとスペインの両王国がかつて輸入していたよりも多くの毛織物製品をわが国から買い入れているからだ。したがって、そういう国々にたいするわが国の貿易はきわめて改善している。

いかにも、平和とか戦争の継続に関連して、とりわけ事態が現在のような具合なので、戦争により、あるいは国々の不安定な情勢により、世界のいくつか特定の地方にたいするわが国の輸出がたまたま減ることもあるかもしれない。しかし、そのような想定では、すべての貿易やすべての貿易国はどんな影響を被り、また被るだろうかということ以外、まったく議論ができない。

次にイタリア貿易とレバント貿易を概観してみよう。これはたいへん大きな問題で、わが国の通商全体の巨額のもうけのかなりの割合を占めている。確かにトルコ貿易商は不満を言い出したが、その不満とは何だろうか？　正しく吟味すれば不満は以下にあり、しかも以下だけにあることが明らかだろう。それは、トルコ貿易商が輸出する商品に市場がないためではなく、彼らが輸入した絹は、どう粗略に扱われたかはまだ分からないが、いつもの精巧さや品質に低下が見られるためである。それもたいへんな程度にまで至っているので、イギリスの製造業者つまり織屋は、少なくとも従来のような作業や目的で、トルコ産を用いることはもはやできないだろう。だからこの貿易は、内外の市場が減少したからではなく、貿易商が上等な商品を輸入するように留意しないからたぶん悪くなったのだろう。

これをトルコ貿易の衰退とか失敗と呼べないのは、南海会社がアメリカといま行なっている貿易が、失敗だと言えないのと同じである。仮に商品にたいする支払いが偽造硬貨とか、本物の代わりに偽のペソ銀貨でなされるにしても、そのために貿易が落ち込んだことにはならない。トルコの絹糸が品質の点で不十分だから織屋が使えないとなれば、別の種類の絹糸を、すなわち、代替品としてイタリア・ピエモンテの上等な絹撚り糸とかベンガル生糸を使わなければならないからであり、またそうしているのである。そこでこの機会に、トルコの絹糸が粗悪だと分かるにつれて、いかにイタリア・ピエモンテの絹撚り糸やベンガル生糸の輸入が増え、貿易がまったく減少することがなかったかについて、のべておく価値がある。

注　下院における撚り糸工と織屋の最近の論争で、トルコの絹が以前よりも輸入が減るに伴い、東インドとかベンガルの絹がますます入って来て、それとともに東インドやベンガルの絹への需要が増えたと主張された。というのも、これは永久に真実だろうが、何であれ製品の原料が外国から供給されて質が低下すると、有益性が落ち、値段が下がり、ついには需要がなくなる、あるいはもっと悪いことに、その原料が用いられている製品の価値を減らすだろうからである。

　それでは、どこにわが国の輸入の衰退を探せばよいのだろうか？　もしも商船団であるなら、すでに海運の論述のなかで反論してある。もしも貿易船の数が減っていなければ——減っているなどとわが国の最大の敵対者でさえも示唆しないだろうと信じるが——、東方地域へのわが国の通商が衰えているはずがない。わが国の東方地域の貿易とはつねに、麻、亜麻、タール、ピッチ、鉄などの貿易だと理解されている。すなわち一般に、船の備品の貿易だ。ところで、われわれがわが国の植民地からタール、油、マストなどをたくさん輸入しているにもかかわらず、東方地域からの輸入量が減っておらず、反対におびただしく増えていることは、（わたしが参考にしている）税関の帳簿により明らかである。

　では、世界のどんな地方でわが国の貿易が衰退し、商取引のどんな分野にそれが見られるというのだろうか？　わが貿易の衰退を力説し、とても声高に不満をのべる人たちは、怒号や敵意と呼べるような、また何かとくに辛辣な——わたしは示唆を与えたくないが——、根拠のない不満を唱えているのではないことを、説明すべきである。

それゆえ、説明を求め、そしてわが貿易が衰退したのはどこなのか、国内であれ国外であれ、消費が減少して衰退したのはどんな商品なのかを教えてくれるよう、彼らに頼まなければならない。その場合、そういう衰退分を埋め合わせて均衡をとる同等の増加分が、他の部門にはないことをわれわれに納得させるような、貿易全体の説明が必要である。

これにたいして、すでに言及したように、ドイツのいくつかの地方がわが国の毛織物を模倣していると いう答えがすぐに返ってくる。そういう特定の国々ではイギリス製商品の需要が減っており、やがて拒絶されるようになるかもしれない。たとえばベーズ、フランネル、キャムレット、セイ、その他数種の商品にその可能性がある。

しかし、わが国の優秀な製品に関する全般的な問題にとってはどうだろうか？　特別の場合はどうであろうとも、ザクセン、スイス、ピエモンテ、オーストリア、もしも名をあげられればさらに二〇カ国ほどが、あれこれの製品に干渉したり、取り替えさせたり、禁止したりしてあちこちで消費がはっきり減っているとしよう。だが、たとえドイツから一〇〇〇マイル離れていようと一万マイル離れていようと、もしも世界の別の地方で消費が増加するならば、答えは明らかで、製品の総量は同じである。

問題はもっと身近なところにあり、問うべきは病気を探すときのように枢要部なのである。心臓の検査が重要なのであって、もしも貿易の脈拍が正しく強く打っているならば、身体は呼吸も手足もともに健全であり壮健であって、どんなつまらない災いが他の隔たった箇所で生じようとも元気である。

製造業の問題にはまったく難事がないけれども、その衰退を主張する方々は、否定されることはありえないという仮定のうえに立っているように思われる。だがわたしは、おそらく彼らには予知できないような確実性にもとづいて議論をしよう。問題は（前と同じく）数語に収まり、多量の羊毛が製品に仕上げられているかいないか、である。もしもわが国の羊毛がすべて製品になっているならば、いや、もしも製造業にとって羊毛が十分でないならば、製造業は衰退しているはずがないのだ。

これまで二五年近くのあいだ、イギリスの羊毛が売れないで手元に残っていたことが分かったし、またノーサンプトン、レスター、リンカン、ウォーリック、ノーフォークなどの州、その他多くの牧羊地帯の農場主は、概して二、三年分の在庫を抱えており、値段が低く、需要がほとんどなかった。

しかし現在、とくに東インドの絹、綿布、キャラコ、その種の他の商品を禁じるいくつかの法令が発せられてから、イギリスの羊毛は国内ですっかり使い果たされているだけでなく、アイルランドやスコットランドの羊毛も大量に補充のために持ってこられているが、値段は持ちこたえ、この島国全体には羊毛の供給過剰がない。それでは、羊毛の生産量がイギリスで減ったことをまず明らかにしなければ――減ったと言い張ることはできないと思うし、また仮にそうだとしても立証がむずかしいだろう――、いったいどうして製造業が衰退しているというのだろうか？

わたしはここで一章全部を非常に有益に用い、イギリスの羊毛生産量は減るどころか、これまで何年間もたいへん増え、毎年増え続けていることを立証できるかもしれない。イギリスにおける羊の数の増加を立証すれば可能だろう。そして羊の増加は、耕作の増進、つまりイギリスのほとんどあらゆる地方の広大な土地の囲い込みから、矛盾なく立証されるだろう。そういう土地はいままで囲い込まれておらず、現在は農夫か牧畜業者によって改良を加えられ、いまだに羊の群れ、それも最良にして最大の種類の羊の群れを前よりも多く生み出し、育てている。

イギリスの北西部と東部の沿岸で行なわれた広大な改良をも付言できるだろうし、またウェールズ沿岸の場合も同じであって、海と川から土地を保全して排水することにより、多数の羊が前述のロムニー沼沢地のように飼育されている。それにカンバーランド州、ダラム州、ノーサンバーランド州といった地方では、ほとんど信じられないほどの土地改良があり、そのためにこれまたほとんど信じがたいほど羊の数が増加している。

羊の繁殖と飼育の場合でさえ、従来の飼い方ではわれわれの祖先にまったく知られていなかったような、休閑中の耕作地や塩性沼沢地などで羊を育てるという、改良された方法についても話してよいかもしれない。そこで最後に、ほとんど考慮されることがないけれども、羊毛量の増加に関して他の何と比べても真に重要な問題を、すなわち、本国がこれまでよりも大型の羊の繁殖法をあらゆるところで始めたということを、おそらく力説してよいだろう。だから、前にはまったく羊と縁のなかった何エーカーもの土地が、飼育と繁殖のために用いられたから数が増えただけではなく、羊そのものも異なった種類であり、二頭分の羊毛が以前の三頭分、ある場所では四頭分よりも多いのである。これを立証するのに、リンカンシアやレスターシアに住んでいる最も身分の低い人たちに、証言してもらうだけでよい。まず初めに、大型の羊の飼育と繁殖がリンカンシアだけの地域から——以前は大型の羊はここにしかいなかった——、ノーフォーク、サフォーク、ケンブリッジ、ハンティントンなどの州のあらゆる平坦地、沼沢地、低湿地にまで広がっているのを目にするだろう。レスター州からは、同じ品種の羊がウォーリック州、スタッフォード州、ノーサンプトン州にまで広がり、いまは刈り株羊と呼ばれ、休閑中の共同畑地で草を食っているそれらの州の小型の品種でさえ、従来よりは大きな部類に属する。

北部を吟味してみると、ダラム州やノーサンバーランド州では改良のおかげで、みな大型品種の羊になっているのが分かる。だから(109)レドンホール市場で買えるのに劣らないほど大きな羊肉を、ダラム市の市場でたぶん買えるだろう。わたしはそれを断言し、適当な機会があればいつでも立証したい。また大型のノーサンバーランド州の羊が、イギリスのあらゆる南部の地方、とくにエセックス州やサフォーク州に大群で売り込むために、毎年育てられているのをわれわれは目にする。

それでは、仮にわが国の羊の数が増えないにせよ――この逆が決定的に正しい――、もっと大型品種に替えるならば、羊毛はまるで羊の数が増えたようにもっと増加するかもしれない。しかし、品種が改良されると、羊飼育者の大部分がもっと大型種に替えるのが明らかだし、飼育や囲い込みが増えると羊の数もまた増える。それなら、どうしてイギリスの羊毛生産量が減ったと言えるのだろうか？ この議論の重要性は、次のように要約できるかもしれない。

羊の数が減少しないし、羊の品種も退化しなければ、わが羊毛の量が減少するとか減退することはありえない。

羊毛の生産量は減らないけれども在庫もなく、また市場不足でもなければ、わが羊毛は明らかに使い果たされ、製品になっている。羊毛は、使うのでなければ買わないだろうからだ。

今度は逆に考えてみてほしい。もしもわが羊毛をみな買って使い果たすだけでなく、すでに言ったように、年間一〇万パックに達するほどアイルランドから大量の羊毛や毛糸を買っているならば、わが羊毛生産量が製品の量と釣り合っていないことは明らかである。

羊毛の生産量と製品が釣り合わない、すなわち供給に十分応じておらずにますます多量の羊毛がアイルランドとスコットランドから毎年輸入され、すでに立証したように、そのすべてが（密貿易は除き）イギリスと呼ばれる大ブリテン島のこの地区で使い果たされ製品につくり上げられる、ということが正しいとしよう。そうすると、イギリスにおける羊毛の製品が減少したとか衰退したはずはなく、それどころか明らかに改善されて増加している。

注　密貿易を省略すると、イギリスに羊毛の密売とか密輸のような貿易があることを、まるで知らなかっただろうと言わんばかりに、揚げ足を取られるかもしれないので言及した。しかし、全国土で産出されるいまのべているような羊毛の量に比べれば、密貿易で奪い去られる量は、わが貿易にたいする侵害としてはたまらないけれども、わずかであり、まったく取り上げるに値しない。

第二章　イギリスのその他商品の輸出、産物や製品、それらの国内消費が減少または衰退しているのかどうかに関する論議

わたしはわが植民地の生産物に言及し、そしてイギリスにおけるその消費と再輸出だけでなく、植民地同士の輸出も明らかに増えていることを立証したい。

わが国の毛織物の増加に言及し、それを羊毛の消費により明確に立証した。

われわれが有利に続けているその他いくつかの貿易を調べ、増加する毛織物に道を譲って衰退していないか確かめることだけが残っているように思える。というのも、通商の他の部門が衰退すると、毛織物は——たとえどんなに量が多くても——増えるかもしれないが、わが国の貿易全般もまた衰退し、しかも同時に衰退するかもしれないからだ。

しかし、外国への輸出においてであれ、あるいは国内の消費においてであれ、衰退して減少したと言えるようなものを、イギリスの産物で見つけるのはむずかしいだろうと、わたしは信じている。

イギリスの産物についてはすでに詳しくのべ、羊毛が主要なものとして前面におかれたが、そのとおりである。でも羊毛は唯一の産物でもなければ、また毛織物製造業がイギリスの住民を雇って仕事に従事させる唯一のものでもない。おびただしい数の人々を雇用し、羊毛とはなんら関係もない製造業がイギリスにはいくつかあって、調べてみると分かるだろうが、①あるものはまったくいま改良されただけで、これ

までは人を雇ったことも、資本が費やされたこともない。

②他の製造業は前にも知られていたが、非常に改良されて増加し、したがって従来は雇われる機会のなかった多くの人を雇う、簡単に言えば、これこそ貿易上のあらゆる改良の肝要な部分である。

わたしはそういう製造業の例をいくつかあげることにするが、それらはその他のものよりも注目に値し、おかげで大勢の貧困層が雇われ、原料が消費されている。残りの製造業については、ただ名をあげるだけで十分ということにしたい。

一、ボーン・レース製造業。いかにも、おそらくとても長い間、ずっとボーン・レースはイギリスで製造されていただろう。だが、およそ過去二〇年から三〇年以内における改良と増大はたいへんなもので、きわめて明白だから、納得しない人は貿易をまったく知らないに違いない。前には、この製造業はバッキンガム[110]、ストーニー・ストラットフォード*、ニューポート・パグネル*——俗にはニューポート・パネル——のあたりが盛んであった。現在ではそれが、バッキンガム、ベッドフォード*、オックスフォードといった州のほとんど全域、はるかバークシア、ノーサンプトン、ケンブリッジ、ハートフォード、サリーの諸州、とりわけそれらの州のいずれもバッキンガム、ベッドフォード、オックスフォードという州に隣接するところにまで、広がっている。また西方、とくにドーセットやウィルトシアの諸州でも創設され、ことにブランドフォード*では、きわめて高価なレースがつくられ、ブリュッセルのレースを除き、フランドル製とか、フランス製とか、ベネチア製にさえけっして引けを取らない。つまり、この製造業はイギリスでたいへん増えたので、かつてより何千人も多くの国民を雇っている。そして主な生産地の報告を信用してよければ、三〇年前に一人だけ雇われていたところで、現在では一〇〇人以上が雇われており、しかも国民のなかのいちばん暇で、役立たずで、厄介な層の人たちが（以前はそうであったという意味だが）、すなわち若い女性や女児たちが、もっぱら雇われたのだ。これらの人たちは、作男、農夫、その他の仕事の手職人などといった、勤勉でよく働く貧困層には本当に重荷であったが、いまや自活でき、そして多くの場合に支えきれなかったほどの負担を親や教区にかけないようになっている。個々の例を詳しくのべるわけにはいかないが、じっくり吟味できれば有益だろう。要するに、一〇万人以上の女性や子供が雇われ、以前にも増してこの製造業のおかげで糧を得ていると考えられる。わたしがいま論じているのは、この製造業の増加なのである。しかもこの増加は、この王国の通商全体に影響を及ぼし、イギリスにはたいへん有利になっている。たとえばこうである。

1、一つの製造業で以上のように大勢の人間を雇う点においてである。理の当然として推測できるだろうが、この製造業は別の国で、つまりフランドルで、同じような数の人間を雇っていた。だから、フランドルの貧困層から糧を奪い、代わりにわが国の貧困層に与えていると言えるかもしれない。

2、われわれがいままで外国で買っていたのと同量の商品を、わが国の貧困層の労働により供給される点において。つまり貿易のバランスでイギリスが有利になったのである。そして外国で買うということには、商品にたいしてお金で支払うか、またわが国の製品で支払うかが結果としてつねに伴っていた。それに反して、（もしも前者ならば）そのお金はいまや国内に蓄えられ、また（もしも後者ならば）わが国の製品に外国がお金を支払わなければならず、また事実そのようにしている。

二、増大した別の製造業は鉄と真鍮の製品をつくる仕事である。バーミンガムとシェフィールドの町や、ハラムシア――バーンズリー*とロザラム*の釘製造人や金物工によく知られた地域である――の住民に、言及する必要はない。だがわたしは、ニューカッスル・アポン・タインにおける、故サー・アンブローズ・クローリーと息子の参事会員クローリー*の鉄工場、またとりわけロンドンで使用されている同種の工場に注意を喚起するが、確かにそこではいま世界でもっとも上等な刃物類がつくられている。

最良の鋏、包丁、剃刃がフランスでつくられ、また上等なウォッチ、毛抜き、その他小形の商品がつくられてからあまり年月は経っていない。だがいま貿易で何よりも明らかなことは、世界中でいちばん良質の包丁の刃、鋏、外科用器具、ウォッチ、クロック、ジャッキ、錠前、とりわけ小間物や装飾品が、イギリスで、とくにロンドンでつくられていることである。そしてわが国の税関の帳簿が明らかにしてくれるように、われわれは毎日鉄と真鍮の製品をどっさりオランダ、フランス、イタリア、ベネチアへ、またドイツ、ポーランド、モスクワ大公国の全地方へ送っている。

簡単に言えば、イギリスにおいて、この金属製品の類ほど増大した製造業を、とくにあげることができない。これはまだ拡大中の製造業なのである。推測し比較することは、この場合は興味をそそり、とくにどこかの国に狙いを定めて行なっているように思える。だが、どこを狙っているにせよ、事実は明らかだ。貿易のもっと大きい売買においても似たようなものであって、わが国の小間物、鋏、剃刀、包丁と剣の刃がフランス製をしのぐのと同じく、わが国の通常の爆弾、砲弾、手榴弾、大釜、あらゆる種類の鋳造物もまた、ドイツ製やリボルノ製やオランダ製を打ち負かすのである。

真鍮製品も同様であり、フランスのあらゆる美しい宮殿の真鍮錠前の大部分は、つぶさに調べてみるとイギリス製であることが分かるだろう。トルコ皇帝《グランド・セーニョ》や、モスクワ大公国のツァーリや、ペルシアの支配者《ソーフィ》、ムガール帝国の皇帝のポケットに入っている見事な金時計は、大体においてイギリス製である。われわれは小間物をフランスの宮廷に送っており、イギリス製の包丁や剃刀はまったくフランス製のものをしのいでいる。

おかげでわたしが十分に確信しているところでは、イギリスの鉄と真鍮の製造業に雇われる人間が前よりも多くて、二〇万人以上いるという事実が生じるに至っている。ひょっとすると、これは最大限の人数かもしれないし、また人数については請け合えない。ただし、もしも故サー・アンブローズ・クローリーが、地元で三万人を雇ったことが真実であれば、いま挙げた被雇用者の人数がもっと多いことは蓋然性があるどころでないかもしれない。だが、概して次のことは認められるだろう（とわたしは疑わない）。すなわち、商品も製造業も、鉄と真鍮の貿易に明白な増加がある。国民の雇用が増えたことはもちろん、輸出と国内消費に明らかな増加があるからだ。

注　ここの条項に、イングランドとウェールズで最近増産を始めた銅鉱業も含まれるべきである。また、金属・真鍮工場や鋳造工場も同じで非常に重要なものであり、また数年前に議会になされた陳述を信用してよければ、かつてより何千人も多くの人間を雇い入れている。

以上は製造業と貿易の改善であるとともに貿易の拡大を証明するものなので、イギリスの貿易全般が衰退したとか衰微したことを示唆する余地はまだ認められない。

三、もっと重要な物品が他にもまだいくつかあり、その一つが広幅絹製品である。これを無視するわけにはいかない。まさしく現代の生産物なのだ。値打ちや、わが国民が達成した見事な完璧さや、質を高めるのに要した短い時間だけでなく、生産量の点でも、それは世界にとって驚きなのである。

広幅絹織物の製造がイギリスで始まったのは、ほんのわずか数年前である。フランス人とイタリア人は、この製品では（貿易に関して）向かうところ敵がなかった。イギリスでは、ワロン人(III)やフランス人の亡命者が主としてカンタベリー*において試みた。この試みは東インドの絹織物にまったく打ち砕かれたので、わたしの聞き違いでなければ、カンタベリー全市で稼働する機械は二〇台、ある人たちの話ではその半数もなかった。

フランスの貿易が広がり、英仏間の通商が最近の戦争により停止し始める前に、フランスとイタリアから輸入される広幅絹織物は、もっとも穏当に計算して一年につき英貨一二〇万ポンドと見積もられた。ある人の言うところによれば、われわれはフランスの絹織物だけでそれほどの金額を使い果たしたが、少なくともその半分は、リヨン*とローヌ川*沿いの地域産の、アラモード絹*とルートストリング絹*であった。

だが、それならそれでよいし、まだだめでもよい。というのも、フランスのその地方であれ、その他のどんな地方であれ、われわれが事物の価格を調整しているのではなく、貿易全体の一般的な潮流ないし傾向のせいだからである。これについてはあえて言ってよいだろうが、イギリスから直接その潮流が始まり、万事がフランスに有利に働いたことは、全世界に、つまり全貿易界に知られていた。わたしは絹製品についてのべているのだが、現在、この貿易はフランスとイタリアに関しては衰えて滅び、イギリスには限りなく有利になっている。これは、イギリスで絹を身にまとうのをやめたからというのではない。いや、まるで違うのだ。われわれの富が増えるにつれて、われわれの自負とか虚栄が減じたなどと偽りは言わない。わが国のご婦人方は相変わらず派手にしており、わが国の家屋はこれまでに劣らず、またおそらくかつて以上に贅沢な家具を備えつけられ、しかも同じ絹、ルートストリング絹、マンチュア*、ビロード、パドヴァ*絹、花模様繻子、最上にしてもっとも豪華な紋織りやあらゆる種類の絹が用いられている。しかし、前は買っていたのに現在は国内でつくる点に違いがあるのだ。従来はトゥール*、リヨン、アビニョン*、ならびにその周辺地域のフランス人や、ミラノ、マントバ*、ジェノバ、フィレンツェ、ナポリのイタリア人を働かせ、彼ら全員にイギリスのお金を莫大に費やして――一年につき英貨一二〇万ポンドにもなった――支払った。それに反して、現在ではわが国の貧困層がそのお金をそっくり得ている。わが国の貿易商が素材を輸入し、わが国の製造業が絹、薬種、染料を買い、そして広幅絹の製品がすべてわが国の通商を繁栄させている。だが、ここではもうこれ以上言うまい。イギリス国民が他国民の製品と発明品に改良を加えていることをのべる段になれば、ふたたび言及する機会があるだろうからだ。

四、したがって、別のはっきりとした貿易の繁栄の話に進もう。日ごとに普及し、消費はまったくイギリスに依存しているものの、イギリスだけでなくスコットランドやアイルランドにも影響を及ぼしている、リネンの染色ないし彩色である。衣服であれ身の回り品であれ家庭用品であれ、彩色したキャラコの使用と着用を禁止した最近の法令は、疑いもなくわが毛織物の消費の向上を目指すものであり、幾分かは効果があった。

しかし、国民の気持ちは別の方に向き、キャラコでつくった軽くて楽で派手な衣服に慣れ満足していたので、捺染工はキャラコを模倣する仕事を始め、同じ版本と鋳型をつくってリネンに同じ美しい色彩を施した。これがスコットランド布とアイルランド・リネンと呼ばれる、独特のリネンの二分野に分かれた。これを立証するのになんら骨を折る必要はない。結果もまた明らかである。すなわち、スコットランドとアイルランド双方のリネン製造業がその機会にかなり増え、何十万エルものリネンが毎年スコットランドとアイルランドから輸入され、またこれまでよりも多くイギリスで捺染されている。だから、貿易上まったく新しい商品であり、実際、捺染印刷そのものもまったく新しい技術である。リネンとかキャラコの彩色や捺染印刷のようなものが、イギリスで知られていなかった頃から数えてほんの数年しか経っていないからだ。すべてが非常に安く、しかもきわめて見事に彩色されてインドから供給されていたので、舶来のキャラコをただ禁止するだけで捺染印刷を国内の製造業に押し上げることができた。その反対に、現在ではこの製造業がたいへんに大きくなったので、議会は租税を課すのに十分な規模だと考え、かなりの歳入が調達されている。

ここで、これら改良された仕事に雇われた大勢の人たちはそれまで何の仕事をしていたのか、またもしもある製造業から別の製造業に受け入れられただけならば、どうしてそれを改良と呼ぶのか、と疑問を持たれるかもしれない。

こうした特別の改良がなされた州を精密に調べる余裕がここであれば、この問いには十分に答えられるかもしれない。そして次のことが分かるだろう。たとえばボーン・レースや、真鍮と鉄の製品や、小間物といったようなものの製造業、つまり、広幅絹の織物製造業を除く製造業のほとんどすべての改良や拡大のおかげで、雇用が増えた。だが雇われた人々は、以前にはまったく毛織物製造業に従事しておらず、概して失業し、何もせず、仕事がなかった。たとえばバッキンガムシアやベッドフォードシア、シェフィールド、バーミンガム、ニューカッスル・アポン・タインのような、そういう改良がなされた州や都市には、毛織物製造業といった事業が定着していなかったからである。

じつに、広幅絹の貿易は、主としてロンドン市で続けられているので、市内のスピタルフィールズ(112)でかつて毛織物製造業に従事した人々を雇い入れていると言えるかもしれない。だが一方、まさしくそういう侵食はスピタルフィールズの毛織物業が減ったからにすぎないと、つけ加えなければならない。ところでその毛織物製品だが、東インド製品の禁止により毛織物貿易の著しい拡大を愚かにも期待して、以前に軽率にも製造され始めたのである。だから、この地域において、絹貿易は毛織物貿易を、たとえあったとしてもほとんど蚕食することがなかった。ただし蚕食していたとしても、それによってほとんど実情は変わらなかっただろう。

全体的に見て、このうえなく公正に、またもっとも綿密に吟味した後で、わが毛織物製造業であれ他の製造業であれ、輸入品であれ輸出品であれ、わが産物の国内での消費であれ外国での消費であれ、わが貿易の縮小をのべる余地が少しでもあるとは認められない。反対に、わが貿易全般はじつにたいへんな程度にまで拡大した、と主張する大きな根拠がわれわれにはある。外国と国内の双方におけるわが通商の拡大を概説することだけが、まだ残っている。

第三編

第一章　他国民の創案にもとづくイギリスの貿易の改善と、改善によるわが国通商の拡大について。それに伴いわれわれが上述の創案者たちを貿易から敗退させたこと。同じくわが国自体の産物に関するいくつかの改善と、わが国自体の創案について。そのおかげでわが国の貿易が大いに拡大したこと

イギリス人は創案よりも改善に優れ、自分で案や構想を立てるよりも、他人が定めた構想や計画を推進することに優れている、というのがイギリス人の性格にまつわる一種の諺である。おまけに、この考えはまったく正しく、じつに公正な所見であるように思われる。

イギリス人にたいするこの非難が外国の観察者の示唆によって引き起こされたのか、自嘲なのかは吟味するに値しない。イギリス人はこの事実を進んで認めているように思われる。

そこでこの想定にもとづくと、わたしが論じようとする問題は、国民に見られる傾向に合っているようだ。ここで改善の原点ともいうべき状況についてのべるが、それはわが国民が能力を向上させるべく、改善の天性を用いて創意工夫に努めてほしいからである。国民がこの意を汲み、試してみて、仕事に取り組み、いつもの首尾を収められるように願いたい。

したがって、われわれがいま精通しており、すべての近隣諸国を凌駕している技芸や、貿易や、統治や、ほぼあらゆる重要な事柄における大きな進歩は、ほとんどが実際には他人の創案に基礎をおいている。最初に発明したのが個人であったか国家であったかは、重要ではない。

わが毛織物そのものでさえ、イギリス人の手に渡ってから見事に改善されたのだが、他人の基礎のうえに築かれたもの、フランドル人の創案にもとづく改善でしかない。なるほど羊毛はイギリス産だが、知恵はすべてフランドルのものである。われわれに原料はあったが、その長所がわからず、いまや火薬に不可欠な原料である硫黄と塩《えん》はずっとあったのに、世人がその恐ろしい合成物のつくり方を理解していなかったのとちょうど同じだ。

　われわれに羊毛はあったが、その梳き方も毳立て方も、紡ぎ方も織り方も、知らなかった。いや、羊毛にそういう手作業ができるとか、紡ぐことや織ることがどんなものであるかを知っていたとは言えず、それは羊毛とはいかなるものかを知らないのと同義である。しかし、すでにのべたように、国王ヘンリー七世の指示により、イギリス人は改善ということをみんなが考えるようになり、羊毛を製品にして得られる利益を教わり、教育係として雇われたフランドル人から、仕事のやり方を一度だけ指導された。なんと早くイギリス人は師匠を打ち負かし、また数年でなんというめざましい改善にまで達したことか！　現在に至るまで、世界の人々も同様にわれわれを模倣しようと大望を抱いていて、われわれの製品と対抗するためにイギリス人の教師を雇い、かつて初心者にすぎなかった当方から学ばなければならない現実を目にしている。

　わたしは、イギリス人がいま外国人にとても優っている技芸のほぼ改善全体に、立ち入ってよいだろう。いくつかの製造業において、いかにわれわれは貿易の局面を一変させ、製造の知識と技術を教わったまさしくその国々で売るために、どれほどたくさんの商品を輸出していることか。

　かくして、われわれはみなジェノバ人とフランス人から造船技術を学んだと言われ、そして今日では完全に彼らよりも建造数が多い。だから、ジェノバ人はしばしばイギリスで船を買い、また最近亡くなったフランス王、偉大なルイ一四世は主要な軍艦を建造すべく、イギリスから船の見本を手に入れた。そのうち、ラオーグ岬[113]でイギリス勢により焼き払われたロイヤル・サン号と呼ばれるあの輝かしい船は、イギリスの軍艦ロイヤル・ソブリン号を見本に建造されたと言われていた。ロイヤル・ソブリン号は国王チャールズ一世*の時代に建造され、国王チャールズ二世*の時代に改善され、その設計図がフランスに譲渡されたようである。

ベネチア人とフランス人から、われわれはガラス、刃物類、その他の製造術を得た。現在ではついに師匠を打ち負かし、ベネチアやフランスにガラス製品、真鍮の錠前、精巧な鍵、包丁、鋏、剃刀、外科用器具、指物師の道具を輸出している。ヴェルサイユ宮殿では部屋の扉に、（前述のように）イギリスから輸入した上等な真鍮の錠前と見事な蝶番《ちょうつがい》が備わっているのを、目にするかもしれない。フランスではそのような品を製造できないからである。

創案の点でわれわれよりずっと優っていた人々よりも、われわれが改善の点で優っている類似の例を、その他にも多くあげることができるかもしれない。絹の製造業はいまや驚くべき例であり、フランス人を も――われわれの師匠であり、全世界で生産されうるなかでもいちばん贅沢で上等な広幅絹を、いつも彼らから買っていた――はるかに凌駕しているので、いまやフランスにさえ広幅絹を売っている。

植民地やプランテーションで見込まれる改善から話を始めよう。戸籍上ジェノバ人のコロンブスはアメリカ沿岸を発見し、冒険商人の後継者たちはそういう発見をするたびに、スペイン王のために占有した。いかにも、商人たちは大陸に分散し、各地に住んでいた民族を減少させるか全滅させ、原住民の莫大な富を奪取し、それから土地の豊かな資源である金銀の鉱山へ案内され、言うなればわざわざ身をかがめて金銀を拾い上げることまでした。しかし、商人たちはほとんど改善しなかったと非難できる。商人たちは勤勉すぎていけないということもなかったし、またほとんど二〇〇年間の平和な占有の後今日まで、アメリカのもっとも肥えて豊かな地方や地域を、前よりもはるかに実りのよい土地にしたということもない。住民を雇って向上させるために、何か価値のある製造業が設立されたこともない。従来どおり彼らに仕え、端金で働く能力も意思もある何千人もの原住民の労働から、少なからぬ利益をあげたこともない。肥えた土壌にふさわしい産物を増やすために、なんら耕作が行なわれたこともなく、しかもこのうえなく多産な地方においてさえ何もしてこなかったのである。

これに反して、イギリス人はそういう人たちの約一〇〇年後に入植し、いわば発見の残り物というべき北方の寒くて不毛の地方を取得し、金銀も、鉱山とか鉱物も、目ぼしい産物もなかったとはいえ、いかに改善の天分豊かなイギリス人が滓《かす》から金をもたらしたことか。

わたしは滓と言った。というのも、最初の発見者たちはそう考えたからである。彼らにしてみれば、われわれの植民地はすべて、スペイン人が掬《すく》いとったあとの滓、獲物のうちの不要な部分、たんなる残り物、調べる価値さえもない地方にすぎなかった。

アメリカ大陸のわが全植民地は、北部の寒い、荒れ果てた、住みにくい地帯における、沿岸の狭小な細長い土地以外の何であったか？　またわが西インド諸島の植民地は何であったか？　スペイン人が大陸に占有する広大な土地に比べれば、領有する価値もなく、ほとんど命名するに値しない、小さな卑しむべき島々にすぎなかったではないか？　いや、キューバやヒスパニオラ島*という広大な島に比べれば――一方だけでもわが諸島をすべて合わせたよりも大きい――、命名に値しないのである。けれども、キューバとヒスパニオラ島はどちらも豊かで肥えており、自然の富に限りなく恵まれているものの、スペイン人は苦労して改善する価値はないと入植しないままなのである。

注　バルバドスは周囲が七〇マイルもなく、ヒスパニオラ島は四〇〇リーグ*以上あり、ネビスは二〇マイルもなく、キューバは全長が六九〇マイル以上ある。

しかし、今度は目を転じ、改善をするイギリス人の天性の成果を、すなわち、発見の前も後もスペイン人に軽蔑されたニューイングランドとバージニアの植民地を見てみよう。というのも、例のコロンブスは、ヌエバエスパーニャだけでなく北部沿岸もすべて発見したが、領有して入植する価値がないとして、ふたたび見捨てたからである。では、スペイン人の残り物である不毛の寒い痩せた未墾の地に、いかにわれわれは改善を加えて限りない利益を生むようにしたのか？

イギリス人は厳しい寒さにも、茨や刺で覆われた地表にも、原住民の初めごろの妨害にも、挫けなかった。原住民は、不実で荒々しい、御しがたい、叛逆的な、妥協できない、血に飢えた無慈悲な人種であり、このうえなく恐ろしい、ほとんど言語に絶した残虐行為までもした。そして和解をするのはまれで、合意ができたとしても順守するのはもっとまれであった。

イギリス人はしばしば虐殺や惨殺をされ、ときには未開人の狂暴にすっかり追い立てられ、たびたびまったく飢饉状態になり、そして植民者はみなだんだん衰弱して寒気と困窮のために倒れるとか、土壇場に追いつめられ、ひどい困窮から土地を捨てて飢えながら帰国せざるをえないこともあった。

だが挫けてなるものかと、まったく根気強く勤勉に、スペイン人が調べる価値もないと考えたあの住みにくい地域に、あの不毛と思われた地方に、また西インド諸島のあの取るに足りない小さな土地に、どのようにして入植し、居住し、耕作したのか？　いかにしてその地域ではいちばん豊かな、いちばん改善された、いちばん繁栄した植民地にしたのか？　イギリスの植民地はたいへん人口稠密で、とてもよく防備を固められ、住民はじつに富裕で、産物は非常に豊富である。また何よりも大事なのは、すっかり通商に合うようにされ、あまねく貿易に乗り出しているので、次のうちいずれがヨーロッパにより大きな富をもたらすか、いまのところまだ分からないほどだ。つまり、植民地への製品の輸出や消費を、砂糖、煙草、その他に魚、麦、肉、毛皮などイギリスやフランスの植民地の豊かな産物の交換商品として考えていただきたい。すると以上のものと、メキシコやペルーの金銀とでは、どちらの価値がより大きいだろうか？

しかし、詳細を考慮せず、オンスやドラム(114)まで計算しないことにすると、次の点は確かであり、認めてもらえるだろう。改善を加えられたわが植民地の産物は、ヌエバエスパーニャの全鉱山でスペイン人が享受しているよりも限りなく貿易を増やし、多くの人を雇い、結果的には多くの富をイギリス人というこの特定の一国民ないし一民族にもたらしている、と言えると思う。

しかしスペイン人が、自国のために手に入れて運んだ金銀の収益が少ないことだけを強調するのは止めよう。その大半はまさしくあの正貨という形で、貿易の特別のルートを経てふたたび他国に流出する。いま言っているように、これを強調するのは止めて、イギリスの植民地が潤沢で規模が増大し、住民が驚異的に毎日増え続けていることを考え、とりわけ海運の拡大、使用される船、いや、建造される船の数、船乗りの養成、計算するのは容易でないが以上から得られる富と力の増加を考えよう。つまり、このようなことを勘定に入れると、アメリカからわが国が得る富は、ヌエバエスパーニャからスペインが得た金銀の収益に等しいことが認められるだろうと、わたしは信じて疑わない。

砂糖、生姜、藍《インディゴ》、綿、ココア、薬種、香辛料、その他の西インド諸島だけの産物と、毛皮または生皮、米、煙草、鯨油とテレビン油、*タール、マスト、その他多くの品物の収益を、だれかに計算させよう。それから、植民地どうしが交換する、他の産物の分も勘案させよう。たとえば、麦、豌豆、米、粗挽き粉、牛肉、豚肉、ビール、馬、革、魚、用材などの供給であり、量はきわめて多く、その貿易のために数百隻の、いや人によっては数千隻の船やスループ船がたえず用いられている。

以上に応じて、非常に大量のラム、糖蜜、ココア、生姜、砂糖などがアメリカ大陸の本土植民地に送り返され、そのうち消費しきれないものはそっくり収益としてイギリスに送られる。

イギリスの毛織物やあらゆる金属製品、それにロープ類、帽子、手袋、その他の革製品の消費、つまり、植民地に送られるあらゆるイギリスの品の消費を含み、以上の金額が合計されるとしよう。そうすると、貿易上の比較をした場合、スペインからアメリカのスペイン植民地に輸出されるほとんど全商品が、最初に他国から買い求められることを考えれば、疑いもなくイギリスに勝ち目があるだろう。

仮にスペイン人がイギリス人のように勤勉で改善を行なう国民であったとすれば、入植され改善を加えられて――バルバドスのわが小さな島のように――、キューバとヒスパニオラの両島だけで、ヨーロッパ全体でも消費できなかっただろうほどの砂糖、綿、藍、ココア、オールスパイス、その他の貴重な産物を生産していただろう。そして消費し切れないほどたくさんの牛肉や豚肉といった肉類や、米やその他の産出物を、自国の他のあらゆる植民地に供給できただろう。

そうなる代わりに、こうした多産の島々は、耕作も入植もされずいま荒地のままにされており、偉大な発見者たちは、改善の名に値する措置は何一つとらなかった。ただハバナ湾*の護岸工事だけは例外で、それは自国の他の植民地との通商を保護するためと、ヨーロッパ―アメリカ間を行き来するガリオン船の集結地をつくるために、必要に駆り立てられたものであった。

それに反して、リーワード諸島*のわが植民地をちょっと考えてみてほしい（実際ここでは最大限の改善がされた）。バルバドス島では、何であれ現在よりもほんのわずかでも多く生産できる土地があれば、少しも無駄にされない。世界のどんな場所でも、同じようなことはおそらく言えないだろう。バルバドスは、周囲七〇マイルもなくて、奴隷のニグロを含む一〇万人以上の人間を雇って養い、農園主を驚くべきほど富ませ、そして北アメリカからは魚や肉や麦や家畜といった食料を、マデイラ諸島からはワインを、アフリカ沿岸からは奴隷（ニグロ）を、大ブリテン島とアイルランドからは製造品や商品を取り寄せていつも航行している、二〇〇隻以上の船やスループ船を全部使っているのだ。

程度の差はあるものの、ジャマイカ島に関しても同じように言えるかもしれない。スペイン人は、つまるところ発見者であって創案者ではなく、ジャマイカ島をほとんどあるいはまったく軽視したが、われわれは改善者で、その改善とは何かをみな知っている。この島は、入植と、貿易におけるその他の発展のおかげで、現在、あらゆるわが西インド諸島通商で最大の関心事である。そこでもしも綿密に推定する人たちの判断が正しいと認められるならば、ジャマイカ島の産物と、イギリスからヌエバエスパーニャへ渡ったり向かったりする商品のジャマイカでの消費のおかげで、この島の貿易は現在、その他のわが全諸島の貿易に優るものになっている。すなわち諸島とは、バルバドス、ネビス、アンティグア、モントセラト、セントクリストファーを指すが、ここの貿易も毎日拡大している。

ジャマイカの改善もまた他人の創案によって進められている、などと言うのは誤っている。というのも、スペイン人は自分たちのために貿易でいくつかの実験を行なったからである。スペイン人は最初にジャマイカに数種類の産物を植えたが、当時の単に思いつきの栽培にすぎず、その後のイギリス人が改善を加え、他のイギリスの諸島ではどこでも生産できない産物となる。たとえば、ココア、オールスパイス、藍、その他で、後にイギリス人は改善によって収量を上げた。

また、スペイン人は、スペインの植民地と密貿易の基礎を据えたが、イギリス人はそれに、ヌエバエスパーニャの貿易全体を脅かしさえするほどにまで改善を加えた。それもそのはずで、イギリス人がスペイン人からジャマイカ島を戦い取ったとき、島に残ったスペイン人の家族は、カルタヘナ、サンタ・マルタ*、カラカス沿岸、その地帯のあらゆる港町にいる友人や知人と音信を欠かさなかったので、そういう親交がその後進められた有益な交流の基礎になった。そして改善を続けるイギリス人はこういう状況から、時の経過と後代の特別の促進により発展した貿易を、驚異的な規模にまでしたのである。

しかし、以上は過去の話であり、すぎ去ったことを回顧していると言われるかもしれない。人間の目はむしろ未来に据えられている。そして創案や改善について話すとき、次のように問うのである。われわれの改善の天性を働かすのに、どんな創案がいま準備されているのか？　独創的な民族が専念できるよう、いま提案されるものとして何があるか？　こうしてわたしは、本論で提案した重要な論点、すなわち通商の改善案にたどり着くのだが、それは本書の終わりで主題になるはずである。

第二章　海賊や略奪者の巣窟、チュニス、[115] トリポリ、アルジェ、サリーのトルコ人やムーア人[*]を根絶するための提案。彼らはじつに長い間、地中海やスペイン・ポルトガル沿岸に出没し、ヨーロッパのあらゆる貿易国に計り知れない損失と落胆をもたらした。アフリカの北部と北西部の沿岸に昔の通商を回復し確立し、貿易の改善を図るための案

アフリカについて話す場合、そこはかつて全世界の通商の中心地であったので、はるかカルタゴ[*]人が統治し栄えた国まで振り返らなければならない。だが、それは望みうる限り短くすまそう。

この問題に精通しているある著述家がのべたように、ローマ人は（現代のトルコ人と同じく）貿易の味方ではなかった、というのは正しい。彼らは栄光のために戦争を続けた。生粋の兵士と同様に、征服するために戦い、強奪するために征服したのであって、世界中に人を住まわせ定住させるためではなかった。鎮圧した国々の通商と富を促進するとか改善するどころか、世界で最大の貿易都市をも打ち倒して破壊した。たとえば、コリント、シラクーザ[116]、カルタゴ、エジプトとアフリカの全都市である。貿易や海運を促進するどころか貿易商を殺し、商船を焼き、製造業と貿易の生命であり支柱である住民を連れ去った。

他方、カルタゴには、このうえなく豊かな土壌があって大勢の人間がいたので（アフリカは当時果てしなく人口稠密であったからだ）、最大限に土地を改善して人を雇い入れた。住民はたくさんいたし豊かでもあった。カルタゴ人は世界のあらゆる地方にまで貿易を推し進め、植民地を建設し、外国では都市を、

国内では船をつくった。そして征服によってであれ承諾によってであれ、行った先ではどこでも、国を破壊するのではなく建設し、人間を連れ去るのではなく連れて来て、要するに、相手から強奪して飢え死にさせるのではなく富ませたのである。

当時のカルタゴとコリントは世界商業の二大中心地であった。カルタゴは西洋の通商のすべてを、コリントは東洋の通商のすべてを行なった。コリントはアジア、ペルシア、インドの通商を支配し、東インドの富である香辛料、絹、キャラコ、金、ダイヤモンドを持ち帰った。つまり、隊商を組んでインドとペルシアの貿易に全面的に携わり、一部は、ホルムズ*とペルシア湾からバスラ*とバグダッド*へ水路で、そこから隊商によりアレッポとイスケンデルンへ、そこで海路によりセンクレーエー*・コリント湾へ、また一部はアルメニアのトラペゾンドへ、それから黒海を経てボスポラス海峡とヘレスポントス海峡を通り、多島海を通り、同じくセンクレーエー・コリント湾へ、そしてコリントへ進むのである。

他方、カルタゴは植民地を創設し、ジブラルタル海峡*の東西にわたるスペイン沿岸の領地を拡張し、いまスペインでカルタヘナ*と呼ばれるニュー・カルタゴからラ・コルニャ*までの大西洋だけでなく地中海の都市や、また当時一〇万人の住民を擁する大都市であったタンジール*からアフリカ西岸のベルデ岬*まで、さらにそこからアメリカに至るまで都市を建設した。アメリカは、根気強いカルタゴ人が入植はしなかったにせよ、発見したことは疑う余地がない。そしてもしもローマ人が、つまりあらゆる改善や通商や海運の破壊者で敵対者が、この世に名前が残らなくなるほど徹底的に都市でもあり国でもあったカルタゴを破壊しなかったら、したがっていちばん僻地のカルタゴ人の入植民でさえ見捨てられ忘れられなかったら、カルタゴは世界の以上の地方でけっして消え去らずに記憶されていただろう。だがこれは余談で、これを論じるには、本章には収まりきれないほど長い脱線——また脱線に値するのだが——を必要とする。

さて、コリントとカルタゴという二つの都市が滅びたとき、（どちらも一年以内にローマ人によった破壊された）、貿易は致命傷を受けた。全世界の貿易が、と言えるかもしれない。そして二つの都市が二度と回復しなかったように、そこに定着していた貿易も衰退して活力を失い、分裂し分散して、要するに消滅した。貿易は二度と十分には立ち直らなかったからであって、今日に至るまで消滅したままなのである。

カルタゴ人が創設した植民地は衰退し消滅していき、その多くは今日まで荒廃しており、ジブラルタル海峡口からナン岬*までの大西洋側はとりわけ荒れている。カルタゴ人は貿易のために植民地を創設したが、その貿易は母体都市カルタゴの貿易商が破滅して滅びたので、新しく建設された都市や港町がもちろん零落して消え去ったからである。乳母を奪われると乳児が餓死するようなものである。

いかにも、カルタゴ市は西洋の皇帝たちの統治の下で再建され、ある程度まで元に戻った。そしてその皇帝たちはキリスト教徒で、とりわけ臣民の努力と勤勉を勧めていたので、言うなれば貿易の天性はとくにアフリカで大いに蘇り、また現地の気候と土壌が多くの貴重な産物を生み、それらの産物が貿易に合うように改良され、貿易商の励みになったことから、アフリカの貿易商はきわめて注目すべき売買を続けた。海運もまた彼らの特質であったために、世界中のあらゆる名の通った地方へ海上輸送した。だが従来の活動とは似ても似つかないものだったのである。

当時、カルタゴの通商の主要な部門は、近隣諸国の歴史から推測すると次の点から成っていた。第一に、ちょうどイギリスのわれわれと同じく、自国の産物と自国民の製品の輸出。通商の性質はどこにあってもつねに同じであるからだ。第二に、他国の産物の輸入。自分たちの消費のためか、その産物のないもっと遠くの地方に再輸出するためである。

カルタゴの産物は主として麦と家畜であり、家畜はおもに馬で、たいへん数多く輸出してローマの騎馬隊にまたがらせた。ヌミディア馬は当時、バーバリ馬*とジェネット馬*（どちらも同じ馬を指す）が現在そうであるように、その美しさ、足の速さ、見事な体型ゆえにローマ帝国中で名高かったからである。しかし、どんな産物にも増して、いちばん貴重なものとして蜜蠟と銅があり、この両方はいまだに全世界を凌駕している。それからまた麦、果物、薬種、豊富なゴムがあって、現在も変わりがない。

製品について言うと、じつのところカルタゴの毛織物に関しては読んだことがなく、少なくともあまり読んだことがない。だが、カルタゴ人はエジプト人と同じく（しかもいずれもアフリカ人であった）、上質のリネン製品で有名である。土壌が非常に上等な種類の亜麻を生産し、これを製品の原料としてたいへん効果的に改善したと考えられる。だがいまは違っている。

輸入品に関しては、カルタゴ人はイギリスから錫と鉛を、スペインから金――スペインは多くの金を産したからである――とワインを、コリントとアレクサンドリアから絹と上質の東インド商品を持って来たと確信している。どういう貿易をガリア（フランス）としたかは分からないが、以上の貿易はたいへん注目すべきものであって、十分にわれわれの趣旨に適っている。こんなふうにカルタゴ人が富と通商で隆盛を極めていたとき、ローマ人が前述したように滅ぼし、自らの名声そのものに永遠の栄光ではなく汚名を残すことになった。

いわば理の当然として世界の貿易が致命傷を受けたが、カルタゴ人がローマとギリシアの皇帝の下で蘇ったと言うとき、その回復と拡大はすべて通商のおかげであることもまた明白であった。それだけがふたたび元のように富ませたのだ。またユスティニアヌス帝(117)の時代には、多額の租税を納め、ベリサリオス*やその他の将軍*に指揮されるローマ軍を強化するために、多くの連隊またはむしろ軍団を起こしたという点で、西ローマ帝国のもっとも大事な一部であった。そして西ローマ帝国のいちばんの衰退期にあっても、この状況はその後長らく続いた。

しかし、アフリカの増大する富は、この時代にはあまりにも贅沢な餌であった。ローマ帝国を打ち倒した蛮族が大洪水のようにカルタゴをも襲った。そしてバンダル人は、スペインを侵略してアフリカに及び、実りのよい平原を荒らして踏みにじり、人口稠密な都市を破壊して瓦解させた。つまり、貿易が戦争という支え切れない重荷の下でふたたび衰え、バンダル人がすべてを蹂躙しながら国土を荒廃させて領有したのである。

バンダル人が原住民を襲ったのと同じく、その数時代後にはサラセン人*、アラビア人、イスラム教徒がバンダル人を襲った。

さらに、昔ながらのアフリカ人だけが根絶されたのではない。宗教だけでなくついには貿易もまったく国内から消えていった。マホメットの信者はどこへやって来ようともローマ人に似て、通商と耕作の両方の撲滅者なのだが、アフリカでもそうだったからである。

つまり、貿易と改善がこんなふうにいわばアフリカで根絶されると、ムーア人は抵抗できない激流のような勢いでスペインとポルトガルの全土に力を伸ばし、目の前にあるものは何でも奪い、およそ八〇〇年間占有し続けた。そしてアフリカに関しては、それ以来ずっと強い権力によって支配してきたのである。

以上のすべてを当面の問題に照らして考えよう。これらイスラム教徒には、わたしがトルコ人について言ったのと同じく貿易指向がほとんどなく、貿易に興味もなくその利益に目も向けない。ただ沿岸に住んでいて、しかもいかなる努力とか勤勉にも縁がなく、あらゆる耕作や改善を無視する強欲で残酷で激烈で非道な種族なので、怠惰が乞食を生むのと同じく自然に盗賊や強盗になった。勤勉や労働をすべて軽蔑したが、強奪や略奪をするように育てられたので、バレンシア*、グラナダ*、アンダルシア*の実りのよい平原を略奪し強奪することがもうできなくなったとき、海をうろつき回り始めた。船を建造し、それどころか他人から船を奪い、沿岸を荒らした。夜中に上陸し、貧しい地方の人を急襲して寝床から連れ去り、奴隷にしたのである。

これがムーア人の最初の商売であり、当然こうして彼らは海賊になった。上陸してスペイン沿岸を略奪することでは満足せず、しだいに強力で富裕になり、成功により大胆不敵になって船を武器で固め、初めは公海上でスペイン人を、次にはヨーロッパのあるゆるキリスト教徒の国民を、どこであれ見つけ次第に攻撃し始めた。こんなふうにして、徘徊と強奪のこの邪悪な商売が生まれたのである。

その後どれほどの規模にムーア人が達したか、いかなる被害を世界の貿易にもたらしたか、どれくらい強力になったか、いかに格上げされて国家や政体に、いや、王国やいわゆる帝国になったか（フェスとモロッコの国王はみずからを皇帝と呼んでいるからである）、どのくらい強国として遇され、すべてのキリスト教徒の列強さえをも恥ずかしめたか、というのは歴史の問題であり、ここでは当面の目的によって絶対的に必要な場合にしか口にするまい。

これら野蛮人の怠惰に憤慨して和睦することを潔しとせず、彼らを滅亡させようと決心した最初のキリスト教徒の君主は、皇帝カール五世であった。彼は、悲惨な奴隷となってその当時ムーア人に拘留されていた何千人もの貧しい不幸なキリスト教徒にたいして、深い同情を寄せて心を痛めていた。そして野蛮人の恐怖からキリスト教世界を解放しようという気高い信念のため、全力を尽くして野蛮人を攻撃することに、単独で、いかなる他国の援助も受けないで着手したのである。

この戦争において、フランス人とイギリス人とドイツの都市がカール五世に加勢したならば（オランダ人について言えば、当時は一国を成していなかった）、皇帝は国内から全蛮族を一掃していたかもしれない。少なくとも沿岸からは一掃し、そして通商の奨励のために、あらゆるヨーロッパ諸国の安全のために、すべての港にキリスト教徒の植民地を創設していたかもしれない。

しかし、カール五世の不倶戴天の敵対者でありつづけたフランス国王フランソワ一世[118]は、ヨーロッパでかつて着手されたうちの最大にして最善の企てに嫉妬した。その企ては、一二〇年間にわたりヨーロッパに一〇〇万人の生命と莫大な財貨を犠牲にさせながら、まったく無駄に終わった聖地への十字軍と遠征のすべてを合わせたものより、一〇〇〇倍も規模が大きかったのである。

実際のところ、教皇を例外として皇帝はキリスト教国のいかなる君主にも援助されなかったが（それに彼の大砲は城壁を攻撃しようにも遠くまで飛ばなかった）、ゴレッタの要塞と、後にチュニスの市と全王国を占領した。もしもそのまま占領し続けていたならば、さらに征服を進める喜ばしい前触れとなったかもしれない。しかし、まったく神の手により――来るべき君主や列強の栄光のために、次の征服を取っておいたのかもしれないが――アルジェ攻撃に失敗し、またひどい暴風に艦隊を襲われたので、それ以上の攻撃は止めにし、チュニス王国は従来の所有者たちに戻った。このために海賊行為はいまだに続いているのだ。

この問題に関するわたしの提案は四点[119]から成る。

第一に、ヨーロッパ列強、とりわけ海洋国は、これら思い上がった海賊から解放される必要があるように思われる。臣民が強奪と暴力から身体と財産を守られ、沿岸が襲撃や襲来を受けないように守られ、船が略奪されないようにするためである。

第二に、以上を効果的に行なうにはただ、アフリカ沿岸のあの強盗の巣窟を根絶し、また少なくとも都市や港町のいずれからも追い払うしかない。船がなくて海上に出没できないようにするためである。

第三に、イギリス人、オランダ人、フランス人、スペイン人が喜んで軍隊と艦隊を連合させ、主力を分散して多方面から同時に襲いかかれば征服は容易である。船と軍隊の両方の分担もまた当然ここで調整できよう。

第四に、連合諸国の管理と占有で沿岸都市の統治を安定させることにより、通商で利益がただちに生じるだろう。だからみんなが、そこの征服のために派遣した軍隊に比例して、最小限の領地を占有すべきである。

このうち最初の三つはよく論じるに値し、それも詳細に論じるに値するが、ここではその余裕がない。とくに最後の一つが焦眉の問題なのである。

アフリカ沿岸が数カ所を除いて実りのよい豊かな地域であることは、否定できない。そして緯度のせいでたいへん暑いに違いなく、また（とりわけ最東端の地方には）多くの砂漠や荒地がある。塩と砂に占められていて、もっとも獰猛で飢えたいわゆる猛獣、ライオンや豹や虎など野獣の隠れ場所にしか適さない。とはいえ、その地方にさえ渓谷や平原があって、恐ろしく荒れ果てた砂漠のなかに散在し、肥えていて豊かに麦や家畜を産し、さらに数種類の果物やその他の産物があり、住民の用途だけでなく商品にも適し、また量的にも十分なのである。

おもな富の源をなし、またキリスト教徒の支配下にあるならば、相手と売買が取り決められるだろう当地の産物のすべては、次のとおりである。

麦　獣皮
塩　薬種とゴム

羊毛　アーモンド
馬　柘榴
蜜蠟　駝鳥の羽毛
蜂蜜　ライオンと豹
珊瑚　多種の食料
銅

世界でいちばん野蛮な人々の無精や怠惰の下で、現在でさえこうした産物が、周知のようにあふれているとしよう。そうすれば、勤勉なヨーロッパ人、とくにフランス人とかオランダ人とかイギリス人の勤勉や熱意により、どんなに貴重な品々の流通量が増えることだろうか。ヨーロッパ人が力を合わせて征服に努め、沿岸と近隣地帯における領土の分配をそれぞれ受けるべきだと考えるのは、たぶん理に適っているだろう。

以下のように考えるのもまた、たぶん理に適っているだろう。ムーア人はそのような征服の結果さらに奥地に追いやられ（というのもわたしは、彼らを一民族として根絶するようにというのではなく、ただ他民族にたいする略奪の報いとして、失ったはずの地位から彼らを押しのけるとか追い払うように提案しているにすぎないからである）、そして誠実な労働や専念によって生活の道を求めなければならない。だから、こういう人間でさえ、まったく暮らし向きが窮乏して土地の耕作に専念することを教わり、そして右のようなあらゆるキリスト教徒の国民のために、みずからの労働で産物を増やすように仕向けられるかもしれないと考えるのは、たぶん理に適っているだろうと言っているのである。

その地方の産物がこのように増え、大勢の人々がその土地の恵みに引きつけられて定住するに従い、ヨーロッパの製品や商品は結果として新しい消費先を見出し、またキリスト教徒の国民が定住するような多くの新しい港町や港は、以前にはほとんどあるいはまったく販売とか消費がなかったところに、まるでそういう製品の販売のための新しい市場ができるようなものだろう。そして実際、次のことが貿易のあらゆる改善の要諦である。すなわち、前には商品の販売先とかはけ口がなかったところに、市場を見つけ出すことだ。ただ、ある民族を見つけ出し、従来はそうでなかったところでわが国の商品を使わせるために流行とか慣習を広めること、新しいまたは異なる港町でわが国の商品を売ることは、たぶん通商の拡大ではないかもしれない。あるいは商品を新しい異なる地方に送ることも同じかもしれない。なぜならば、商品が新たな場所からさらに送り出されて、いままで購入していたのと同じ人々や同じ民族に、最末端の消費者として届けられるかもしれないからだ。

かくして、スループ船貿易で、つまりスペインの密輸業者との内密の通商で売るために、ジャマイカへ、またはカラカス沿岸やカルタヘナのスペイン人へ、わがイギリスの製品を送ることは、新しい市場ではあっても新しい消費ではない。それはただ同じ人々に売っているだけであって、こうしたルートでなければ彼らは同じ品をスペイン本土から、スペイン人はイギリスから、求めるだろうからである。だから、それは泉から噴出し、同じ深い穴とか池に流れる水のようなものであり、ただ新しいルートを辿っているだけなのだ。

だから同じように、東インド会社がイギリスの上質黒ラシャをペルシア湾に送り、そこからイスパハンや、グルジアや、同じ国の他の地方に送らせ、最後に残った消費者としてペルシア人やその他の人々に売らせるのは、前にアレッポやイスケンデルンから同じ品物を受けとっていたのと同じ人間に、供給しているにすぎない。だから、それはたんにトルコ会社から貿易を取り上げて東インド会社に移しているだけであり、これでは末端消費者は同じなので通商の拡大にはならない。

以上からバーバリ貿易の場合を考えてもらいたい。われわれはいまバーバリで多少の貿易を行なっており、なるほど、いくつかの地域はある意味で従来と同じ市場だと言えるかもしれない。だが、海賊行為や強盗を抑えるために、野蛮人《バーバリアンズ》が前述のようにアルジェ、チュニス、トリポリなどの人口稠密な都市や州から移され、奥地に追い払われることを考えていただきたい。それからそういう都市などが、通商により金持ちになった新しい一民族ないし数民族の住むところとなり、近隣地帯がヨーロッパのように耕作され入植され、そういう人々がキリスト教徒やキリスト教国の国民のように生活し、衣服をまとい、家屋や馬車の設備を整え、食事をすることを考えていただきたい。そのときにはどんな種類の通商があるだろうか？またそれは現状の二〇倍ほどになるだろうか、それともならないだろうか？　それも、強力な盗賊の略奪行為からヨーロッパを救い、また何千という家族の破滅の原因で、ある意味ではキリスト教国の不名誉の種でもある、無慈悲な乗組員の強奪から通商や海運を解放するほかに、である。これ以上言う必要はない。わたしの提案は並はずれているけれども実行不可能などではなく、ヨーロッパの君主や強国が試みるに値する。ヨーロッパの恥辱であり、初めトルコ人やその他の野蛮人を国内に侵入させることになった唯一の事態である、お互いが争うどんな内戦に比べても、これほどキリスト教徒の名声に恥じないものがあるだろうか。

第三章　俗にセラルーンと呼ばれるシエラレオネ(120)からベニン湾*に至る、アフリカ西部のギニア*沿岸での通商の改善と拡大のための提案

アフリカの北部沿岸で、貿易の大きな改善ができるかもしれないということを、矛盾なく説明したと思う。唯一の異論は――目下の実情ではまったく異論にならないと思う――、それが困難や、危険や、費用や、失敗の可能性を伴う征服によってなされなければならないということである。

その種の異論をすべて取り除くことがいかに容易であろうとも、ここでわたしが口出しすべき問題でもなければ、その余裕もない。しかし、そういう異論に言及したうえで、同じ大陸において別の改善案を示すのに好都合な状況があることを説明し、強調しよう。ギニアのことである。

ギニアは征服する必要がなく、戦うべき敵、少なくとも名指しするに値する敵がいない。けれども、目に見える、明らかな、疑いのない改善がなされなければならず、次のことしか言えない。つまり、改善に着手すればうまくいくかどうか不安であるどころか、いまだかつて試みたり、精力的に決然と取りかかったことがないのは驚きだということである。

少なくともいまのべた範囲におけるアフリカの西部沿岸の気候は、およそ北緯一三度から北緯五度にあってとてもよく知られている。土壌は大半の地域で申し分なく、非常に肥沃で、十分に灌漑されている。気候は暑いにもかかわらず、小さな川がたくさんあり、所によってはたいへん大きな川がある。

もしも売買の一種の停滞とか、数え切れないほどの支障による後退をも継続と見なせるならば、この国との通商は、イギリス人が沿岸を手に入れ、しかるべき場所に入植地を建設して継続されている。そして地上の野蛮な隣人にたいしてだけでなく、海上のキリスト教徒の隣人にたいしても、入植地を守るために砦や城などの要塞が築かれている。

イギリス人によってであれ、その他のヨーロッパの国民によってであれ、ここで続けられている貿易は奴隷、象牙、金という三つの主要な商品だけから成っている。非常に利益のある有利な通商であり、またかつて、商品をみな未開人から安い料金で購入していたころ、しかもたとえば包丁や鋏、湯沸かしや布切れ、ガラスのビーズや宝貝[121]のような駄物や小物、価値が低くて、ほとんど無価値と言えるような物で支払われたころに通商が続けられたので、とりわけ有利なのである。しかし、この貿易でさえ利益が少なくなっている。貿易業者どうしの衝突や嫉妬により、愚かにも未開人に物の価値を教え、われわれの品が安っぽいものであることを教えたからである。われわれは相手よりも安売りし、値打ち以上の高値をつけてお互いを押しのけようと努めたのであるが、それによりニグロが学んだことは、自分の産物の値段を高くし、われわれが売るために持ち込む商品を値切り、われわれの安売りも高値も覆すことだったのである。

このようにして、かつては世界のどんな貿易にも優り、あらゆる輸出品のなかでいちばん見劣りする物と交換に、いちばん贅沢な物を持ち帰ったあの利益のある通商は、日ごとに零落し、一種の廃物になりつつある。そしてわれわれはときどき、金でさえあまりにも高く買いすぎると言われるのだ。

だがこの間ずっと、アフリカ西岸では土地がぜんぜん利用されていない。肥沃な土壌は荒廃したままであり、大きく広がる国土、心地よい渓谷、魅力的な川の土手、広々とした平原は、改良や耕作をすれば限りない効果をあげることができるのに、荒れて手つかずのままで、灌木や無用な樹木がはびこるに任されている。まるで野生動物や、もっと野蛮なニグロのせいで――われわれが野菜類の世話をするのと同じく、彼らはただトウモロコシと少しばかりの根菜類や薬草を植えるだけだ――、足で踏みつけられた森林に似ている。どこも地肌が露出し、荒れ地になり放題である。

ところで、こうした荒廃はどうして生じるのか？　イギリス人やオランダ人やその他の勤勉な国民がそのような利益を無視するとは、何のつもりなのか？　土壌の質や状態からもっとも有利な産物を生み出すのにふさわしいように、なぜそういう土地を耕作のために囲い込み、垣をめぐらし、区分しないのか？

世界の同じような気候の他の地方を調べ、この沿岸の同じ緯度の土壌と比べてみよう。そしてもし明白な違いが見つからないとか、ほとんど同じだとすれば、どうして同じ収穫、同じ植物、果物、薬種を産してはいけないのか？　または、ある気候で生長して産出されるものが、どうして別の気候で植えられ、生長し、同じ物を産出してはいけないのか？

実際に、いろいろな地域に固有の産物と、そういう地域の緯度を結びつけて考えてみよう。たとえばこうである。

一、コーヒーの木の実は、北緯一三度から一四度までの紅海の東岸で恵まれたアラビア《アレイビア・フィーリックス》*の南東岬にある、モカの大地から採れる自然の産物である。この地で生長し、繁茂し、いわば野生のまま考えられないほど少ない労力をかけて産出する。人がかかわるのは、果実が熟して収穫した後である。すなわち、実の保存処理をして乾燥させ、市場向けに貯蔵する場合である。この作業はモカだけでなく世界のいかなる地域においても、同じようになされなければならない。

勤勉なオランダ人は、コーヒーの実は処理して保存するのが容易であること、またその際に、モカであれ別の場所であれ、土にも空気にも水にも他の何にもまるで影響をうけないと知り、すぐにジャワ島*のバタビア市*の近くにコーヒーの木を植えた。すると、モカの木と寸分違わずによく繁茂し、実を結び、成熟している。そしていまオランダ人は紅海を諦め、南緯五度のバタビアから一度に二〇トンないし三〇トンのコーヒーを収穫し始めている。

この幸運な改善に満足せず、別のオランダ人たちは、世界のほぼ同じ緯度の地域で似たような実験をし、似たような成功を収めた。そしていま北緯六・五度にある南アメリカ北部沿岸のスリナムから、多量のコーヒーを得始めている。

どんなに蓋然性があってもわたしには肯定しかねるのだが、勤勉さの点でずっと劣るポルトガル人が、南緯一二度のサン・フランシスコ川*あたりのブラジル東岸に、コーヒーの木を植えている、という話も耳にする。

それから、フランス人が、南緯二三・五度にあるマダガスカル島*のポート・ドーフィン植民地に植えて成功した、とわれわれは確信している。

確かにオランダ人は喜望峰にも植えたが、失敗した。その理由は明らかで、寒すぎたのである。だれもが知っているように、喜望峰は南緯三四度二〇分かそのあたりにあるので、バージニアやカロライナのわが植民地に植えたも同然なのだ。

しかし、緯度が五、六度のバタビアやスリナム、一四度のモカ、二三・五度のポート・ドーフィンで成功するならば、どうして緯度が一三度から一五度の、ベルデ岬の真南に位置するセラルーンではいけないのか？　どうして緯度が五、六度のケープ・コースト*やアクラ*ではいけないのか？　そして早い話が、われわれが思うままに占有し、防護することができ、生産する土地のある、穀物海岸、象牙海岸*、黄金海岸*、奴隷海岸*ではどうしていけないのか？　だが先に進もう。立論が同じなので次の数項目はもっと短くなる。

二、砂糖きび。われわれの成功はよく知られており、アメリカの諸島植民地で生産されて限りない利益をあげている。北緯一七・五度のセント・クリストファー島と北緯一八度のジャマイカから、北緯一三度のバルバドスまでだ。ブラジルのポルトガル人も生産しており、南緯九度のペルナンブコ港*から南緯一三度二〇分の諸聖人湾《バイア・ゼ・トゥゾ・ズー・サントス》*までである。また北アメリカ大陸[122]の北緯一四度のグアクサカ、グアテマラなどの州でスペイン人が生産している。ではどうしてアフリカ沿岸でわれわれも生産できないのか？　北緯六度の黄金海岸から北緯一五度のベルデ岬まで、ちょうど同じ緯度の土地を選択できるのだ。

アフリカ沿岸でこのような試みをすると農園主に特別の利点があることを、つけ加えていただきたい。とくにイギリス人が砂糖きびをいま植えているどんな地域でも、こんな得なことはないのである。例をあげよう。

1、奴隷のニグロを得るのが容易で、一人につき三〇～五〇シリング、せいぜい三ポンドだろう。それに反して現在、バルバドスとジャマイカでは一人二五～三〇ポンド、ブラジルでは三〇～四〇ポンド、グアクサカ、グアテマラなどの州ではスペイン人にとり、一人につき英貨五〇～六〇ポンドかかる。

注　ニグロの逃亡を防ぐのは、想像するほどにはたいへんでない。たとえ同じ大陸であっても遠くの地域から連れて来られるので、彼らは自国のことは何も知らず、それに英語が分からない以上に隣のニグロの言葉も分からないからである。だから近所のニグロの許に逃げたにしても、また奴隷にされて船に売られるだけだろう。だから、奴隷は進んで逃げることをしないだろうし、また仮に逃げても、ジャマイカほどには損失がそう大きくないだろう。

2、食料を手に入れるのが容易であり、ジャマイカやバルバドスのわが植民地が途方もない量を輸入するように、アイルランドとかニューイングランドから運ぶことはまったくないだろう。現在、生産物で賄っているように、つねに自給できるだろう。米、トウモロコシ《メーズ》、根菜類——たとえばジャガイモ、パースニップ[123]、人参、その他数え切れないほどの品種——について言えば、沿岸のどこにでも豊かに育っている。

3、イギリス—アフリカ植民地間は距離が短く安全に渡航でき、航海はたいてい一二日から一五日でなされる。それに反して、ジャマイカ—ロンドン間では、六週間から一〇週間程度なら悪くない航海とされる。渡航費用もその他の不都合もきわめて大きく、こういう違いがアフリカの砂糖を市場で有利にするだろう。

三、次は茶の栽培である。中国沿岸の厦門《アモイ》[124]島とか舟山《チョウシャン》*群島にまで行ったことのある人はみな知っているが、茶は主として山東省*や南京*や広東*といった地域で、また同じくジャポンないしジャパンという列島で生産され、その大半は北緯二四度から三〇度の間である。それなら、気候上の利点がはるかに大きいので、シエラレオネやアフリカの黄金海岸でも生産できるのではないだろうか。苗木も保存処理の方法も中国から持って来られるが、ニオイホフト氏*によるとそれはむずかしいことではない。

これほど本国の近くでこうも儲かる作物の栽培について、たくさんの利点をあげる必要はほとんどない。おのずから分かることであるし、またその試みを実践するむずかしさは、ほとんどあるいはまったく取るに足りないようにわたしには思える。いや、聞くところによれば、ケープ・コーストの大邸宅にある総督の庭園に大きな茶の苗木が植えられているとか、サー・ダルビー・トマス*の統治時代には少なくとも植えられ、それが見事に成長して繁茂したということである。白状するが、わたしにはそうなっていけない理由が分からない。

その他の何よりもずっと重要な問題に触れて、この項を終えよう。すなわち、ナツメッグ、クローブ、シナモンといった香辛料の大事な問題である。そのうち最後の二つはテルナテ島*や、北緯二度から四度の隣接したその他の諸島で見出される。なるほど、ナツメッグはバンダ諸島*や隣接したいくつかの小島で、しかもほとんど赤道の真下に見出されるだけである。それで、同緯度にあるときは別として、こういった島とアフリカにおけるわが入植地のどれかと比べた場合にいずれがより南にあるか、疑わしいかもしれない。しかし、ナツメッグについても実験がなされてよいだろう。だがクローブに関しては、まさしくわが黄金海岸と同じ北緯二度から七度にある、ボルネオ島のジャイロロ*やその他いくつかの島に見出される。同じように、シナモンは北緯六度から七度にあるセイロン島に見出され、黄金海岸とぴったり合致する。そこで、アフリカ沿岸の同じ地帯が技術に後押しされて、同じ成果を生み出せない理由が分からないのである。

　次のように全体を要約する。つまり、東インドや西インド諸島の産物の全部ないし大半がアフリカ西岸で生産されうることを疑う理由がない。たとえば、綿、生姜、砂糖、ココア、オールスパイス、藍、その他ジャマイカで知られているいくつかの産物、さらにはコチニール、バニラ*、キナ皮さえもがある。もっとも、生産するには、まず植えようという勤勉と熱意が生まれればの話である。

　アフリカ沿岸でなされうる改善の議論を終えるには、北部における数種族の際立った商関係——現状のままでさえ国中に注目すべき商業を生じさせている——に言及し、そのうえ、いかに驚くべきほどその商関係を改善できるかということに注目しないわけにはいかない。大河のニグリス川、またはニジェール川*、またはわが国の船乗りが転訛して呼んでいるガンビア川の沿岸に住むニグロ原住民が、川向うの東岸沿いに住む数種族の原住民と連絡して行なっている商いで、原住民はまとまってアフリカの北部沿岸でムーア人と商取引していると言われる。この取引の場所であるフェス、モロッコ、メクネス*、その他の都市では現在、年に一度だけ大隊商が集まって売買を行なっている。これはすでにたいへんな大商いだが、われわれの提案がどれほどこの商いそのものを拡大するだけでなく、まさに住民自体をまったく変え改めることになるだろうか。他方、アフリカ北部では（キリスト教徒がいるので）、未開人もまもなく教化されてキリスト教徒になり、衣服を身につけ、現在はない多くの品々をヨーロッパから供給される生活を覚え、結果として生活様式とともにその商業の性質も変え、ヨーロッパ製品を消費し始めるだろう。

アフリカにおける種族の住民のために通商計画を立てることは不必要だろう。大勢のヨーロッパ人がひとたび沿岸に落ち着くと、まもなく通商を内陸の種族に広げ、貿易だけでなく生活の仕方も教え込み、住民を雇って富ませるだろう。以上により世界で最大の改善の一場面を観察することになるが、それはつまり次のようになる。

あらゆるわが植民地や在外商館などで、未開の種族に生活の仕方を教えて慣れさせる以上のことはほとんどする必要がない。つまり、恥を知らずに裸のままではなく見苦しくないように衣服をまとい、獣のようにではなく人間らしく食事をし、未開人のようにではなく経済活動と文明化された政治のある町や市に暮らすのである。

種族を教化しても通商を拡大することにはならないと考えるのは、思い違いのなかでもひどく不可解な思い違いである。すべてのわが植民地において、その反対であることが明らかなのだ。ケベック*やカナダのフランス植民地もわが国の植民地も含め、北アメリカのヨーロッパ植民地の奥地に住んでいた未開人を教化したとき、どのような結果になったか？　この問題を以下の詳しい例で考えていただきたいが、その例において、商品それぞれとしては少数で取るに足りないが全体としてみると相当なものであり、わたしの主張を十二分に証明してくれる。

ヨーロッパ人が訪れる前のアメリカ・インディアンないし原住民には、家屋も、家畜も、衣服も、道具も、武器も、弾薬も、家財もなかった。家畜は森の獣であり、衣服は獣皮であり、武器は弓、木製の剣、棍棒、魚の歯や骨の矢尻をつけた投げ矢、投げ槍であり、弾薬は矢や石であり、家屋はたんに円形テント小屋、掘っ立て小屋、仮小屋であり、家財は日干しした土鍋であり、寝台は地面に敷かれた筵や獣皮であった。二本の棒切れを擦り合わせることによってしか火をつけられず、刃のついた道具もその他の道具もなかった。鉄も、鋼鉄も、真鍮も、鉛もなかったし、砥石とか臼石もなかったからである。食肉といえば日に乾した獣肉であり、飲み物は冷たい水しかなかった。

同じアメリカ・インディアンが、ほとんど従来のように荒々しく野蛮なままの者たちでさえ、便益に納得し必要に駆り立てられて、豊かな生活上の便宜のために無数の品々をわれわれに供給するようになり、まったもっと教化された者たちはそれ以上のことをし、こういう者たちが全体でわれわれの貿易を拡大する。たとえば、われわれの商品を手に入れようとする場合、彼ら自身が売却する品をまず考えていただきたい。彼らは鹿皮、熊の毛皮、狐の毛皮、ビーバーの毛皮、その他の毛皮を売る。これをまとめて（前述のように）わが国の貿易商は生皮と呼ぶ。生皮をインディアンはわが国民に売るのだが、じつに上等な商品であり、かなりの収益になる。

もうけを使ってインディアンは衣服用にわが毛織物を買う。たとえば、ダッフル、毛布、ハーフ・スィック、カージー織、ならびにそのような目の粗い品物である。その他に革の商品もあって、極寒に着て体を暖める。さらには厳しい寒さに備えて縁なし帽子、長靴下、縁のある帽子、靴、手袋を買う。

燃料と食料を得るために、食料のためにはたとえば火薬や弾丸といった火器や飛び道具を、燃料のためには手斧や斧、小刀、なた鎌を、それにまた踏鋤、シャベル、鶴嘴《つるはし》など、彼らの作業に適した道具を買う。

住む家屋を建て家具を備えつけるために、あらゆる種類の刃物、釘、大釘、金槌、鋸、鑿《のみ》などを、鉤《フック》、蝶番、錠前、ボルト、その他多くの道具のために錬鉄を買う。さらに家財としてときどき椅子、腰掛け、長腰掛け、寝台、寝台の床架などを、それにまた壜、樽、その他土製の、白鑞製の、真鍮製の、木製の容器を買う。要するに、技術か貿易によって供給できるもので、欲しいものは何でも買うのである。

以上のすべてが貿易を築き上げるのであって、こうした需要が増すに伴い、ヨーロッパの貿易や通商は拡大せざるをえないのである。需要の程度に多い少ないはあっても、教化された人間が増えると概して通商は拡大するからだ。

だから、イギリス国民にとって以下の他に何かすべきことがあるだろうか。つまり、増やすのに適していてそうすることが可能なすべての遠隔地に自国の植民地を増やすこと、そしてどこに入植しようとも現地の未開人や原住民を啓蒙し教化することだ。このうえなく穏やかで温和な方法で、わが国の風習や慣習に馴染ませ、一国民としてイギリス人の仲間入りをするように仕向けるためである。

未開人をキリスト教徒にすることについては何も言うまい。それは当面の目的からかけ離れているし、また少なくとも大部分の地方において、われわれの実践とさらにもっとかけ離れたことではないかと思う。ただわたしは、彼らがキリスト教徒になるかならないかは別として、やがてキリスト教徒のような生活ができるように、われわれの実践と彼らの風習や慣習の統合について話しているのだ。

以上のことを直接、わたしがいましがた言っていたアフリカ沿岸とその地方に当てはめてみよう。売買や、栽培や、漁業や、海運で提案したいいろいろな改善について、また植民地が公然と好転すれば必ず生じるあらゆる仕事について、その結果がどうなるか判断してもらおう。そしてもしも、それまでは製品を消費などしなかった種族の間に、しかも前には通商など行なえなかった地域で、結果として製品が消費されないようならば、わたしにそう言っていただこう。

それにまた、いかなる愚鈍なキリスト教徒にも、こんな政策をとればわが西インド諸島の貿易を出し抜き、その他のわが植民地に取って代わることになり、一方ではわれわれを強化するが他方では弱めることになるだろう、などと言い出さないでもらいたい。そのように言う人たちは、次のことを考慮してほしい。第一に、わが西インド諸島産の砂糖にも生姜にもいかなる産物にも干渉せずに、大きな改善が目論まれていること、またこれらの品目においても、大がかりな改善が初めてなされるかもしれないことである。第二に、明らかにわが西インド諸島だけでは、現在、輸出に必要な分をも含む砂糖をわが市場に十分供給できていないので、砂糖が簡単には多すぎるようになるはずがないし、また実際その危険もないことを、つけ加えさせていただきたい。だから、そういう鈍感な異議には容易に反論でき、ここでその場を設ける必要はない。改善が始まるのを目にし、わが市場に供給しすぎて西インド諸島の貿易を損なう危険がありそうなことを目のあたりにし、諸島が不満を言うかどうか聞こうではないか。そのときでもそうした疑念に答える時間が十分にあり、現在は考慮に値しないと認めざるをえない。

他方、アフリカ沿岸では大規模な改善が期待でき（ただし、砂糖の栽培だけは顧みられなかった）、また次に話す予定の東部沿岸だけでなくこの西岸にも、じつに人口稠密な種族、いや帝国がある。だから、これから貿易の相手となる何百万人もの人間がいるけれども、これら種族を教化され抑制されるように説き伏せるまでは、けっして貿易相手とはならないだろう。つまり、彼らの本性がほどなく啓発されるに従って、必然的に貿易を導入し、製品を消費し、海運を用い、人を雇い、やがてわれわれの誇るべきどんな外国輸出にも優るような通商を確立するまでは、である。

第四章　アフリカ東部沿岸におけるイギリスの通商の拡大と改善のための提案

われわれは地球の表面になんらかの知識は持っているものの、ヨーロッパの住民が通商していない、またはいかなる種類の交渉もない重要な国が、世界でただ一つだけある。エチオピア[125]とかアビシニアと呼ばれる大帝国ないし王国の類いである。

われわれが貿易または商関係を通してこの国のどこかに入るには、三つの方法しかないが、現在のところみな実行不可能になっている。

一、トリポリとバルカン諸国*沿岸から陸路で。われわれの前の提案の趣意に従い、有望な貿易の敵であるバーバリの海賊を根絶するために、トリポリ・ルートが縮小されるならば、この陸路による貿易は、今日まで行なわれているように、アジアでアレッポからバクダッドへ向かう隊商が推進することは確かだろう。

二、大カイロ*からドンビア湖までナイル川を上る。ナイル川が増水しすぎて氾濫しない時期に、このルートが使われると言われているが、もっと入念に調査した人たちによればこの話は間違っており、大カイロの南方一六〇〇マイルに満たない地点から、ナイル川では大滝や瀑布が頻繁にあり、さらに南方の上流では航行も船による通商もまったくできないとのことである。

三、三番目の方法は紅海沿岸を使うルートだが、ここもトルコ人に遮断されている。トルコ人はアデン湾(126)または紅海の西岸すべてを強奪し、エチオピア人を沿岸から追い払った後で同国から世界のあらゆる国民を排除するか、または世界の他の国民と交渉できないようにエチオピア人を封じ込めるかした。

しかしながら、トルコ人の支配地からさらに南方の湾の沿岸では、通商できるのは明らかだ。その沿岸にはとくにゼイラ川とフエーク川という二つの川があって、わたしが確信するところによれば——ほとんど情報のないなかで持ちうる程度の確信だが——、トルコ人が領有している沿岸よりはるか内陸まで航行できる。また二つの川を利用すれば、実際のところもっとも富裕で人口稠密な地域であるエチオピアのど真中にまで、通商を確立できるかもしれないのだ。しかも河口地域にはどこの国民でも自由に入植して防備を固めることができ、四〇台から五〇台の大砲を備えた二隻の軍艦を常駐させれば、容易に防衛できるだろう。そしてまた軍艦が行き来するなかで、貿易は喜望峰回りで続けられるだろう。

そのような貿易は東インド会社の特許に含まれるだろうと示唆されるかもしれない。それでは、なぜ同社は貿易を始めてみずから入植しないのか、ともっともな反論ができるだろう。仮に同社がそうしないにしても、独占的な通商特権が個人にであれ会社にであれ認められているのは、貿易を台なしにするとか挫くためではなく、改善して続けるためである。そこで、東インド会社がエチオピアと貿易する特権を主張しながら、貿易する気がなければ、その権利はもちろん当面無効である。さもなければ、同社はイギリス王国をエチオピア貿易から閉め出す許可を認められたと言った方がよいだろうけれども、それは途方もないことで、物事の道理に反するだろう。

エチオピア貿易が実行可能だとすることについては、これ以上言及する必要はない。わたしはいつでも、いかにして実行に移して通商を始めるべきかという方法を明示し、そしてエチオピア人が幾度もそのような提案を喜んで受け入れたいと表明したことを立証しよう。この貿易の概略と、とりわけイギリスの通商の改善になるかもしれない点を説明することだけが残っている。

一、東インドにおけるわれわれの商関係の性格とは逆に、エチオピアとの貿易はイギリスにとりじつにたいへんな利益になるだろう。エチオピア人はわが産物と製品をともに受け入れ、正貨で応じるだろうからだ。ところが、インドや中国とのあらゆる貿易では立場が逆である。インドや中国では、即金でなければわが商品を売ることも、相手の商品を買うこともできないからである。彼らは銀貨がないとわが製品をまったくあるいはほとんど持って行かないし、また彼らの製品をわれわれに供給もせず、イギリスだけでなくヨーロッパ中から現金を奪い尽くすのである。

二、エチオピアは暑いが、国民はみな控え目に見苦しくないように衣服をまとっている。エチオピア人はもしも手に入れられるならば、エジプトやペルシアに運ばれるようなイギリスの上等の織物を買いたがっていることは、この国を旅行した人たちによって知られている。そして貿易と呼べるほど注目に値するようなものではないが、大カイロから陸路でイギリスの織物を運ぶ試みが何度かなされたことがある。

概して、エチオピアとの貿易は限りなく有利だろう。何であれわが製品のうち現地で売れるものにたいして、金や、象牙や、硫黄や、ジャコウネコ香や、硝石や、エメラルドといった高価なものを持ち帰るだろうからである。同国からやって来る産物は他にもあり、たとえば大量の鹿皮や、肉牛の獣皮や、豹やライオンの獣皮など、それに上質の銅がある。非常に潤沢なゴムや薬種もあるが、これらについては乳香[127]、アラビアゴム*、ソコトラ島沈香《じんこう》といった名前しかあげることができない。その他たくさんの品目を耳にしたが、断言できるだけの確信がない。

以上のものと交換に、われわれはかならず上質黒ラシャ、目の細かい深紅色のシャルーン織*、セイ、サージ、その他暑い地帯でふつう着るような薄い織物を売り出すべきであり、その他に、多数の金属製品、錬鉄や真鍮、刃物、武器、火器、弾薬、鉛、白鑞、錫、上等なリネン類、おそらく絹物も売るべきである。というのも、エチオピア人がイギリスだけでなく、インドとか世界のその他のいかなる地域とも貿易していないことは、十分に確信しているからだ。

このように、アフリカ沿岸だけで、イギリスの通商を改善するための大きな三つの課題がある。そのいずれも実行が可能であり、従来はほとんどあるいはまったく消費がなかったところに、わが毛織物の莫大な消費を生むことができる。課題の一つであるギニアは実際にわれわれの思うままであり、また試みにたいしてはほとんど異が唱えられないほどなので、いまだかつてこういった案が世に問われたことがなく、企てもなされなかったという事実ほど、驚くべきものはない。

第五章　船の備品、材木、松材などの貿易相手国をすべて、東方地域から、ノルウェーとスウェーデンから、わが国の植民地に変える提案。ただし輸入に際しイギリス政府に奨励金という無益な費用を負わせないこと

四番目の通商の改善もまた、われわれの手の届く範囲にある。鈍くて、不十分で、適切に機能しない措置は講じられてきた。それを見ると改善の利点が分かっているような感じだったのだが、わたしが言っているように、それは鈍重なやり方であり、あたかもソロモンの怠け者[128]のように、「手を懐から引き抜いても、それを口に持ってゆくことをしない」かのようであった。船の備品、材木、松材、マストなどの輸出元を、ノルウェー、スウェーデン、東方地域から、アメリカのわが植民地に移す問題である。わが植民地は例外なく、ノルウェー、スウェーデン、東方地域と同じように、麻、亜麻、タール、テルペンチン、あらゆる種類の樅《もみ》材、材木、松材、大樽板や大桶板、おそらくやがては鉄も十分に供給できるし、またしかるべく奨励すれば、すべての品目をまもなく同じように安く産出するだろう。

右で触れたように、まるで利点は見とおしていたけれども、どのようにして結実させるかを知らなかったかのごとく、何度も試みられた。この通商を奨励し、実行可能にするためこれまでとった策は、輸入した貿易商にイギリスで奨励金を出すだけであった。しかし恐れながら、貿易と言うには十分でなく、一種類の商品しか対象にしていない。貿易が広く行なわれることを期待するならば、奨励も手厚くなければならない。

大きな困難を抱えているように思われるこの重要な問題について論を続ける前に——だがその困難を取り除くとわたしは明言する——、一つの基本を定めておかなければならない。けれども、ニューイングランドやアメリカ北部の植民地の住民を信用したうえで書き留めるのであり、仮に住民たちがわれわれを欺いたとしてもみずからを欺くだけで、われわれになんの変わりもないことは疑いのないところだと思う。

基本はこうだ。つまり、植民地住民は十分な量の麻、亜麻、タール、テルペンチン、樅材、材木、薄い松板、マスト、帆桁、大樽板や大桶板などを供給できる。たとえそれらをどこか別の国から輸入することを禁じても、不足とか欠乏がないようにイギリスやアイルランドの全需要を十分に満たすことができる。

供給できるということを、次のように理解していただかなければならない。植民地住民が主張する以上にわたしが彼らのために弁じてはいけないのだが、基本原則と言われるものが厳密であることは当然なのである。つまり、植民地には、現在多くの樹木を伐採して切断し、タールやテルペンチンを抽出し、樽板や桶板などを裂き取るのに十分な人手があるというのではない。じきに克服するだろうが、初めのうちは困難だと思われる。だが、国土や森には樹木がすべて十二分にあり、成長するまで植林できないとか待つ必要などなく、樹木が丘陵にも平原にも使い尽くされずに、また実際に使い尽くしようもなく無限に広がっており、われわれのあらゆる需要にとって十分であり、それをはるかに上回っている。

また、わたしは、植民地住民はいまわれわれの需要を満たすのに足りる麻、亜麻を、生産するとか植えるとかしているのではなく、土地があって肥えてもいるし広大でもあり、また土地は森を伐採すれば日毎に増えていくだろうと言い、主張しているのだ。以上は疑いの余地がないところだと思う。

注　材木や船の備品を供給する地域は、要するに、北アメリカ大陸のうちイギリスの領地全体、すなわちニューイングランド、ニューヨーク、東西ジャージー、ペンシルベニア、ならびに入植いかんにかからわらずデラウェア大河[129]沿いの地域全体である。ただし、デラウェア川が航行できる範囲内であって、おそらくフィラデルフィア*を越えて一〇〇マイルあたりだろう。

チェサピーク湾の奥にあるバージニアとメリーランドの全植民地、南北カロライナの全植民地、すべての河川。南北カロライナだけても、ノルウェー王国全土と同じくらいの樅が生い茂っている、とのことである。

さらに、必要に応じて変更を加えながら《ムターティス・ムタンディス》、貨幣と支払金額のことを考慮に入れるならば、植民地は東方地域とノルウェーの貿易がいま供給しているのと同じくらい安く、すべての品目を供給できるだろう、とつけ加えることができる。

これらの事柄が基本として認められれば、提案の範囲が絞られてくる。そこで、イギリス（市場）とこれら商品の生産地であるわが植民地の差異はすべて、場所の隔たりと航海の長さによって生じる船荷の価格にある。いかにしてこれを等価にするかが問題のすべてであり、次のいくつかの方法によって解決できる。

注　輸入業者に奨励金としてむだ金を支払うことを、商品の個々の買い手に負担が及ぶわけではないにせよ、国民にとって金銭的負担でしかないとわたしは否定するし、まったく不均衡を解消するとは言えない。個々の手から公衆に重荷を移すだけであり、十分な対策ではない。また仮に全輸入品に奨励金を出せば、国民全体にとって担い切れない重荷になるだろう。

わたしが公衆に課したいと思う唯一の負担は、しかもほんのわずかの間だけ、（繰り返しは避けるが）あらゆる植民地産の商品の課税金を全額免除し、他の地方から輸入を禁止することである。しかも植民地の貿易が完全に軌道に乗るまで、この禁止を続けるのである。

次に運送料について言うと、東方や北方の海洋からやって来るこれらすべての商品の運送料は現在、多少のぶれはあるものの、一トンにつき四〇～五〇シリングと考えなければならない。そこで、仮に植民地から送られる同じ商品の運送料が、一トンにつき六～八ポンド*であり、したがってどういうわけか東方や北方からの運送料の三倍であるとした場合、とくに商品がみな嵩ばっていることも考えると、きわめて大問題だというのが正しい。

しかし、この過分の運送料と完全に同額ではないにしても、次の二カ条はただちに差額解消の一助となるだろう。

第一に、イギリスに輸入する際に課税を免除すること。現在は非常に高く、議論の都合上二〇パーセントだとすると、運送料の差額の半分になると計算してたぶん正しいだろうが、輸入業者がその分を市場価格に含めるに違いない。

第二に、植民地にイギリス商品を輸入する際、約一〇パーセントの関税を課すること。これで右の差額の半分と同額になるはずだと主張したい。そのようにして得られたお金は船長にも支払わなければならない。公衆と調整できる割合に応じ、またもっぱら個々の商品を船積みする場合のトン数にもとづいて、である。

植民地は、けっしてこのような課税に不平を言わないだろう。支払った税金はある意味で自分たちのために支払うのであり、お金を一方のポケットから取って他方のポケットに入れるだけのことだからである。植民地の産物は輸入され（まったくのところそれは無用の産物で、住民は従来みな燃やしていたのだ）、住民は雇用され、桁はずれに増加するだろう。この二つは植民地の住民にとりもっとも重要なことである。いや、たいへん重要なので、この二つを保証してやりさえすれば、数年で世界のいちばん大きくて繁栄した植民地になるとたぶん彼らも請け合うだろう。

白状するが、植民地が強力になりすぎて独立するというわゆる嫉妬から、ニューイングランドの繁栄に関するこの輝かしい計画が（約四二年前に）見捨てられた当時、示唆されたことをわたしは（その無知をこのうえなく軽蔑し）下らないと思う。宗教上の宣言では独立しているから、政治上でも独立したいと望んでいるのだなどと遠回しに言っていたのである。ところが、なによりまさにその考えは、もっと悪い派閥的な敵意というそもそもの動因に加え、まるで説得力がなく愚かしいものであった。なぜならば明らかに、ニューイングランドの貿易の繁栄、ニューイングランドの存在と存続は、イギリスへの統合と服従にあり、まったく統合と服従にかかっているからだ。ニューイングランドの通商を支える唯一の商品である産物は、イギリスの植民地に持って行かれるだけであるし、またイギリス人以外にヨーロッパ諸国の国民は持って行くことができず、しかもその他の植民地についても同じなのである。例をあげよう。

オランダ人にはクラサオ島と呼ばれる（辺境の小さな）島以外にひとつも島がなく、名をあげるに値するようなことは何もできない。なるほど、フランス人には繁栄する植民地マルティニクがあるけれども、この島は大きいのに概してみずからが消費する食料を生産するだけである。そして仮に生産が十分でなければ、フランス人には本土に、つまりカナダに植民地があって、そこからあらゆる島々のフランス人にたとえばパン用の粗挽き粉や、肉、魚、豌豆、その他彼らが欲しがるような食料を供給する。フランス人はニューイングランドに食料を与えるために、カナダの自国植民地を飢えさせることはけっしてしないだろう。だが反論の余地のないように言えば、たとえ彼らが全力を尽くしたにせよ、わが植民地のどこの産物をも、いや、その二〇分の一をも、消費したり輸入することができない。それもそのはずで、わが植民地は、ある人たちが断言するところによると、一〇〇〇隻の船やスループ船を保持していて、現地の産物を積んで北アメリカ本土から、たとえばセントクリストファー、アンティグア、ネビス、モントセラト[130]、バルバドス、ジャマイカといった島々までたえず通っているのだ。このうち最後の二島は莫大な量の産物を消費する。

次のような食料はまったく北アメリカ本土の産物であり、たとえば樽詰めの小麦粉とか粗挽き粉、豌豆、麦芽、米や煙草、樽詰めにした塩漬の牛肉や豚肉、生きている羊や馬、樽詰めや壜詰めのビール、塩漬にして乾燥させた白身の魚、樽詰めの鮭があり、その他に船だけでなく家屋を造ったり修理するための用材、すでに建造され仕上げられた船やスループ船がある。

以上はみな北アメリカ本土の産物であり、ニューイングランド、ニューヨーク、東西ジャージー、ペンシルベニア、バージニア、カロライナの植民地に暮らす住民の労働生産物である。この輸出がなければ各植民地は滅びるだろう。いかにも、諸島も少なくとも初めのうちは食料が不足し飢えるだろう。だが大陸では、仮に諸島が産物を持って行かなければ、片づけ、切り開き、植えるのに莫大な費用のかかった土地は、無益で耕作しないままになるだろう。森が何千頭も養っている豚は群れをなして土地を荒らし、やがて熊や狼よりもひどくなるだろう。プランテーションは食い切れないほど、売りさばく市場が見つからないほど、あらゆるものをたくさん生産するだろう。まったく、樹はずっと立っているだろう。だれも切り倒さないだろうからだ。そうなれば住民がかつてしたように、森を一掃しようと火を放つかもしれないのである。

つまり、これが実情なので、義務はないけれども植民地は利害関係によってイギリスと結びついており、イギリスから離れることは零落を意味するだろう。

次に、材木や船の備品などのための通商を提案する場合に、同じ論法を用いていただきたい。すると、さらにしっかりと（可能であればの話だが）植民地をイギリスへの依存関係で縛ることになるだろう。ヨーロッパのいかなる国も、わが植民地を同じように助長することができないだろうからだ。ここではこの問題を詳しくのべるわけにはいかないが、貿易を理解している人にはだれにでも明らかである。もしも廷臣や政治家が知らないというのであれば、教えてくれそうな人に尋ねていただきたいものである。

提案に戻ることにする。政府が前述の試みで損をしても、同じだけ取り返すことができるとのべた後で、通商の利点を簡単に説明することだけが残っている。それらを短く数項目でまとめさせていただきたい。紙幅がなくて、しかるべく敷衍できないからである。

一、松材や材木、タール、マストなどの貿易は、現在ほとんどを現金でノルウェーと行ない、そしてほとんど注目されなかったにせよ、正貨で、いや、まさしく硬貨のクラウン銀貨(131)や半クラウン硬貨*で、東インド会社よりも多くの銀貨を持ち出している。だから、この不利な貿易を止め、われわれは、同じ商品をすべてわが国の製品と交換するべきである。植民地の商品は、わが国民、勤勉な農園主、イギリス国王陛下に統治される臣民の労働によって得られ、生み出されるのである。

二、材木などの少なくとも三分の二をデンマーク人やスウェーデン人の貨物船や船乗りが操縦する船で運ぶのではなく――外国の船乗りにむだ金で空荷運賃*を払い、彼らは前述のように正貨で持ち去る――、ニューイングランド製でわが国の船乗りだけが操縦するわが国の船で持って来ることになるだろう。

三、ノルウェー貿易にはいまごく少数のイギリス船しか携わっていないが、この新しい通商では毎年きまって少なくとも一〇〇〇隻の船が使われ、大半は荷物船だろう。だから、そういう船を建造し、修理し、艤装するという利益のほかに、つねに一万五〇〇〇人から二万人の船乗りが雇われるので、船乗りの新しい養成所になることだろう。

四、植民地では、言葉で表現できないほど人間が増えるだろう。したがって前述のとおり、繁栄の大きな源であり、食料の消費が増大するだけでなく、製品の消費や植民地向けのあらゆるヨーロッパの輸出品の消費もまた、それに比例して増大するだろう。それは本書の大きな主題である。わたしが確かめた計算によると、一〇万人を下回らない人間が森で雇われると推測される。材木、松材、マスト、帆桁などを切り倒したり切り取ったりし、麻や亜麻を植えて世話をし、タールを抽出し、この貿易のため輸出する全商品を用意する仕事に就くのである。しかもこの数字にはあまり大した作業ができない女性や子供を入れていない。その他に、造船の仕事があって、別個に論じるのがふさわしいほど重要である。

五、以上により植民地は、イギリスへの交換商品を十分に準備できることになるだろう。イギリスとの貿易で生じた負債を支払うために、植民地はいま非常に困っているのだ。植民地が輸入するわが製品の量は、見返りとしてわれわれに輸出する予定の産物の量よりもはるかに多い。ところが、植民地の生産物を前述のように取引すれば、輸出と輸入がほぼ均衡するだろうし、われわれは輸出に見合うだけの商品を植民地に求めることがつねにできるだろう。

六、この貿易により、植民地はジャマイカやその他の諸島から多量に銀を受け取ることになるだろう。というのも、その貿易は丸ごとの利益となり、銀もまた手元にとどまるだろうからだ。ところが、現在はそうはいかない。なぜならば、銀は一オンスにつき一二〜一四シリングだが、正貨でイギリスに返済するためにそっくりなくなってしまうからである。だからこの通商の結果として、大陸の植民地に通貨が流通するようになるだろうけれども、これまでの貿易にはなかったことなのである。

貿易上の輝かしい改善案をすべて細かく説明するには、もう一冊の本が必要だろう。改善できるのは以上のような商取引の結果であり、またとくにイギリス製品の増加のおかげであるが、植民地の人口が増えれば、商品の需要も増えるためなのである。（いまのべているような状況を判断できる）だれにであれ、現状にもとづき、人口増加によって必然的にもたらされる状況を予測させよう。大陸の五つの植民地向けの輸出を合計させよう。現在のような輸出はまったく改善の賜物であり、過去八〇年間、皆無ないしほとんど皆無の状態から達せられたものであることを考えていただこう。当時はすべてが未発達の状態であり、貿易に関してはないものもあったからである。ニューヨークと東西ジャージーは一六六六年に初めてオランダ人から戦い取ったし、ペンシルベニアは五〇年以上は発展しておらず、カロライナはもっと短いのである。

状況判断ができる人たちに次のことを言ってもらうか、またわれわれに代わって推測してもらおう。大陸の植民地を一〇〇〇万人にまで増大させ、イギリスからの輸入品だけで衣服をまとわせ、食べ物を除く必要な品をすべて提供し供給するようにし、植民地の利益というあの不滅の確固とした貿易の絆により、いつでもわれわれに結びつけておくのは、イギリスにとってなんと輝かしい貿易だろうか。

現地の住民はみな、イギリスからだけ次の品々を輸入しなければならないことを、状況判断ができる人たちに教えてもらおう。布地、毛織物、リネン、綿、絹。すべての小間物。鎖、刃物、ジャッキ機械、釘、ボルト、螺子《ねじ》など錬鉄とか真鍮を使ったあらゆる金属製品。大砲、臼砲、弾丸、砲弾、深鍋、大釜、鐘、艦砲のような鋳鉄や真鍮などを使った重金属製品のすべて。あらゆるクロック、ウォッチ、果てはつまらない物や金ぴか物。家具、台所用品、ガラス製品、室内装飾品、ブリキ製品。つまり、われわれが生産するもの、製造するもの、輸入するもののすべてである。繰り返せば際限がないだろう。

わが植民地の拡大は災いを伴うと示唆する人々がいやしくも植民地について考えるとき、わたしの見解はいかに途方もなく、奇妙だと考えることだろうか！　他のどんな国民がこのように振る舞うだろうか？　スペイン人はメキシコやペルー、チリやサンタ・マルタといったおのれの帝国を、あまりにも多くから成り、あまりにも大きすぎると考えるだろうか？　たとえその帝国が、いまより一〇〇倍も広く、スペイン本国から人口を流出させても、である。フランス人はカナダやルイジアナの広大な地域に暮らす多数の住民を、警戒するだろうか？　どんな手段を用いても人口を増やし、プランテーションを拡張しようと努めないだろうか？

わが国には手放せるほどの人がいないのだろうか？　いまにも（貿易においてだが）共食いするまでに増えないだろうか？　われわれに利益をもたらさない層の国民、生きるよりもむしろ飢え死にすると言われている人々を、必要なだけ植民地へ送れないだろうか？　仮に彼らがそこにうまく植民できれば、勤勉になり、成功し、金持ちになるだろう。そして貿易が支えられ、富が増大するのは、勤勉な人たちによってなのである。

わが製品にたいするきわめて卑劣なドイツの侵害や、北方の狭量な君主による禁令などに惑わされ、力なく悩んで気を滅入らせるのはもうやめよう。植民地が貿易相手ならどんな妨害にも屈服しないで、わが製品の消費を増加させることができる。わが製品が禁輸となることは絶対にない。需要が住民とともにいつまでも増え続けるだろう。荘園領主によってつくられた水車場のようなもので、あらゆる借地人のために粉を碾《ひ》き、また領内の流水によって動き続ける。だから仕事がないことはけっしてありえないし、水がないこともけっしてありえない。

いつ筆をおくべきか定かではないが、これ以上の紙幅もない。読者には最後に一言のべたいが、本国のためにかつて提案されたか、またはおそらく提案されうるわが貿易の改善案を実行するには、いまが最大の機会であり、いちばん容易な時期である。それに取りかかるまで、われわれはわが貿易の衰退とか、わが製品のはけ口不足につき、けっして不満を言うべきでない。

わが通商の改善に関する以上いくつかの項目が、やむをえずとても長くなったので、その他の項目をつけ加えることはできないだろう。わたしの計画にあり、植民地の状況に応じて等しく有益なものである。だがそれらには軽く触れることにし、詳しくはもっと後の機会に委ねなければならない。

わが植民地における通商と人間の増加は、われわれに所有権があるゆえに、イギリスの貿易の増加と改善、とりわけわが製品の消費の増加になる。だから、植民地の数が増えれば同じ効果を収めるに違いないというのは当然の推論であり、決定的に明白なことである。

したがって、住民が有利に入植し定住できる植民地の増加は、わが貿易にとって歴然とした改善であることを、基本として定めたい。

わが国の下層階級、いわゆるわが貧困層に仕事を与えることは、われわれのまさに国民としての存在の大きな支えである。そうでなければ、貧困層はわれわれを悩ませ、教区税は土地の生産高をじきに使い尽くすだけでなく、土地の所有者は教会委員(132)から、乞食用に一ポンドにつき二〇シリングを求められるだろう。

貧困層の雇用はわが製造業のおかげである。製造業の規模の大きさについては、まさにそうした理由ですでにのべた。わが製造業が貧困層を雇うのと同じく、貿易も製造業を推進する。さもなければ、製造がまもなく消費を上回り、完全に止まるだろう。製造業は貧困層を、対外通商は製造業を、植民地建設は通商を支えるのだ。

植民地建設により、国内では増大する多数の貧困層の問題を解決できる。彼らは貧困なまま植民地へ行き、金持ちになって帰って来る。あちらで入植し、貿易をし、栄え、人も増える。タイバーン*の代わりにバージニアに流刑とされた重罪人でさえ、もしも誤報でなければ何千人もが勤勉と向上に努め、またもっともいいことには誠実に努めて、富裕で堅実な農園主や貿易商になり、大家族を住み着かせ、現地で有名になった。それどころか多くが執政官や、市民軍の将校や、立派な船の船長や、見事なプランテーションの主になるのを、われわれは見てきた。

だからつまり、このようにわれわれは、私的だけでなく公的にも言語を絶するほど有利に、増大する多数の貧困層の問題を解決できるのである。植民地に行く貧困層には本当に利益となるから、私的に有利なのである（こう言うのも、願わくはわたしの真意を正しく理解してほしいからだ）。わたしが行くと言うとき、進んで、自由意志で、という意味に解してもらわなければならない。わたしは貧困層を追放せよと、読者に促しているのではない。それでは貧乏だから追い払うことになるだろう。だが、こちらでは仕事がなく、外国で進んで職を探し求めようとする人たちには明らかな利点があり、後続の人たちを勇気づけて、何千という家族が勤勉のおかげで身を起こし富裕になるだろう。というのも、植民地のように賃金が高くて食糧が安いところでは、働き手は怠惰か、浪費するか、成功するかによらず金持ちになるに違いなく、だから勤勉な労働者はつねにただの働き手から農園主になり、自分で得た土地に家族を住み着かせ、こうして当然ながら富裕になるからである。

公的な利点については、ほんの手短にではあったがのべた。通商と人間が増えると、かならず船乗りが増えるということだけをここでつけ加えておく。この問題は、ちょうどいまいわば国政の鉄敷《かなしき》に載せられていて、国中のあらゆる政治の鍛冶屋が槌で打たなければならないほど、厄介だと分かっている論点である。わが植民地と往来するこの発展中の通商はすべて、海路で続けられなければならない。植民地同士で行なえる通商もすべて、海路を使わなければならない。前者は大型の軍艦によって、後者はスループ船やケッチや小型船によってである。人間の増加は貿易を増やし、貿易の増加は船の数を増やし、船の増加は船乗りの増加を求める。このようにして国富だけでなく国力も植民地とともに増大し、絶頂期を迎えるのが本当に楽しみだ。

だから、植民地が増えると疑いもなく通商が拡大するのである。通商の拡大は活動範囲を広げ、社会の繁栄を援助するためにより多くの人を呼び寄せ、役立たずの多数の貧困層を有益に使用し、広範囲にわたる貿易の、またそれにより本国からのさらに大規模な輸出の、基礎を据える。

仮にわたしが地球上にある場所を示し、そこにイギリス人は好きなだけ入植できるとしよう。植民者はもっとも貧しくて卑しい人たちでもよく、ただ勤勉で生活への意欲だけはあるとしよう。というのも、わたしが話しているのは、のらくら者や、働くよりもむしろ飢え死にしたい人とか、前述のように、手を懐から引き抜いても口に持ってゆこうとしないような、ソロモンの怠け者ではないからだ。このような人間はどんなところでも飢え死にするだろうし、外国へ行ってもよいし国内に止まってもよい。このような人間は種子を蒔かないだろうが、するといったいどのようにして刈り取ろうというのか？　また何も植えないだろうが、するといったいどのようにして食べようというのか？

だがいま言っているようにある場所を想定し、そこにイギリス人の一群が入植するとき、その地域本来の産物である麦や家畜のおかげですぐに食料を得られるし、また生活をし貿易をする場におかれているので、最初に運んで行った物資や、収穫して補充できない初年度分の食料のほかには、本国からは何も支援が要らないものとしよう。人数を一〇〇〇人から一〇万人の間で好きなように想定するか、またはその人数が次々に増えると想定していただきたい。ただ彼らが衣服を身につけ、人数が増えるにつれて家を建てて家具類を備え、自力で必需品を用意できるだけの収入がある、という条件だけ認めてもらいたい。するとこうした供給はみな、われわれの利益にならないだろうか？　植民者が輸入すればことごとく、わが製品と産物の消費の増加にならないだろうか？　われわれと彼らの往復に用いられるすべての船は、その分だけ海運の拡大にならないだろうか？　その他のいずれについても同様である。植民地の増加は人間を増やし、人間は製品の消費を、製品は貿易を、貿易は海運を、海運は船乗りを増やし、全体でイギリスの国富、国力、繁栄を増大させる。

しかし、いやしくもどこにわれわれは入植すべきなのか？　少なくとも他の国に占領も権利の主張もされていないどんな地方が新しい植民地として現われるのか？　住民の入植の後に貿易が続くような場所を、どこにわれわれは見つけることができるのか？　潤沢に暮らすとともに、ヨーロッパから製品を買うのに見合った産物を、どこに見つけることができるのか？　わたしの答えは次のとおりである。もしもそのような場所を見つけ出さなければ、わたしはこれまでずっと何も言わなかったことになる。スペイン人、ポルトガル人、オランダ人、フランス人、デンマーク人とかスウェーデン人、教皇とか悪魔に、占有も権利の主張も要求されないような場所が、まだ十分に地球上には残っている。そういう場所では、一〇万人もの人々がおそらくただちに入植して家を建て、食べ物を見つけて潤沢に暮らすだろう。土壌は肥沃で、気候は快適で、大気は健康によく、たとえば北アメリカのように野蛮人や人食い人種に悩まされることもなく、たとえばアフリカのようにライオンや虎、象や奇怪な形をした動物に荒らされることもなく、有用で食べられ、飼いならされて御しやすい家畜がいっぱいおり、魚、家禽、肉がたくさんあり、キリスト教徒に住んでほしい以外には不足なものが何もなく、通商と海運によってその他のキリスト教世界と結びついている。

しかし、そのように大きな問題に取りかかるには終わりに近づきすぎた。それは稿を改めて論じなければばならない。

終わり

訳注

(1)「ブラックウェル取引所」はロンドン毛織物取引所。

(2)「カディス」はスペイン南西部の港町。「ハンブルク」はドイツ北部の都市で、ドイツ最大の貿易港を持つ。「リボルノ」は地中海に臨むイタリア西部の港町。

(3)「富が増えると富への愛は高まる」という、ローマの風刺詩人ユウェナーリス(六〇?―一四〇?年)の『風刺』(一四・一三九)からの引用。

(4)「マリンディ」はアフリカ東部、ケニアの南東にある港町。「ザンジバル」はアフリカ東岸沖の島。「コンゴ」はアフリカ中西部、大西洋に面する国。「アンゴラ」はアフリカ南西部の国。「キリスト教神法」とは、神の支配と、人間を究極の幸福に導く神の計画を内容とする、プロテスタントの治国済民策のこと。「ニューイングランド」は六州から成るアメリカ北東部地方。

(5)「ドレーク」、サー・フランシス(一五四三?―九六年)はイギリスで初めて世界周航をした海洋探検家で、提督になり、スペインの無敵艦隊を撃破した(一五八八年)。「キャベンディッシュ」、トマス(一五六〇?―九二年)はドレークの影響を受けたイギリスの海洋探検家で、三番目の世界周航者。「スミス」、ジョン(一五八〇―一六三一年)はイギリスの冒険家でバージニア植民地開拓者。「グリーンフィールド」はサー・リチャード・グレンビル(一五四二―九一年)のことで、イギリスの海軍司令官。従兄弟のサー・ウォールター・ローリーのためにバージニア植民地建設に向け艦隊を指揮し、また無敵艦隊の撃破(一五八八年)をはじめスペイン戦で数々の軍功を立てたが、一五九一年に彼の軍艦「リヴェンジ号」が艦隊からはぐれ、致命傷を受けてスペイン軍に捕らえられた話は有名である。「サマーズ」、サー・ジョージ(一五五四―一六一〇年)はイギリスの海洋探検家で、南バージニア会社創設者の一人。入植者を運んだり、イギリス王国のために島々を占有した。「サー・ウォールター・ローリー」（一五五二?―一六一八年）はエリザベス女王の廷臣、海洋探検家、軍人、著述家。アメリカ探検のために遠征し（一五七八年）、アイルランド南部にあったデズモンド王国を弾圧し（一五八〇年）、アメリカ東海岸に探検隊を送って（一五八四年）フロリダ北部沿岸をバージニアと命名し、入植者を送り込んだりしたものの植民地建設には成功しなかった。タバコや馬鈴薯を初めて旧世界にもたらした人として知られる。一五九五年以後また探検隊を組織し、ギアナ、トリニダード島、オリノコ川、カディス、アゾレス諸島へ遠征したが、ほとんど失敗に終わった。ジェイムズ一世にたいする謀反の廉で一六一八年に処刑された。『世界の歴史』（一六一四年）などを執筆した。「本書の扉」は「訳者あとがき」三〇八頁参照。

（6）「東インド」はインド、インドシナ、マレー諸島を含むアジア南東部地域の旧称。ちなみに、東インド諸島はマレー諸島の別名。

（7）「アダム」は神が天地創造のときにつくった男で人類の始祖。すぐ後に出る「ユバル」はカインの子孫で音楽の父、楽器の発明者。「トバル」はトバルカインのことでユバルとは異母兄弟であり、青銅・鉄器具の製作者。「大洪水……ひしめき」は旧約聖書「創世記」でノアの大洪水が終わった後のこと。「バベルの塔」とは、ノアの大洪水の後に人々がバベルの都に建てようとした天までとどく塔のことで、神の怒りに触れて人々の言葉が乱され、とうとう完成されなかった。「シドン」は正しくはノアの曾孫。シドンは古代フェニキアの都市で地中海沿岸最大の海港であった。現在のサイダ。

（8）「アレクサンドリア」はアラビア語でアリスカンダリーヤと言い、エジプト北部、ナイル川デルタ上にあるエジプト第一の商港。「キリキア」は小アジア南東部の地中海沿岸地方にあった古代国。「タルシシ」はスペイン南部のカディス付近にあったと伝えられる古国。「ヤッファ」はイスラエル西部の海港。「ダミアータ」は正しくはダミエッタで、エジプト北部、ナイル川デルタの古代都市。「チャム」は正しくはハムで、ノアの次男、エジプト人・ヌビア人・カナン人などの祖先。「ツロ」は古代フェニキアの海港で、現在はレバノン共和国南西部の小都市スール。

（9）前半部分は旧約聖書「エゼキエル書」二七章八節、後半部分は同二一節にもとづき、デフォーが都合よく用いたもの。

（10）「ローマ皇帝」とは、アウグストゥス（在位紀元前二七―紀元一四年）から、ハドリアヌス（在位一一七―一三八年）

までの皇帝の称号。「ナッサウ家」とは、旧西ドイツ中部の一地方からその名前を得て、一九世紀までおもにドイツやオランダを支配したヨーロッパの王家。この一行はイギリスの詩人、外交官であったマシュー・プライア（一六六四―一七二一年）の「墓碑銘」という詩から引いており、正しくは「ブルボン家でもナッサウ家でもこれほど高貴ではあるまい」。ブルボン家は、フランス（一五八九―一七九三年、一八一四―三〇年）、ならびにスペイン、ナポリを支配したフランス王家。

(11)「十分の一税」は牧師と教会の費用に充てるために教区の住民が収入の一〇分の一を教会に納めた税で、古くは物納であったが、後には金納になり、イギリスでは種々の変遷を経て一九三六年に廃止された。

(12)「サー・ジョサイア・チャイルド」（一六三〇―九九年）はイギリス重商主義の経済学者、貿易擁護論者。主著『新交易論』。ロンドンの卸売商人の次男として生まれ、徒弟から始めて急速に成功を収め、イギリス南部の軍港ポーツマスで海軍に物資を供給するようになり、さらにはポーツマス市長、国会議員になり、一六七八年に准男爵に叙せられた。三回結婚して多くの子供をもうけたが、息子のサー・リチャード・チャイルドは、カスルメイン子爵およびティルニー伯爵に叙せられた。

(13)「ギニア」は広義にはほぼガンビア川からガボン河口あるいはアンゴラ南部までのアフリカ中部の大西洋沿岸地方、狭義にはギニア湾沿岸地方を指す。「ゴルコンダ」はインド南部ハイデラバードの古代都市で、一六、七世紀にダイヤモンド業の中心地として知られた。「ソロモン」は紀元前一〇世紀のイスラエル王でダビデの息子であり、富を築き賢人として名高く、イスラエルの国威を大いに高め、エルサレムに神殿を建てた。「オフル」はソロモンが金や宝石を得た地方で、アラビア南部かアフリカ東海岸と推定されている。もちろん、ここのところはデフォーの思い違いである。「アチン」はスマトラ島北端の旧サルタン国で、一六〇〇年前後にはオランダとイギリスによって東インド貿易の標的にされ、一七世紀前半は勢力を伸ばしたが、その後はしだいに衰えた。

(14)「アルメニア」と「グルジア」はカスピ海の西側にある。「ペルシア」はイランの旧称。「レバント」はギリシアからエジプトまでの地中海東部沿岸諸国地方。「多島海」はギリシアからトルコに及ぶエーゲ海の旧称。「グログラム」は絹、毛、または絹と毛の混ぜ織りの粗布で、いまは用いられない。「黒海」はヨーロッパ南東部とアジアの間の内陸海。「ナトリア」はアナトリアのことだと思われる。黒海と地中海との間の広大な高原で、昔は小アジアと同義、近代ではアジアトルコの別名。「イオニア海」はイタリア半島南東部とギリシアの間の地中海の一部。「モレア半島」はギリシアのペロポネソス半島の旧称。「アカイア地方」は、ギリシア南部、ペロポネソス半島北岸のコリント湾に臨んだ古代の地域。「テッサリア」はギリシア東部の一地方、古代ギリシアの一州。「マケドニア」は古代ギリシア北方にあったバルカン半島の古代の王国で、アレクサンドロス大王（紀元前三三六―一二三年）の時代に隆盛を極めた後にローマ領になり（紀元前一六七年）、現在は旧ユーゴスラビア、ギリシア、ブルガリアなどのそれぞれ一部を含む地域。「トラキア」はバルカン半島東部の古代の地域で、時代によってその範囲は著しく異なり、後にローマ帝国の属州となり、現在はブルガリア、トルコ、ギリシアの領土に含まれる。「コンスタンチノープル」はトルコのイスタンブールの旧称。

(15)「ブッシェル」はイギリスでは乾量および液量の単位で、二二一九・三六立方インチ、三六・三七リットル。「シリング」はイギリスの古い通貨単位で、一シリングは一二ペンス。

(16)「エドワード四世」はばら戦争（一四五五―八五年）のころのイギリス王（在位一四六一―七〇年、一四七一―八三年）。「ヘンリー七世」はばら戦争を終結させて即位したイギリス王（在位一四八五―一五〇九年）。

(17)「治安判事」は地方の治安維持に当たる司法官で、民事・刑事上の軽微な事件を審理し、重罪の予審を行ない、証人の宣誓確認権や結婚公認権などを持つ。「首長」は司法と行政をかねる。

(18)「ベネチア共和国」は、ベネチア人が五世紀の野蛮人による侵略から難を逃れてラグーナ（潟）の中の島々に移住した後、七世紀末にドージェと呼ばれる首長を選出し、徐々に植民地を増やして一四、五世紀には強力な都市国家として繁栄したが、やがて衰退していき、一八六六年にイタリアに割譲された。「アドリア」はイタリア北東部の町で、昔は港町として栄えた。

(19)「イラクリオン」は英語名をカンディアといい、エーゲ海の南方にあるギリシア領のクレタ島北部の古都。「エウボイア」は英語名をネグロポントといい、エーゲ海西部にあるギリシア最大の島。「キオス」はイタリア名でシーオといい、エーゲ海東部、トルコの西方にあるギリシアの島。「ダルマティア」は旧ユーゴスラビア南西部アドリア海沿岸の一地方。「エーペイロス」は現在のギリシア北西部とアルバニア南部に当たる、古代ギリシアの一地域。「ダーダネルス海峡」はエーゲ海とマルマラ海を結ぶ海峡で、ギリシア語による古称は「ヘレスポントス」。

(20)「商業同盟」はハンザ同盟のことであろう。これは一四―一七世紀の北ドイツの政治的、商業的な同盟で、リューベック、ハンブルク、ブレーメンなどの都市が加わった。「デンマーク」は三十年戦争（一六一八―四八年）に介入したが、当時まだ統一されていないドイツを広く支配していたハプスブルク家側の名将ワレンシュタインに敗れた。また、フランスと同盟を結んだスウェーデンがプロイセンを攻撃したあと、デンマークはスウェーデンと戦争をしたが（一六七五―七九年）、そのときの講和条約は自国を利するものではなかった。さらに、北方戦争（一七〇〇―二一年）でデンマークは重要な役割を果たすものの、プロイセンやハノーファーに比べて得るところが少なかった。「オランダ人」はもともとカール大帝（七四二―八一四年）に統治されていたが、その後分裂と統一をしてからスペインに支配されるようになった。一六世紀後半ごろからスペインの圧政に反抗するようになり、一五七九年にオランダ北部の七州は「ユトレヒト同盟諸州」として連合し、一五八一年にオランダ共和国（ネーデルランド連邦共和国）の独立を宣言し、一六四八年にウェストファリア条約によって正式に独立が承認された。一七世紀にはヨーロッパの代表的な商業国となって植民地を拡充していったが、一八世紀になると商業的にも政治的にも翳りを見せ、一九世紀以降は歴史上の大きな活躍はほとんどないと言えるであろう。「フェリペ」は神聖ローマ帝国皇帝でもあったカール五世（一五〇〇―五八年）の息子で、スペイン国王フェリペ二世（在位一五五六―九八年）になり、トルコ艦隊を破り、フィリピンを領有し、イギリス女王メアリー一世と結婚したが（一五五四年）、イギリスに無敵艦隊を送って敗れた（一五八八年）。「エリザベス女王」はイギリス女王（在位一五五八―一六〇三年）で、その治世にイギリスの産業は大発展をとげ、文学ではシェークスピアなどの天才が輩出した。

(21)「ダンチヒ」はグダンスクのドイツ語名で、ポーランド北部の港湾都市。「リューベック」はドイツ北部のバルト海に臨む港湾都市。「フランクフルト」はフランクフルト・アム・マインのことで、マイン河畔にあるドイツ西部の都市。「ニュルンベルク」はドイツ南部の都市。「ロシェル」は正式にはラ・ロシェルと言い、フランス西部のビスケー湾に臨む港町。「マルセーユ」はフランス南東部の都市で同国最大の商港。「ジェノバ」はイタリア北西部の港湾都市。「アントワープ市」はベルギー北部のスヘルデ川に臨む港町。「ダンケルク」はフランス北部の都市。「サウサンプトン」はイギリス南岸のハンプシアの海港。「イプスウィッチ」はイギリス東部のサフォーク州の海港。「スヘルデ川」は北フランスに発し、ベルギー西部とオランダ南西部を流れ、北海に注ぐ川。

(22)「トリポリ」はアフリカ北西部にあるリビアの首都。「シノーペー」は現トルコのシノプで、黒海南岸の都市。「トラペゾンド」は正しくはトレビゾンドで、トラブゾンのこと。トルコ北東部の港湾都市。「ボスポラス海峡」はマルマラ海と黒海を結ぶ海峡でヨーロッパとアジアの境。「スエズ」はエジプト北東部スエズ運河南端の港町。「スール」はツロのこと（訳注8参照)。「コリント」はギリシア南部の古都で、ギリシア本土とペロポネソス半島とを結ぶコリントス地峡に臨み、陸海の交通の要地として栄え、商業や芸術の中心地であったが、紀元前一四六年にローマに破壊された。

(23)「タール」は石炭、木材などを乾溜して得る黒色の油状液。「ピッチ」は原油、石油タール、木タールなどを蒸留した後に残る黒色の滓で、防水や道路の舗装に用いる。「ロジン」は松脂からテレビン油を蒸留した後の残留物で、ワニスの製造や弦楽器の弓に塗るのに用いるほか、インク、石鹸、絶縁に用いる。「テルペンチン」はマツ科植物の含油樹脂で、蒸留すると揮発油とテレビン油と樹脂を生じる。「ラスト」、「バレル」は、一バレルが石油だと一五八・九八リットル、その他の液体だとイギリスでは一六三・六七リットル、したがって一ラストはこの一〇倍ないし一二倍になる。

(24)「グリーンランド」は北米大陸の北東にある世界最大の島でデンマーク領。「スピッツベルゲン諸島」はノルウェー北方の北極海にある群島でノルウェー領。

(25)「モスクワ大公国」は一二七一年ごろ旧モスクワ市を中心に建設された大公国で、しだいに周辺の公国をその支配下に収め、ツァーの権力の下にロシア帝国として領土的統一を完成するに至った。「プロイセン人」はヨーロッパ北部のバルト海沿岸で公国から強力な軍事国家に発展した旧王国（一七〇一—一九一八年）の住民。

(26)「ラングドック」は中央フランスの南部にあった昔の州。「アレッポ」はかつてトルコの州であったが、現在はシリア北西部の都市。「スミルナ」はトルコ西部のイズミル湾に臨む港湾都市イズミルの旧名。

(27)「ニューカッスル」またはニューカッスル・アポン・タインはイギリス北東部タイン・アンド・ウィアア州の港町、イプスウィッチとともに造船業の中心地、石炭の積み出し港として有名。「ガリオン船」は一五—一八世紀にスペインで軍船や商船として用いた、ふつう三層または四層甲板の大帆船。

(28)「エドワード三世」はイギリス王(在位一三二七―七七年)、百年戦争(一三三七―一四五三年)を起こし、クレシーやポアティエなどでフランス軍に大勝した。「フランドル人」はベルギー西部およびフランス北部とオランダ南西部を含むフランドルの住民のこと。「ブルターニュ」はイギリス海峡とビスケー湾との間にあるフランス北西部の半島で旧公国、革命前には一州をなしていた。

(29)「謄本保有権」は荘園裁判所の記録の謄本によって権原が立証された土地保有権で、一九二二年に廃止された。「土地租借者」はスコットランドの法律にもとづいており、中世期に領臣は軍務の代わりに農作物とかお金を納付して領主から土地を封与されたが、そのような土地の保有者。「自由保有地」は相続されるか少なくとも終身権として保有される土地のこと。

(30)「勲爵士」は個人の功績や国家または王室にたいする功労によって叙せられる栄爵で、中世の騎士に相当し、一代かぎりで、准男爵のすぐ下に位置し、サーの称号を許される。「郷士」は中世の騎士の従者に相当し、勲爵士に次ぐ社会的身分。

(31)「アラン人」はスキタイ人から分かれた一派で、四、五世紀にカフカス地方からヨーロッパを侵略し、バンダル人などとともにゴールやスペインに侵入した。「ガリア人」は古代ケルト人の地であるガリアの原住民で、ガリアは現在のイタリア北部、フランスとベルギーの全部、オランダとドイツとスイスの各一部を含むヨーロッパ西部のこと。「フン族」は四、五世紀にアッティラ王などに率いられ、東部・中央ヨーロッパを支配した好戦的な北アジアの遊牧民族。「ゴート族」は三―五世紀にローマ帝国領内を侵略し、イタリア、フランス、スペインに王国を建設したゲルマン族の一部族。「バンダル人」は五世紀にゴール、スペイン、北アフリカ、ローマを侵略し、最後に北アフリカに定住したゴート族に近いゲルマン族の一部族。

(32)「リューネブルク人」はリューネブルクの住人で、ここはもとプロイセンのハノーファー州の統治地域で、ハンブルクの南東にある都市。「ザクセン人」はザクセンの住民で、ここはドイツ中部の旧地方でライプチヒやドレスデンなどを含む。「ヘッセン人」はドイツ中西部のもと公国で現在はドイツの一州の住民。「バイエルン人」はドイツ南部の州で以前は王国であったところの住民。「グリゾン人」はグリゾンの住民で、ここはスイス東部の州でドイツ語名はグラウビュンデン、もともと古代ローマの属州であったものの六世紀にフランク族に征服され、一〇世紀初めにドイツの一部となり、一八〇三年にスイス連邦に加入。

(33) 「カザン市」はタタール共和国の首都で、ボルガ川が南流を始めるところに位置する。「アストラハン」はカスピ海にボルガ川が流れ込むところにあるロシア共和国の都市。「カスピ海」はロシア南西部からイラン北部などにまたがる世界最大の塩水湖で、ボルガ川などが流入する。

(34) 「ノブゴロド」はペテルブルグの南方にあるロシア共和国北西部の都市で、ノブゴロド公国の首都であった（一一三六―一四七八年）。「リボニア」はバルト海に面したもとロシアの一州で、いまはラトビアとエストニアの一部。

(35) 「ギニー」は一六六三年から一八一三年までイギリスで鋳造された金貨で、最初は二〇―二二シリングの価値であったが、一七一七年以後は二一シリングに一定された。ちなみに、一ポンドは二〇シリング、または二四〇ペンス。

(36) 「一クォート」はイギリスで約一・一四リットルで四分の一ガロン。「一オンス」は一六分の一ポンド、または二八・三四九五グラム。一ポンドは約四五四グラム。

(37) 「ノイエンホーフ氏」はテオドール・フォン・ノイホーフ（一六八六？―一七五六年）のことで、ドイツの冒険家、一時はコルシカ王になったこともある。

(38) 「ペソ銀貨」は一六世紀の初め、東方およびスペイン植民地との通商のために発行された八レアルの銀貨。「ジャマイカ」はキューバの南方にある西インド諸島の島で、元はイギリスの植民地。

(39) 「モカ」はインドではなくイエメン南西部の海港。「スラト」はインド西部の海港でアラビア海に臨む。「ベンガル湾」はインドの東方にある。「バーバリ」はアフリカの北部でエジプトの西から大西洋岸に至る地域。「バルト海」はスカンジナビア半島とヨーロッパ大陸の間にあり、ヨーロッパ北部の「北海」に出口をもつ海。

(40) 「シュレジエン」はヨーロッパ中部のオーデル川上流地方で、かつてドイツ、ポーランド、旧チェコスロバキアの間で分割統治されたが、一九四五年のポツダム協定によってドイツ領の大部分がポーランド領に、一部が旧チェコスロバキア領になった。

(41) 「癭瘤」はある種の昆虫や菌類などの寄生により植物の葉、茎、根などにできる異状生長部で、多量のタンニンを含むものは染色や皮なめしなどに利用される。「藍」はインド産マメ科のインドアイから採った染料。「コチニール」はコチニールカイガラムシの雌を乾燥した紅色動物染料。「弁柄」は顔料や塗料などに用いられる。

(42)「準男爵」はイギリスの世襲位階の最下位で男爵の下、勲爵士の上位でサーの称号を許されるが、貴族ではない。訳注30参照。

(43)「ウィルトシア」はイギリス南部の内陸州。「グロスターシア」はイギリス南西部の州。「マンチェスター」はイギリス北西部のグレイター・マンチェスター州、「リーズ」はイギリス北部のウェスト・ヨークシア、「フルーム」はイギリス南西部のサマーセットシア、「ウォリントン」はイギリス北西部のランカシア、「ウェークフィールド」はイギリス北部のウェスト・ヨークシア、「トーントン」はイギリス南西部のサマーセットシア、「マックルズフィールド」はイギリス北西部のチェシア、「シェフィールド」はイギリス北部のサウス・ヨークシア、「ティバートン」はイギリス南西部のデボンシア、「ハリファックス」はイギリス北部のウェスト・ヨークシア、「バーミンガム」はイギリス中西部のウェスト・ミドランズ州、にそれぞれある。「ヨーク」はイギリス北部のノース・ヨークシアの州都。「ブリストル」はイギリス南西部のエーボン州の州都。「ヤーマス」は現在のグレートヤーマスのことでイギリス東部のノーフォーク州、「ハル」はイギリス北東部のハンバーサイド州、「プリマス」はイギリス南西部のデボンシア、「リバプール」はイギリス北西部のマージサイド州、「ホワイトヘーブン」はイギリス北西部のカンブリア州、「コルチェスター」はイギリス南東部のエセックス州、「リン」はキングズ・リンのことでイギリス東部のノーフォーク州、「ビデフォード」はイギリス南西部のデボンシア、「ディール」はイギリス南東端のケント州、にそれぞれある。

(44)「デボン州」はイギリス南西部の州。「サージ」は一種の梳毛綾織物。「エクセター市」はデボン州の州都で大聖堂がある。「ノーフォーク州」はイギリス東部の州。「ノリッジ市」はノーフォーク州の州都で有名な大聖堂がある。「エセックス州」はイギリス南東部の州。「ベーズ」とは毳立てした緑や赤の単色の紡毛織物のことで、いまは密度を粗にしてテーブル掛け、カーテンなどに用いる。「ウスター州」はイギリス西部の州で「ウスター市」はその州都。「ストラウドウォーター」はストラウドのことでグロスターシアの都市。「ウォーリック州」はイギリス中部の内陸州で、一九七四年に北西部（バーミンガム、コベントリーを含む）はウェスト・ミドランズ州の一部となった。「スタッフォード州」

はイギリス中部の州。「ヨークシア」はイギリス北東部の旧州で、かつてイースト・ライディング、ウェスト・ライディング、ノース・ライディングの三地区に分かれていたが、一九七四年四月以降、ハンバーサイド、ノース・ヨークシア、サウス・ヨークシア、ウェスト・ヨークシアの四州となった。「ランカシア」はイギリス北西部の州。「カージー織」とは厚地で表面に光沢があり縮絨加工した紡毛織物で、とくにコート地、制服地に用いられる。

(45)「女王」はスチュアート朝最後の君主、アン女王（在位一七〇二―一四年）のことで、ここで言及されている戦争はスペイン継承戦争（一七〇一―一四年）。「羊毛梳き具用ストーブ」とは羊毛梳き具を熱するための小さなストーブのこと。

(46)「フランス国王」はブルボン朝の君主、ルイ一四世（在位一六四三―一七一五年）のことで、ここで問題になっているルイ一四世の侵略戦争の一つであるスペイン継承戦争は、スペイン王カルロス二世に子供がなかったことから王位継承権をめぐり、フランス・スペイン・バイエルン公国・サボイ公国と、イギリス・オーストリア・オランダ・プロシア・ポルトガルとの間で戦われた。「バルセロナ」は地中海北東部沿岸に臨むスペインの港町。「トリノ」はイタリア北西部の都市。「ボロス湾」はギリシアの東部にある。「サロニカ」はギリシアのテッサリアの北方にあるマケドニアの港町で、ギリシア語名はテサロニキ。

(47)「ヴィルロワ閣下」はルイ一四世のお気に入りであった司令官ド・ヴィルロワ公（一六四四―一七三〇年）のことで、彼はラミーイの戦いで敗北した（一七〇六年）。

(48)「ブリテン人」は古代のブリトン人のことで、ローマの侵入当時、大ブリテン島の南部に住んでいたケルト人。「ユリウス・カエサル」（紀元前一〇〇―四四年）はローマの将軍、政治家、歴史家で、第一回三頭政治を組織しガリアを征服し（紀元前五八―五〇年）、ポンペイウスを破って独裁者となったが、まもなくブルータスたちに暗殺された。カエサルは大ブリテン島を紀元前五五年、五四年に侵略した。彼の『ガリア戦記』は貴重な文献である。その後ローマ人は一世紀半ばから五世紀初めまで大ブリテン島を支配した。「フェニキア人」は現在のシリア、レバノン、イスラエル地域にあった地中海に臨む古代国家の住民。「デーン人」は九―一一世紀に大ブリテン島を侵略したスカンジナビア人。「ノルマンディー」はイギリス海峡に臨むフランス北西部の地方で、一〇世紀初めにノルマン人が侵入して定住し、九一一年にノルマンディー公国となり、一〇六六年のノルマン人のイギリス征服の後、イギリスの王室御料地となったが、一四五〇年にフランスに併合、第二次世界大戦末期に連合軍の上陸作戦がここで開始された。「サクソン人」は昔エルベ川の河口近くに住んでいたゲルマン民族で、その一派はアングル人、ジュート人とともに、五、六世紀にイギリスに侵入し、その一部を占拠して定住した。「カムデン氏」とはウィリアム・カムデン（一五五一―一六二三年）のことで、彼はイギリスの考古家、歴史家で全国を旅して故事を収集し、イギリス風俗史『ブリタニア』（一五八六年）を著わした。「ガレー船」は古代、中世に主として地中海で用いられた帆と多数のオールを有する単甲板の大型船で、おもに奴隷や罪人に漕がせた。

(49)「ダイダロス」はミーノース王のためにクレタ島の迷宮をつくった名工で、テーセウスがミーノータウロスを殺すのを助けたという理由て、ミーノース王によってその迷宮に息子の「イカロス」とともに閉じ込められた。彼は自分と息子のために蠟でつけ合わせた翼をつくりクレタ島から逃れたが、息子の方は父親の忠告を聞かずあまりにも高く飛びすぎて太陽の熱で翼の蠟が溶け、海中に落ちて死んだ。デフォーはこれに独自の解釈を加えている。

(50)「カルタゴ」はアフリカ北部、いまのチュニスの近くにあった古代都市国家で、紀元前九世紀中ごろにフェニキア人が建設したが、紀元前一四六年のポエニ戦争（紀元前二六四―二四一年、二一八―二〇一年、一四九―一四六年の三回にわたるローマとカルタゴの戦争）の最終戦でローマ軍に滅ぼされた。

(51)「一七州」はネーデルランド一七州のこと。ここは北部七州が一五七九年にユトレヒト同盟を結成して独立宣言をするに至る前のことである。訳注20参照。「ヌミディア」は紀元前四六年にローマ領となったアフリカ北部の古王国で、ほぼ現在のアルジェリアに当たる。

(52)「聖戦」は十字軍（一〇九六―一二七〇年）のこと。

(53)「ケント州」はイギリス南東端にある州で、「ロムニー沼沢地」はその沿岸に広がる湿地帯。

(54)「エドワード六世」はイギリス王（在位一五四七―五三年）でヘンリー八世とジェイン・シーモーの息子、イギリスの新教化に努めたが一六歳で病没した。「動産五分の一の取り分」とは全動産の五分の一が国王に与えられていたことにもとづく。

(55)「オーストリアの王家」とはハプスブルク家のことで、ネーデルランドがその所領となったのは一四八二年から一七九四年まで。ハプスブルク家は「カール五世」(一五〇〇―五八年)のときに最盛期に達し、彼は新大陸を含む広大なスペイン王国をカルロス一世(一五一六―五六年)として継承し(後にスペイン王位を息子のフェリペ二世に譲った)、また神聖ローマ帝国皇帝(一五一九―五六年)になり、世界帝国の統率者たらんとした。

(56)「ブルゴーニュ公爵夫人」、マーガレット(一四四六―一五〇三年)は、ヘンリー七世の叔母ではなくエドワード四世の妹。エドワード四世が一時王位から退けられたときマーガレットのところに避難した。ブルゴーニュはフランス東部の地方で七―九世紀には王国、九―一五世紀には公国、革命期は州であった。ヘンリー七世はブルターニュからフランス西部のアンジューに避難し、それからロアール川に沿ってランジェ、モルタルジ、さらにパリを訪れた。「フラー土」は織物を漂白する過程で脱脂用に用いる粘土。

(57)「アルバ公」、フェルナンド・アルバレス・デ・トレド(一五〇八―八二年)はスペインの将軍で、オランダのプロテスタントの反乱を鎮圧した(一五六七―七三年)が、その圧政は住民の反感を買ってオランダ独立のきっかけをつくった。

(58)「マース川」はムーズ川のオランダ語名で、フランス北東部からベルギー、オランダを流れ、とくにオランダではドイツとの国境近くを通って北海に注ぐ。「ライン川」はスイスの南東部に発してドイツ、フランスの国境をなし、ドイツとオランダを貫流して北海に注ぐ。「風が運ぶか……」の詩は作者不詳。

(59)「ヘント」(ガン)は現在はベルギー北西部の都市。「リール」は現在はフランス北部の都市。「アルトワ」は現在はフランス北部にあり、ここに書かれているように旧州であった。「エノー」はベルギー南西部の州。「アラス」、「カンブレ」、「ドゥエー」、「サントメール」は現在は「ダンケルク」や「リール」と同じくフランス北部の都市。

(60)「セイ」は絹毛または純毛織薄地サージで、もとクェーカー教徒たちが着た織物。「アルハンゲリスク」はロシア共和国の北西部、北ドビナ川の河口にあって白海のドビナ湾に臨む海港。「ドビナ川」は北ドビナ川のことで、ロシア共和国の北西部を北に流れて白海のドビナ湾に注ぐ。「イスパハン」はイスファハンの旧名で、イラン中部の都市、もとペルシアの首都であった。「ハクルート」すなわちリチャード・ハクルート(一五五二?―一六六二年)はイギリスの地理学者、航海史家、聖職者で、『イギリス国民の主要な海運、航海、発見』(一五八九年、増補版一五九八―一六〇〇年)を編纂した。「スレイマーン」一世(一四九四―一五六六年)はオスマン帝国最盛期のスルタン(一五二〇―六六年)で、「偉大なる」大帝とたたえられたが、政治だけでなく文化の面でも繁栄をもたらした。「ハドソン湾」はカナダ北東部の港。「バージニア」はアメリカ東部の州。「バーミューダ」は北大西洋に位置し、アメリカのノースカロライナ州の東方にある諸島。「ニューファンドランド」はカナダの東方、セントローレンス湾頭にある島で周辺は豊かな漁場である。「バルバドス」は西インド諸島東端の島で小アンティル諸島に属し、もとイギリスの植民地であった。「ネビス」は西インド諸島東部、リーワード諸島中部のイギリス領の島。「アンティグア」は西インド諸島東部、リーワード諸島の島で、もとイギリス領。「セントクリストファー島」は西インド諸島東部、リーワード諸島北部のイギリス領の島でセントキッツ島とも言う。東ジャージーは現在のニュージャージーの北部と東部にあって、一六七六年から一七〇二年まで領主植民地、西ジャージーは現在のニュージャージーの南部と西部にあって、一六七六年から一七〇二年までウィリアム・ペンに支配された植民地、この「東西ジャージー」が一七〇二年に合併してニュージャージーになった。「ペンシルベニア」はアメリカ大西洋岸のもとイギリス植民地で、一六八二年に創建したウィリアム・ペンの名にちなむ。「カロライナ」はアメリカ大西洋岸にある一六六三年創建のもとイギリス植民地で、一七二九年にノースカロライナとサウスカロライナに分けられた。「黄金海岸」はアフリカ西部の旧イギリス植民地で、現在は一九五七年に独立したガーナの一部。

(61)「セントローレンス湾」はカナダ南東部、セントローレンス川とニューファンドランドの間の湾。「ルイジアナ」はアメリカ南部の州で、もとはフランス領。「ミシシッピ」はアメリカ中南部の州で、もとはフランス領。「マルティニク」は西インド諸島のウィンドワード諸島に属する一島で、フランスの海外県。「グアドループ」は西インド諸島のリーワード諸島中の連接した二つの島とその付近の五つの小島から成るフランスの海外県。「トルトゥガ」は南米北部のベネズエラ北岸沖のカリブ海にある、現在はベネズエラ領の一島で、もと海賊の根拠地。「スリナム」は一九七五年に独立した南米の北東岸にある共和国であるが、もとはオランダ領ギアナと呼ばれた。「クラサオ島」はキュラソー島とも言い、ベネズエラ北西沖にあるオランダ領アンティル諸島の主島。「カラカス」はベネズエラ北部にある同国の首都。

(62)「スループ船」は一本マストの縦帆船の一種。
(63)「メッシーナ」はイタリアのシチリア島北東部の港町。「東方地域」は一八世紀にはとりわけバルト海沿岸の地域を指した。「ガリシア」はスペイン北西部の沿岸地方で、紀元五―六世紀は王国、後に州となり、現在は四州に分かれている。
(64)「国王ジョージ」はジョージ二世（在位一七二七―六〇年）のことで、彼は不人気な父のジョージ一世（在位一七一四―二七年）とは違い、スペインやフランスと対抗して皇太子の頃からイギリスの国威を発展させた。「バース伯一族」にはジョン・グレンビル（一六二八―一七〇一年）、ウィリアム・パルトニー（一六八四―一七六四年）などがいる。「エセックス伯」はロバート・デバルー（一五六六―一六〇一年）のことで、エリザベス一世時代の軍人、廷臣でスペインなどと争って初めは女王の寵愛を受けたが、後に不興を買ってついには処刑された。「カンバーランド伯のクリフォード家の人たち」にはヘンリー（一四九三―一五四二年）、ジョージ（一五五八―一六〇五年）、ヘンリー（一五九一―一六四三年）などがいる。「サー・ジョン・ホーキンズ」（一五三二―九五年）はイギリスの提督でスペイン無敵艦隊の撃破に力を尽くした。「サー・リチャード・グリーンビル」は正しくはサー・リチャード・グレンビル。訳注5参照。
(65)「チュニス」はチュニジアの旧名で、現在はアフリカ北部の共和国、チュニジアの首都はチュニス。「アルジェ」は現在のアルジェリアで、地中海の西端に近いアフリカ北部の共和国。双方ともに海賊の基地として有名であった。
(66)「オールスパイス」は、西インド諸島産のフトモモ科の常緑高木、ピメントの未熟果を乾燥してつくる香辛料。
(67)「連合」は一七〇七年のイギリスとスコットランドの連合のこと。ちなみに、ウェールズとの連合は一二八四年、アイルランドとの連合は一八〇一年。
(68)ロムニー沼沢地の説明で、「ライ港」はイギリス南東部、イースト・サセックス州の東部に、「ハイズ」はその東隣のケント州の南部にある。「リド」はケント州のハイズの南西方向にあり、「ウォーコーン」はリドの北方のリムあたりである。「フリース羊毛」は一度に刈り取られる一頭分の羊毛のこと。「ダウンズ」はイギリス南部および南東部の低い丘陵地帯で、南部中央を西から東に広がる「ノース・ダウンズ」と、イギリス南部のドーセットシア西部からイギリス南東部のイースト・サセックス州に伸びる「サウス・ダウンズ」とがある。「サセックス州」はイギリス南東部の旧州。

「ソールズベリー」はウィルトシアの宗教上の中心地で、有名な大聖堂がある。「ウィンチェスター」はハンプシアの州都。「デバイゼス」はウィルトシアの都市。「バークシア」はイギリス南部の旧州。「アンドーバー」はバークシアではなく、すぐ南にあるハンプシアの都市。「ウェーマス」はドーセットシアの港町。「コッツウォルド丘陵」はイギリス南西部の主にグロスターシアに広がる連丘で羊の放牧地。「オックスフォードシア」はイギリス南部の州。「サリー州」はイギリス南東部の州。「ポーツマス」はハンプシア南部にあるイギリス海峡に臨む港町。「リンカンシア」はイギリス東部の州。「レスターシア」はイギリス中部の州。「ニューマーケット」は現在イギリス南東部のサフォーク州南西部の町。「セットフォード」、「リン」はノーフォーク州に、「ブランドン」はサフォーク州にある。「レミンスター」はイギリス西部のヘレフォード・アンド・ウスター州にある都市。「ダラム州」はイギリス北東部、北海に臨む州。「ノーサンバーランド州」はイギリス最北部の州。「カンバーランド州」はイギリス北西部の旧州で、一九七四年にカンブリア州の一部となる。「ウェーヒル」はハンプシアにある。

(69) 「イスケンデルン」はイスケンデルン湾に臨むトルコ南部の港町でアレッポの西方にある。「ライプチヒ」はドイツ中東部ザクセン州の都市。「ウルム」は「アウクスブルク」、「ニュルンベルク」とともにドイツ南部の都市。「イェーテボリ」はスウェーデン南西部のカテガット海峡に臨む港町。「シュトラールズント」はドイツ北東部の港町で中世のハンザ同盟市。「シュテティーン」はシュチェチンのドイツ語名でポーランド北西部の港町。「ケーニヒスベルク」はドイツ領当時の名で、哲学者カントの出生地。第二次大戦後はロシア共和国の一部となった、バルト海に面する都市カリーニングラード。「リガ」はリガ湾に臨むラトビア共和国の首都。「ペテルブルグ」はサンクト・ペテルブルグのことで、ロシア北西部にある同国第二の都市。

(70) 「東インド会社」は、東インド貿易を目的として一六〇〇年にイギリス政府の特許により設立された貿易会社で、一八七三年に正式に解散させられた。「ダベナント博士」はチャールズ・ダベナント（一六五六―一七一四年）、法学博士で政治経済学に関する小冊子を書いた。

(71) 「セント・アイブズ」はセトゥバルのことで、ポルトガルのリスボンの南東にある港町。「小型帆船《ガリオット》」は一本マストの軽快なオランダ商船ないし漁船。「沿岸船《ホイ》」は一本マストの小型地回り帆船。「横帆船《バス》」は二本ないし三本マストの帆船で、とくにオランダの鰊漁に用いられた。「小型商船《ビランダー》」はオランダ沿岸または運河用の二本マストの小型商船。

(72)「フランス国王」はルイ一四世（訳注46）、太陽王と称され、絶対王政の典型的な君主。しだいに王権を強化して国際的な地位を向上させていき、やがて親政を始めてから重商主義、富国強兵を進めたためにいくつかの戦争を引き起こし、また国内の宗教的統一を図ってユグノーの国外逃亡をもたらした。ベルサイユ宮殿を完成し、文芸を保護したのでこの当時のフランスはヨーロッパ文化の中心地となったが、圧政と国費の消耗によりやがて絶対王政への反抗の気運を醸成した。「国王ウィリアム」はウィリアム三世（在位一六八九―一七〇二年）、ジェイムズ二世の甥でオレンジ公としてオランダ統領であったが、名誉革命（一六八八―八九年）により妻メアリー二世と共同でイギリスの王位についた。「マラガ」はスペイン南部の地中海沿岸の都市でワインの輸出港。「ザキントス」はギリシア西部海岸沖のイオニア諸島に属するザキントス島の港町。

(73)「モンタギュー氏」はチャールズ・モンタギュー（一六六一―一七一五年）、後のハリファックス伯、イギリスの才人、政治家、文学の保護者。政治家としては国家財政委員（一六九二年）、大蔵大臣（一六九四年）になって通貨を改正し、また後に国家財政委員長ならびに総理大臣（一六九七年）になったが不人気のために辞し、一七一四年にジョージ一世の即位とともにハリファックス伯に叙せられ、ふたたび同じ地位に返り咲いた。「サー・ウィリアム・ペティ」（一六二三―八七年）はイギリスの経済学者、政治算術の創始者で、労働価値説を提唱し、徴税請負制度などの古い租税制度の打破を主張し、また経済社会の諸現象を観察し、その数量的関係を把握して経済社会の実体やそれを支配する諸法則を明らかにしようとした。

(74)「ムガール帝国」は一六世紀にバーブル（一四八三―一五三〇年）を始祖とするインド史上最大のイスラム王朝で、一八五七年の土着民の反乱に際しイギリスに滅ぼされた。「シャム」はタイの旧名。「コーチシナ」はインドシナの南部にあった旧フランス植民地で、一九四九年以降ベトナムの一部。

(75)「サンブル川」はフランス北部からベルギー南部を通って北東へ流れ、ナミュールでマース（ムーズ）川に合流する。「リース川」はフランス北部から流れベルギーのヘント（ガン）でスヘルデ川に注ぐ。

(76)「ボーン・レース」はピンで印をつけた模様の上を鯨骨などのボビンを用いて編むレース。「フランス」の一部はフランドルに含まれていた（訳注28参照）。

(77)「タタール地方」は東欧からアジアにわたる地方をさす歴史的名称。

(78)「ダッフル」は厚い起毛した粗織りのラシャ。「ウォドミル」は粗くて厚い毳立った毛織物で、ふつうはウォドマルと呼ぶ。「ハーフ・スィック」は粗末な織物の一種。「ダズン」は一種のカージー織または粗い毛織物。「ドロイ」は一種の粗い毛織物。「キャムレット」はラクダの毛またはアンゴラ山羊の毛を用いた平織の中世アジアの紡毛織物。

(79)「ブレーメン」はドイツ北西部の貿易港で商業都市。「エムデン」はドイツ北西部の都市。「エルベ川」はドイツ北部で北海に注ぎ、「オーデル川」はドイツとポーランドとの国境をなしてバルト海に通じ、「ウェーザー川」はドイツ北西部で北海に注ぐ。「モーゼル川」はドイツ西部でライン川に合流し、「ザール川」はモーゼル川に合流し、「マイン川」はドイツ西部のマインツでライン川に合流し、「ネッカー川」はドイツ南西部でライン川に合流する。「ブダ」はドナウ川西岸の都市で、東岸の都市ペストと合併してハンガリーの首都ブダペストが生まれた（一八七二年）。「ベオグラード」はセルビア・モンテネグロの首都。

(80)「サガスィ」は軽い毛織物の一種。「ロング・エル」は粗い毛織物の一種。

(81)「モイドール」は一六四〇—一七三二年にポルトガルおよびブラジルで使用された金貨。「カルタヘナ」は南米コロンビア北西海岸の港町で、当時この西半球ではメキシコ市に次いで栄えた。「パナマ」は中央アメリカ南部の国パナマの首都。「リマ」は南アメリカ西岸の国ペルーの首都。「サンティアゴ」は南アメリカ南西部の国チリの首都。「ラップランド人」は、ノルウェー、スウェーデン、フィンランドの北部およびロシア共和国北西部のコラ半島を含む、ラップランドの住民のこと。

(82)「ポードソア」は丈夫で滑らかな絹織物の一種。

(83)「シードル」はりんご汁を発酵させてつくる酒、「ペリー」は西洋梨の果汁を発酵させた酒、「ミード」は蜂蜜と水を混ぜて発酵させた酒、「ラム」は糖蜜または砂糖きびのしぼり汁を発酵させ蒸留してつくる酒。「マン島」はアイリッシュ海にあるイギリスの島。

(84)「マデイラ・ワイン」はアフリカ北西岸沖の五島からなるポルトガル領マデイラ諸島で産する白ワイン。「カナリー・

ワイン」はマデイラ諸島の南方にあるスペイン領カナリア諸島で産する白ワイン。

(85) 「エール」はふつうのビールよりも黒くて苦くて強い、約六パーセントのアルコール分を含むビールの一種。「スタウト」は焦がした麦芽を使ったアルコール度の高い黒ビール。「パンチ」はワインやシャンパン、牛乳などにブランデーやウイスキーなどを混ぜ、砂糖、レモン、香料で味つけをした飲料。「わが国の奢侈は……」とのべる亡くなった著者は不詳。

(86) 「クォーター」は八ブッシェルに相当する穀物の量および液量の単位。「パイント」は液量の単位、二分の一クォートで〇・五六八リットル。「シェリー」はスペイン南西部ヘレス地方産のアルコール度を強めた白ワイン。「ガロン」は液量の単位で、四クォート、八パイント。

(87) 「ジャージー島」と「ガーンジー島」は、ともにイギリス海峡にあるチャンネル諸島(イギリス領)に属し、そこの最大の島と第二の島。

(88) 「四九〇万ポンド」と原文にある。

(89) 「チェシア」はイギリス中西部の州。「ハッカバック」は吸水性の高いリネンまたは木綿のタオル地。「オランダ布」は光を通さないよう加工した麻布または麻綿の交織で、カーテン、子供服、家具の覆いなどに用いる。

(90) 「ナルバ」はナルバ川沿いにあるエストニア共和国の都市。「レベル」はフィンランド湾に臨むエストニア共和国の都市タリンのこと。「ラウジッツ」はドイツ東部とポーランド南西部にまたがる地方。「ダマスク」は繻子《しゅす》で紋様を表わした緞子《どんす》に似た絹織物で、テーブルクロス、カーテン、服地などに用いる。「ローン」はきわめて薄地の上等綿またはリネン布で、イギリス国教会で主教の法衣の袖に使う。「ヘシアンクロース」は麻や上質の黄麻でつくった丈夫な包装用布。「オスナブルグ」は粗布の一種で、本来は目の粗い黄麻布のことであったが、現在は綿の粗い生地織物をいい、芯地などに用いる。「ヒンダーランド」はおそらくドイツの内陸から輸入される一種の布。「ウェストファーレン」はプロイセンの旧州であったが、現在はノルトライン・ウェストファーレン州の一部。「オスナブリュック」はドイツ北西部にある工業都市。「ハノーファー」はドイツ北西部ニーダーザクセンの州都。「エル」は尺度の単位で、所によって長さが不定、イギリスでは四五インチだが、いまではほとんど用いられない。「ブリュージュ」はベルギー北西部の都市ブリュッヘのフランス語名。「バランシエンヌ」はフランス北部の古い都市。「メヘレン」はベルギー北部のアントワープ地方の都市。「綿モスリン」は経《たて》、緯《よこ》に単糸を用いた柔らかい織物。「ダウラス」はブルターニュのブレスト付近の原産地名で、一六―一七世紀ごろ多く用いられた粗い生地のリネンまたは綿布、いまはそれに似せた丈夫なキャラコ。「ロックラム」はイギリスで昔用いられた粗い手織の麻布で、この名称はそれが初めて織られたブルターニュの町ロックロナンに由来する。「ビトレ」はフランス北西部にある商工業の町。「モルレ」はフランス北西部の貿易港で、イギリス海峡に臨む。

(91)「ポメラニア」は旧ドイツ北東部の州で、一九四五年以降は大半がポーランド領となった。「ボヘミア」はチェコの西部の地方で、元はオーストリア領。「モラビア」はチェコ東部の地方で、元はオーストリア領。

(92)「キッダーミンスター」はイギリス中西部のヘレンフォード・アンド・ウスター州北部の都市。「リンゼイ・ウールゼイ」はもともとイギリスのサフォーク州のある村落の名前で、織物の原産地であるが、綿またはリネンと毛の交織物のこと。「アリカンテ」はスペイン南東部の地中海に臨む都市。「リパリ」はシチリア島北方の火山諸島でイタリア領のリパリ諸島に属する、リパリ島の町。「ケファリニア」はギリシアの西海岸沖にあるイオニア諸島最大の島。「アルガルベ」はポルトガル南部の古代王国で現在の「ファロ」のこと。「フィゲラス」はスペイン北東部の港町。「セビリア」はスペイン南西部、グアダルキビル河畔の港町。「オポルト」はポルトガル北西部、ドウロ河口に近い港町。「ガリポリ」はイタリア南東部、ターラント湾東岸にある港町。「紅海」はアラビア半島とアフリカ大陸の間の海。「ホンジュラス湾」は中央アメリカ中部カリブ海西端にある。「ナツメッグ」はニクズクの木の堅くて芳香のある種子、香味料や薬用にする。「クローブ」はチョウジの蕾を乾燥させた香辛料。「メース」はニクズクの仮種皮を乾燥したもので香味料。「シナモン」はニッケイの樹皮で、香辛料、強心剤、駆風剤として用いる。「セイロン島」は現在のスリランカ共和国。「マラバル」は大体においてマンガロールより南のインド南西沿岸を指すが、現在ではケーララという名称がそれに代わっている。「ヌエバエスパーニャ」は北米の旧スペイン領地で、メキシコ、中米、西インド諸島、合衆国南西部の一部、フィリピン諸島を含んだ。「ケーパー」は西洋フウチョウボクの蕾の酢づけで、ソースやドレッシングなどの味つけに用いる。「ルッカ」はイタリア中西部フィレンツェの西にある古都。「アンチョビー」は地中海に多産するカタクチイワシ科の小魚の総称。「大西洋チョウザメ」のはらごを塩づけにしたものがキャビア。

(93)「二つ」の誤り。

(94)「タン」は酒類の容量単位で、通例二五二ワインガロン。「ブラジルスオウ材」は赤色染料が採れ、ブラジルの国名はこの木材にちなむ。「ブラジレッタ材」はジャマイカなどにある染料の原木。「オウボク材」は黄色またはオリーブ色の色素を採る。「ログウッドの芯材」は羊毛や絹などを黒色に染める染料を採る。「スマック」は南ヨーロッパ産ウルシ属の木の乾燥した葉の粉末で多量のタンニンが採れ、製革や染色や医薬などに用いる。「赤色木材」は一般に赤色植物染料が採れる。「赤色土」はとくに羊に印をつけるため、または顔料として用いる。「アカネの根」は赤色染料の原料として盛んに用いられたが、主成分はアリザリンで古くは薬用。「ホソバタイセイ」はヨーロッパ産アブラナ科の植物で、以前その葉から青色染料を採った。「ターメリック」は黄色天然染料、健胃剤、薬味、とくにカレー粉として使用。「カンタリス」はヨーロッパミドリゲンセイの粉末で、発泡剤、水泡膏として用いる。「キナ皮」はマラリア特効薬キニーネの原料。「ゴム質」は薬剤、香料などとして用いられる。「ジャコウネコ香」はジャコウネコの生殖器の近くにある袋から採る香料。「アロエ」はユリ科アロエ属の多肉植物の総称で、薬用、観賞用。「カシア桂皮」は下等な種類の肉桂の樹皮で、シナモンの代用として香味料に用いる。「ダイオウ」はタデ科ダイオウ属の植物の総称で、根茎が薬用になるダイオウや、茎または葉柄が食用になるショクヨウダイオウなど。「サッサフラスの根皮」は乾燥して香料、薬用にする。「供給契約」は一七一三年のユトレヒト条約によってスペイン王とイギリスとの間に結ばれた、アメリカ大陸スペイン植民地へのアフリカ黒人と各種商品の供給契約のこと。「マルメ」はエーアソン海峡を隔ててデンマークのコペンハーゲンの対岸にある、スウェーデン南西部の港町。「土硫黄」は天然の硫黄鉱石。

(95)「チェスター」はイギリス西部の州チェシアの州都でディー川沿いにあり、一三、四世紀には港町として頂点に達した。「クライド川」はスコットランド南西部の川。「フォース湾」はスコットランド南東部にある入江でフォース川の河口をなしている。「ハンバー川」はイギリス北東部のトレント川とウーズ川との合流点から河口までを指す。「ローストフト」はイギリスのサフォーク州北東部の港町で、ヤーマスの南方にある。「コーンウォール」はイギリス南西端の州。「ブリストル海峡」はウェールズ南部とイングランド南西部との間の大西洋の入江。「バーンスタプル」はイギリス南西部デボンシアの都市。「ロンドンデリー」は北アイルランド北西部の港町。

(96) 実際には「五地域」に分類しているが、国内消費向けを除けば四地域になる。

(97) 「ルイス島」「アイマス」は「ダンバー」より南に位置し、「ダンバー」はフォース湾の入口にあり、ともに北海に臨む海港。「アイマス島」はスコットランドの北西方にある島でヘブリディーズ諸島に属する。「オークニー諸島」はスコットランドの北方にある諸島。「グラスゴー」はスコットランド南西部の港湾都市。「キンタル」は重量単位で、イギリスでは一キンタルが一一二ポンド。「カボベルデ諸島」はアフリカ西岸沖の一五の島から成り、一九七五年に独立して共和国になった。「ビルバオ」はスペイン北部のビスケー湾に近い海港。「ロング・アイランド」はアメリカのニューヨーク州南東部の島。「ロード・アイランド」はアメリカ北東部ニューイングランドの一州。「南海会社」は一七一一年にイギリスでスペイン領南アメリカとの貿易独占権を得て設立された会社で、投機的な事業経営で国民的人気を呼んだが、一七二〇年に投機熱が冷めると破産して多くの破産者を出すに至った。これが有名な南海泡沫事件である。「ケッチ」は通例メインとミズンの二本のマストに縦帆を張った沿岸貿易帆船。

(98) 原文では「二つの部分」となっている。「オーステンデ」はベルギー北西部の港町。

(99) 「三番目」は正確には四番目。なお、本章の初めに挙げていた「塩」については立ち消えになっている。

(100) 「樽」は大樽で通例六三―一四〇ガロン入り。「先の講和条約」はスペイン継承戦争(一七〇一―一四年)を終結させる一七一三年のユトレヒト条約のことで、これによりイギリスはフランスからカナダのニューファンドランドなど大西洋沿岸地方、スペインからジブラルタル、ミノルカ島を獲得した。「エムス川」はドイツ北西部を流れ北海に注ぐ。「ホルシュタイン」はドイツ北西部ユトランド半島のシュレスウィヒ・ホルシュタイン州南部の地方。「アイデル川」はシュレスウィヒとホルシュタインの境界をなす川。「フーズム」はシュレスウィヒ・ホルシュタイン州の西岸にある海港。

(101) 「ピエモンテ」はイタリア北西部の州、州都はトリノ。

(102) 原文では「三」となっている。

(103) 「フランスの疫病」は一七二〇―二一年に発生したマルセーユの疫病で、人口のほとんど半数が死亡した。「シチリア島の引き渡し」はユトレヒト条約において、スイス・イタリアとの国境近くにあったサヴォイ公国がスペインから地中海最大のシチリア島を獲得したこと。「パーペチュアナ」は一六世紀からイギリスで製造された丈夫な毛織物。「一六六五年のロンドン」は同年にロンドンで大流行した疫病のことを指し、これによって七万人近くも犠牲者が出た。なお、翌一六六六年にはロンドンで大火が発生している。

(104) 「議会制定法」は一七〇〇年、一七〇二年のインド、フランスの綿布などの綿織物、絹織物の輸入と使用の禁止法のこと。

(105) 「アイル・オブ・イーリー」はイギリス中東部ケンブリッジシアの北部の地方、「ノーサンプトン州」はイギリス中部の内陸州、「ハンティントン州」はイギリス中東部の旧州で、現在はケンブリッジシアの一部、「ハートフォード州」はイギリス南東部の州、「バッキンガム州」はイギリス中南部の州。

(106) 「ボキング」「ブレーントリー」「コルチェスター」はエセックス州に、「サドベリー」はサフォーク州にある。

(107) 「ダンフリース」はスコットランド南部の都市。「ペンブローク湾」はウェールズの南西部に、「クライド湾」はスコットランドの南西部にある。

(108) 「メリーランド」はアメリカ東部大西洋岸の州。「チェサピーク湾」はアメリカのメリーランド州とバージニア州の間に入り込んでいる湾。

(109) 「レドンホール市場」はロンドンのシティーにある鳥獣肉類市場。

(110) 「バッキンガム」、「ニューポート・パグネル」はバッキンガムシアに、「ストーニー・ストラットフォード」はバッキンガムシアの北側と接するノーサンプトンシア側に、それぞれある。「ベッドフォード州」はイギリス中部の内陸州。「ブランドフォード」はドーセットシアにあるブランドフォード・フォーラムという町のこと。「ハラムシア」はサウス・ヨークシアにあるシェフィールドの境界線付近の地域のことで、「ロザラム」の南西の方向に位置する。「バーンズリー」は「ロザラム」の北方にあってともにサウス・ヨークシアの都市。「故サー・アンブローズ・クローリーと息子の参事会員クローリー」はジェントリーに属したが、元は鉄工業者にすぎなかった。

(111) 「ワロン人」はベルギー南東部およびその付近に住む。「カンタベリー」はイギリス南東部ケント州の都市。「リヨン」はフランス東部、ローヌ川とソーヌ川の合流点にある都市でローヌ県の県都。「ローヌ川」はスイスの南部アルプスに源を発し、フランスの南東部を流れて地中海に注ぐ川。「アラモード絹」は光沢のある薄絹の一種で頭巾やスカーフなどに用いる。「ルートストリング絹」は昔、婦人服やリボンに用いられた光沢のある絹。「マンチュア」は初めイタリアでつくられた絹服地用織物。「パドヴァ」はイタリア北東部、ベネチア西方の都市。「トゥール」はフランス西部、ロワール河畔の商工業都市。「アビニョン」はフランス南東部、ローヌ川沿岸の都市。「マントバ」はイタリア北部、ロンバルディア州東部の都市。

(112)「スピタルフィールズ」はロンドンのシティーの北東部にある地域。

(113)「ラオーグ岬」はフランス北西部ノルマンディーの岬。「チャールズ一世」(在位一六二五―四九年)はイギリス王で、清教徒革命により断首台で処刑された。「チャールズ二世」(在位一六六〇―八五年)はチャールズ一世の子で、清教徒革命中は亡命し、革命後の王政復古で王となった。「ヒスパニオラ島」は西インド諸島の島で「キューバ」の南東にある。「リーグ」は距離の単位で時と所によって一定しないが、二・四―四・六法定マイル、英米ではほぼ三マイル。

(114)「ドラム」は一六分の一オンスの重量単位。「テレビン油」はワニス・ペンキの製造、油絵の具・ペンキの展色剤、または医薬用として用いる。「ハバナ湾」はキューバ北西部にある海港。「リーワード諸島」は西インド諸島東部のもとイギリス植民地の群島で、アンティグア、バーブーダ、セントクリストファー、ネビス、アングイラ、モントセラトの諸島とバージン諸島を含む。「サンタ・マルタ」はコロンビア北西部の港町。

(115)「チュニス」以下はアフリカ北部沿岸の旧バーバリ諸国を構成し、一六世紀から一九世紀の間、欧米勢力の影響を受けるまでトルコの勢力下にあって海賊が公認されていた。「ムーア人」はアフリカ北西部に居住したベルベル人とアラブ人との混血のイスラム教徒で、八世紀にスペインを占領したが、後にキリスト教勢力に圧倒されて一五世紀末までには、ことごとく国外に駆逐された。「カルタゴ人」の国カルタゴは、アフリカ北岸にあった古代フェニキア人の都市国家で現在のチュニジアの北東にあったが、ポエニ戦争(紀元前二六四―一四六年)でローマに亡ぼされ属州となった。

(116)「シラクーザ」はシチリア島南東部の海港。「ホルムズ」はイラン南部、ホルムズ海峡近くの古都で、後にペルシア湾口近くの島に移った。もとはインドとの陸上貿易の中心市場。「バスラ」はイラク南東部シャット・アル・アラブ川に臨む港町。「バグダッド」はイラクの首都で、ティグリス川の中流に臨む。「センクレーエー」はギリシアのペロポネソス半島の北東沿岸にあった昔の町。「ジブラルタル海峡」はヨーロッパとアフリカの間の海峡で大西洋から地中海への入口。なお、ジブラルタルはスペイン南部のジブラルタル岩山を含む地域で地中海の要衝。「カルタヘナ」はスペイン南東部の海港。「ラ・コルニャ」はスペイン北西部の海港。「タンジール」はアフリカのモロッコ北西部、ジブラルタル海峡に近い都市。「ベルデ岬」はセネガルのダカールにあるアフリカ大陸最西端の岬。「ナン岬」はベルデ岬の一部か。「バーバリ馬」はムーア人がバーバリからスペインに持って来た馬。「ジェネット馬」はアラブ馬の系統でスペイン産の小馬。

(117)「ユスティニアヌス帝」(四八三―五六五年)は東ローマ帝国の皇帝(五二七―五六五年)で、同帝国中興の英主。「ベリサリオス」(五〇五?―五六五年)は東ローマ帝国の武将で、東方軍司令官としてペルシアと対戦、対バンダル戦争の総帥としてアフリカに遠征、対ゴート戦争の司令官、フン族撃退の雄であった。「西ローマ帝国」は東ローマ帝国の誤り。「サラセン人」はギリシア時代およびローマ時代の後期ごろはシリア・アラビアの砂漠地方に住んだ遊牧民を言ったが、中世では十字軍に対抗した「アラビア人」または「イスラム教徒」を、後には一般にアラビア人またはイスラム教徒を指すようになった。「バレンシア」はスペイン東部、地中海に臨む地方で、一二三八年以前はムーア人の王国。「グラナダ」はスペイン南部、地中海沿岸にあったムーア人の王国(一二四一―一四九二年)。「アンダルシア」はスペイン南部、大西洋と地中海に面する地方。「フェス」は現在アフリカ北西岸の王国「モロッコ」北部の都市。

(118)「フランソワ一世」(一四九四―一五四七年)はフランス王(一五一五―四七年)で、生涯をイタリア戦争で終始した。一五一五年にミラノを得て教皇と和解し、一五一九年に神聖ローマ帝国の皇帝を望んでカール五世に敗れ、以後もハプスブルク家と争った。「ゴレッタ」はアフリカ北部の共和国チュニジアの北東部にある港町。

(119)原文では「二点」である。

(120)「シエラレオネ」はアフリカ西岸のもとイギリスの植民地であったが、一九六一年にシエラレオネ共和国として独立。「ベニン湾」はアフリカ西部のギニア湾北部の海域。「ギニア」は訳注13を参照のこと。

(121)「宝貝」は装飾に用いたり、アフリカ西部およびアジア南部の未開地では貨幣に用いた。「恵まれたアラビア」は古代アラビアの三区別の一つでアラビア半島南東部を指し、アラビアでもっとも栄えた地域。ときにはイエメンに限定されることもある。「ジャワ島」はインドネシアの島。「バタビア」はジャカルタの旧名。「サン・フランシスコ川」は南米ブラジル東部を流れる川で大西洋に注ぐ。「マダガスカル」はアフリカ南東岸沖三八〇キロメートルにあるインド洋上の大島で、フランス共同体内の共和国。元はフランスの植民地であったが一九六〇年に独立した。「ケープ・コースト」はアフリカのガーナ南部にある港町。「アクラ」はガーナ南部にある同国の首都。「穀物海岸」はギニア湾に面するアフリカ西部の一地域の旧名で、いまのリベリア地方。以下、現在のコートジボアールに当たる「象牙海岸」、「黄金海岸」、ボルタ河口からニジェール河口に至る「奴隷海岸」も同じくギニア湾に面し、ヨーロッパ列強が一九世紀末に積極的にアフリカ侵略を始める前から、象牙、金、奴隷の貿易で大もうけした地域であることを、名前が示している。「ペルナンブコ」は南米ブラジル北東部の州。「諸聖人湾」はブラジル東部にあり、その入口にサルバドル市がある。

(122)「北アメリカ大陸」は中央アメリカと書くべきで、ここでの話は各州がまだ国家になる前のことである。

(123)「パースニップ」はセリ科の栽培植物で、多肉の根は食用。

(124)「厦門島」は中国南東部、福建省の島。「舟山群島」は中国東部、浙江省の北東沿岸沖にある群島。「山東省」は中国北部の省。「南京」は中国江蘇省の省都。「広東」は中国南東部の海港。「ニオイホフト氏」は「ノイエンホーフ氏」（訳注37）のこと。「サー・ダルビー・トマス」はデフォーのパトロンで、アフリカ会社総裁などの肩書を持つ特権的な商人であった。「テルナテ島」はインドネシアのモルッカ諸島北部の小島。「バンダ諸島」はインドネシアのモルッカ諸島南部の諸島。「ジャイロロ」はハルマヘラとも言い、インドネシア北東部にあるモルッカ諸島で最大の島。「バニラ」は熱帯アメリカ産のラン科の蔓植物で、果実から香料のバニラを採る。「大河のニグリス川、またはニジェール川」はアフリカ西部の川で、ギニアに発し、マリ、ニジェール、ナイジェリアを流れてギニア湾に注ぐ。ガンビア川は本来、アフリカ西部のガンビアを西流して大西洋に注ぐ川である。「メクネス」はアフリカ北東部にあるモロッコ北部の都市でフェスの西方にある。「ケベック」は現在カナダ東部の州。

(125)「エチオピア」はアフリカ東部の国で、旧称は「アビシニア」。「バルカン諸国」はユーゴスラビア、ルーマニア、ブルガリア、アルバニア、ギリシア、トルコの一部。「大カイロ」はアフリカ東部を流れる「ナイル川」に臨むエジプトの首都。「ドンビア湖」は青ナイルの水源であるエチオピア北西部のタナ湖のことか。

(126)「アデン湾」はアフリカの東端とアラビア半島の間にある。
(127)「乳香」はアフリカおよび西アジア産のカンラン科ニュウコウ属の樹、とくにニュウコウジュから採れるゴム樹脂で、古くから香料として祭式のときなどにたかれた。「アラビアゴム」はアフリカ産のアカシア類（とくに、アラビアゴムノキ）、アラビアゴムモドキから分泌されるゴムで、ゴム糊、インク、菓子、生地のプリント印刷などに用いる。「ソコトラ島沈香」はもともとアラビア半島南方の南イエメン領のソコトラ島で採れた芳香性・樹脂質の材で、香料にも薬剤にも用いた。「シャルーン織」は薄い綾織ラシャで、コートの裏地に用いる。
(128)「ソロモンの怠け者」は旧約聖書「箴言」一九章二四節に、「手を皿に入れても、それを口に持ってゆくことをしない」とある。
(129)「デラウェア大河」はアメリカのニューヨーク州南東部に発し、ペンシルベニア州とニュージャージー州との境を流れ、デラウェア湾に注ぐ川。「フィラデルフィア」はペンシルベニア州南東部のデラウェア川に臨む港湾都市。「ポンド」は、もと一ポンドが二〇シリング。
(130)「モントセラト」は西インド諸島のイギリス領リーワード諸島の島。
(131)「クラウン銀貨」はイギリスの旧五シリング銀貨で、一五五一年から一九四六年まで使用。「半クラウン硬貨」はイギリスの旧二シリング六ペンスに相当し、一六世紀には金貨、それ以後一九四六年まで銀貨、それ以後は白銅貨。一九七〇年に廃止。「空荷運賃」は予約したよりも船荷の量が少なかったときに、不足分にたいして支払われる違約賠償金。
(132)「教会委員」は教区を代表して牧師を助けて会堂の維持、会計事務などを預かる教会員で、各教区に二名いるが、一名は牧師の指名により、他の一名は教会総会の選挙による。「タイバーン」は一七八三年までロンドンにあった死刑執行場、仕置き場で、現在のハイドパークのマーブルアーチ近くにあった。

訳者あとがき

ダニエル・デフォーは、ロンドンの東部クリプルゲートのセント・ジャイルズ教区で生まれた。記録が残っていないので定かではないが、一六六〇年の秋ごろのことである。父親ジェイムズ・フォーは、長老教会派に属する非国教徒で、肉屋・獣脂ろうそく製造を業としていた。（ちなみに、フォーという姓は、後に貴族的な感じのするデフォーに変えられた。）一六六〇年の王政復古後に、非国教徒を社会的に排除しようという法がいくつか制定されるが、これによりデフォーは、社会的にも宗教的にも生涯を通じて大きく左右されることになった。

非国教徒であるがゆえに、彼はオックスフォード大学にも、ケンブリッジ大学にも入学が許されなかった。そこでまず、サリー州ドーキングにあるジェイムズ・フィッシャー師の非国教徒寄宿学校へ、その後、ロンドン北部のニューイントン・グリーンにあるチャールズ・モートン学塾へと進んだ。この学塾では、聖職に必要な古典などのほかに、英語を含む同時代の諸語学、自然科学、歴史、地理、政治といった科目を広範囲に教えた。これが後の彼の基礎を築いたと言える。

彼は親が望む聖職を志していたのだが、結局は一六八一年に、敬愛する父親のようにシティで商売を始めた。靴下・メリヤス類の卸売業である。そして一六八四年に、富裕な樽製造人の娘メアリ・タフリーと結婚し、やがて子供を七人もうけることになる（末っ子が死亡して六人になるが）。また、彼はメアリの多額の持参金を使い果たしてしまうのだが、そのことは彼の心に暗い影を落とし続けることになる。

こうして生活が軌道に乗りはじめたころ、宗教がらみの政争に巻き込まれたが、これは終生続くことになる。一六八五年に、チャールズ二世が亡くなり、弟のジェイムズ二世が即位した。前者はカトリック色が強く、また後者はれっきとしたカトリック教徒であって、二人ともプロテスタントの敵対者であるフランスのルイ一四世の庇護を受けていた。他方、先王の庶子でプロテスタントのモンマス公は王位を主張して反乱を起こし、デフォーもこれに加わった。反乱は失敗に終わり、モンマス公をはじめ数百人の反乱者が死刑に処されたが、デフォーは奇跡的にそれを免れた。

一六八八年の名誉革命で、プロテスタントのオレンジ公ウィリアムとメアリが即位してウィリアム三世、メアリ二世となった。デフォーは、二人がロンドンに着いたときには護衛隊の一員として出迎え、その後もずっと立憲君主政体の拠り所として擁護し続けた。ウィリアム三世はデフォーのパトロンになり、また彼を情報提供者、助言者としても用いた。デフォーは『企画論』(一六九七年)、『常備軍論』(一六九八年)などの小冊子を書いて、国王の政策を助けた。そして国王がオランダ生まれだということを誹謗する詩が公にされたとき、デフォーは『生粋のイギリス人』(一七〇〇年)というベストセラーになった長詩を発表して、国王を擁護した。

一七〇二年に、アン女王が即位した。女王は、イギリス国教会における高教会主義者、すなわち厳格な宗教上の保守主義者だったので、デフォーは非国教徒が弾圧されるのではないかと心配し、『非国教徒撲滅のいちばんの早道』(一七〇二年)を匿名で発表した。これは強烈きわまりない逆説的な風刺だったために、非国教徒側からは激しく攻撃されたが、高教会側からは賞賛された。やがてそれを書いたのがデフォーだと分かり、一七〇三年に、社会秩序紊乱の罪で逮捕された。そしてまず、場所を変えて三日間、さらし台に立たされたが、ロンドン市民は逆に彼にたいして声援を送ったという。その後、彼はニューゲート刑務所に投獄されたが、やがて穏健なトーリー党の政治家ロバート・ハーリーの尽力により釈放された。そして一七〇四年以降、デフォーはハーリーの雇われ文筆家、政治諜報員になった。二人とも非国教徒としての教育を受け、政治的には中庸に近く、考え方や感じ方に共通のものがあり、人間としても一種の親近感がお互いのあいだにあったと思われる。

彼は商売が好きな男であったが、このような状況のなかで経営が順調であるはずがなかった。最初に始めた靴下・メリヤス類の卸売業も、その後手を出したビール、ワイン、タバコ、織物、ジャコウ猫などの商売も、一六九二年までにはみな失敗に帰し、負債のために訴えられるが、なんとか投獄は免れた。一六九四年に、商売をせずには済まない彼は煉瓦業を始め、繁盛をきわめたこともあったが、一七〇三年にやはり破産した。政治や文筆の活動で多忙すぎたこともあるものの、商売が上手でもないのに手出ししては破産し、負債による投獄と大家族の生活破壊への恐怖におののくことが、彼の生活のパターンとなった。

そういう生活を切り抜けるためにも、彼は多くの定期刊行物のための執筆や編集を行なった。なかでも『レヴュー』紙はとくに重要で、一七〇四年二月から一七一三年六月まで続き、当初は週一回、やがて二回、それから三回発行され、彼は独力で記事を書いた。内容は、非国教徒の小商人、職人、自作農を対象に政治・経済をおもに問題にし、穏健なトーリー党色が感じられるが、これはハーリーの援助を受け、ハーリーの政策を支持するのが主目的であったためでもあり、いずれにせよ大きな影響力を及ぼした。また、ニュースよりも評論が多く、ホイッグ党にも極端なトーリー党にも与しない穏健な中庸を目指したので、デフォーはその双方から非難されたが、これは生涯を通じた彼の宿命でもあった。

彼は一七〇四年に政権を握ったハーリーのために、その翌年、国内各地の情報収集に出発した。このような積み重ねに加え、一七二二年から明確な意図のもとに旅をして資料を集め、出来上がったものが『大ブリテン全島旅行記』（一七二四〜二七年）である。一七〇六年にハーリーは、一六九二年に破産したときの債権者に悩まされていたデフォーを、エディンバラに派遣した。イギリスとスコットランドの連合交渉が始まり、デフォーに内密の工作をさせ、エディンバラの情報を報告させるためである。こうして一七〇七年に連合が実現したが、その経緯を著わしたものが『連合の歴史』（一七〇九年）である。

一七〇八年にハーリーが失脚し、シドニー・ゴドルフィンに政権が移った。この両者はもともと穏健なトーリー党員だったのだが、ゴドルフィンは少し前からホイッグ党員に変わっていたのである。デフォーはハーリーといっしょにその任務を辞そうとしたが、だれが政権を握っていても国のために大事な仕事だからとハーリーに言われ、またゴドルフィンもデフォーのスコットランドでの働きを賞賛していて、アン女王に引き合わせた。こうしてデフォーは、心情的にはハーリーに惹かれながらも女王に召し抱えられ、いまや高教会派のトーリー党員に対立する点では同じ立場の、ゴドルフィンの下で働くことになった。

高教会派のトーリー党員であるサシェヴェレル博士は、前にも敵対する立場の人々を強く非難したが、一七〇九年にも、名誉革命、非国教徒、ホイッグ党員、穏健なトーリー党員を、自分の説教のなかで激しく弾劾した。とりわけ現政権が遂行している戦争政策への批判は厳しかった。ゴドルフィンはこの問題を議会で糾明しようとしたが、もはやサシェヴェレル博士を支持する国内世論は如何ともしがたかった。デフォーは現政権の支持を表明したが、非難を浴びるだけであった。そこで一七一〇年に、ゴドルフィンが失脚してハーリーが返り咲き、デフォーはまたハーリーのために働いたが、このときのハーリーは高教会派寄りのトーリー党員になっていた。一七一三年にユトレヒト条約が締結されて、フランスとの戦争が終わった。そのころ、デフォーは債権者に告訴され、またアン女王の後継問題をめぐって小冊子を書くも、その題目が反逆罪的だとホイッグ党に告発され、投獄された。このとき助けてくれたのもハーリーである。

一七一四年にアン女王が死去し、ドイツのハノーファー家のジョージ一世が即位するとともに、ホイッグ党の政権が始まり、やがてハーリーはジェイムズ二世支持者だと弾劾されて、二年間ロンドン塔に幽閉された。デフォーのこれまでの先導的な活動はここで終わり、一区切りがついたと言える。

デフォーは、新政権下でホイッグ党派でもトーリー党派でもなくて孤立し、負債と告訴に怯えながら生活し、体調もこわしていた。そんなとき、トーリー党員のアングルシー伯を誹謗する文章を、ある定期刊行物に書いて起訴され、一七一五年に有罪判決を下された。しかし、首席裁判官パーカーの尽力で訴訟手続はすべて破棄されて、デフォーは政権に役立つ人物としてタウンゼント卿に推奨され、五年間ほど、タウンゼント卿とその後継者たちに仕えた。デフォーの任務は、ホイッグ党に嫌われている穏健なトーリー党員と見せかけながら、過激なトーリー紙ないしジェイムズ二世派の定期刊行物に関係し、その論調を穏健なものに変えていくことであり、トーリー党派の週刊紙『ミスト』などを対象とした。こういう不名誉な仕事をするのも生活のためであり、また金銭的に余裕ができれば商売に手を出すのもデフォーであった。

彼は、政治、経済、宗教など多岐にわたって健筆をふるったが、その名を後世に残すことになったのは、主として老年に達してからの創作活動である。とりわけ『ロビンソン・クルーソー』一・二部（一七一九年）は、世界文学のなかの代表的な一作品として光彩を放っている。それから、『騎士の回想録』、『シングルトン船長』（一七二〇年）、また『モル・フランダーズ』、『疫病流行記』、『ジャック大佐』（一七二二年）、『ロクサナ』（一七二四年）といった作品である。

彼はその後も文筆活動を続け、評論や『ジョナサン・ワイルド伝』（一七二五年）、『イギリス通商案』（一七二八年）など、いろいろ発表した。だが、体調が悪いうえに、また商売に失敗して債権者に追い回され、投獄されて家族を破滅させるのではないかという危惧感にたえず苛まれていた。彼は亡くなる二年ほど前にひどく健康を害し、その翌年に家を出て行方をくらました。隠れ家はロンドン東部のグリニッジあたりだったと言われるが、一七三一年四月、シティの下宿で嗜眠による孤独死をとげ、ロンドン北部のバンヒル墓地に埋葬された。

『イギリス通商案』（一七二八年）は、『新世界周航』（一七二四年）、『イギリス商人大鑑』（一七二六〜二七年）、『世界貿易海運大鑑』（一七二八年）など、デフォーが経済について書いた著作のなかでも主著といえる。イギリスでは一八世紀初めに、キャラコその他の影響により、毛織物製造業の衰退が問題になった。彼はその衰退を否定し、イギリスがさらに繁栄するための政策を国王と政府に建議する目的で本書を書いた。このことを彼は原書の扉で謳っている。

このことは本書の構成を見ればよく分かる。「序文」で、イギリスの通商、それと表裏一体をなす製造業、とりわけ毛織物製造業の衰退への苦情があることを指摘してからそれに反論し、植民地の拡充にもとづき製造業と海運業のさらなる発展が望めることを表明する。そのうえでまず国内に限った商いから始める。商い全般（第一編、第一章）では「商い」や「商業」などの商業用語からさらに国内の商いの仕組みを説明し、ジェントリーに見下されている商いこそが国富の源泉だと説く。イギリスの商い（第一編、第二章）は非常に盛んで外国にまで及び、雇用が著しく促進されるので国産品、輸入品ともに国内の消費量は莫大であり、商いの規模は巨大だと言う。このあとイギリス国外での取引について論じる。「貿易」、「通商」、「海運」の発生の説明、羊毛、毛織物などの通商により国富と海軍力が増大した経緯（第一編、第三章〜第四章）。毛織物を中心に通商の規模は巨大で、国内品、国外品、再輸出品は莫大な量となり、消費も増大した（第一編、第五章〜第七章）。貿易は衰退どころか拡大している（第二編、第一章〜第二章）。

最後にイギリス人の特質をふまえながら、アフリカの三地域の改善と、イギリスと北アメリカ植民地との貿易・通商関係の改善を提案する（第三編、第一章〜第五章）。通商の発展にあたっては他国の妨害が大きな問題であり、その意味でも、植民地を含む大英帝国内の自由貿易が最良のものであり、それによってイギリス国内の経済問題も解決でき、よりいっそうの発展も望めるという。したがって、より多くの植民地を発見しなければならないと主張して、本書を締めくくっている。

デフォーは国内だけの取引と外国との取引を明確に区別すべきだと言っているが、基本的な用語は'trade'と'commerce'しか使っていない。国内だけの場合は「商い」と「商業」、外国との場合は「貿易」と「通商」と訳し分けたが、いずれもペア同士の区別はきわめて曖昧である。商業、通商の方がそれぞれ商い、貿易よりも広く一般的な意味だと考えられるが、実際上は区別が明確には伝わってこない。このような曖昧さはデフォーの言葉づかいや文章などにもよく表われ、われわれ読者を困惑させることが多い。

デフォーの場合、経済行為は人間の本質的な特質だと考えている点が重要である。第一編第一章において、イギリスでは商人階級をジェントリーと対置し、職人と蔑んだ呼び方をしているが、アダムの一族は職人であったことを縷々説明している。これはアダム・スミスの経済人《ホモ・エコノミクス》（『国富論』一・四）と相通じるものであり、このキリスト教にもとづく経済人という考え方により、静的な人間関係を動的な関係に変える原理が得られたと言ってよい。

だからデフォーにとって、社会は身分的に固定したものではなかった。このことは、彼の祖先は「フォー」という姓で、一六世紀にフランドルから移住したプロテスタント亡命者だと言われるが、一七世紀末頃から見られる貴族的な称号「デ」を冠して「デフォー」としたことからも分かる。経済活動は富の源泉であり、繁栄する商人はジェントリーに、没落するジェントルマンは商人階級に身分が変わると、彼はのべている（第一編第一章）。こうして新しく現われた社会層は、富裕な商人出身のジェントリー、裕福な製造業者から成る中層階級、肉体労働に従事する下層階級である。

彼のような考え方は、何よりも自由な経済活動を重視し、それゆえに重商主義的な規制から自由放任主義に傾斜せざるをえない。イギリスの労働者は、他国の労働者に比べてはるかに高賃金を得ていると論じ、それを低く抑えようという考えはまるでみられない（第一編第二章）。これはおそらく、勤勉に働けば報われる、というプロテスタントの倫理にも起因するであろう。いずれにせよ、高賃金に見合った消費がなされる一方で、労働意欲が喚起されて高品質の製品を多量に生産することになる。ここに商業資本から産業資本へ移行する過程が垣間見られよう。

さまざまな製品が出現し、人々の好みが多様化して毛織物の独占時代が終わったにもかかわらず、毛織物を中心とした貿易は衰退していないことを詳しく説明することが本書の目的である。デフォーは、産業革命以前におけるイギリスの毛織物製造業の、強力な擁護者であったわけだ。イギリス人が高い生産力にもとづき高品質の製品を大量に生産し、外国と取引を行なえば、当然、いろいろな類似品が生まれたり禁令が発せられたりする（第一編第一章、第四章）。そこでデフォーの主張は、イギリス本国と植民地、植民地同士の間の対等な自由貿易であり、貿易の発展のためには、より多くの植民地をこの地球上で見つけ出さなければならなくなる。このことも、ノアの子孫が取引によって人口と富を増やし、一つの都市とか海港では間に合わなくなり、植民地によって分散したという、聖書に倣っている（第一編第一章）。現在から見ると、このような方策の限界はまったく明らかであろう。これに類した事柄は本書において散見する。それはともかく、右のようなデフォーの主張と、重商主義的な東インド会社の貿易独占にたいする彼の反対を考え合わせれば、彼の自由貿易論は、トーリー党の仲立貿易による自由貿易論よりは、ホイッグ党の保護主義の方により立脚したものであることが分かる。

デフォーはかねてより、国内の経済問題はもちろん、それと関連してアフリカ貿易、カナダの併合、北アメリカ植民地の強化、スペインの中南米植民地との貿易を目的とした南海会社の設立などを、ハーリーに進言していた。したがって本書の基本は、植民地拡充を核とする通商政策の主張にある。たとえばアフリカの黄金海岸への貿易で、いちばん見劣りのする輸出品がいちばん高価な物資と交換されること（第一編第四章）、奴隷貿易は莫大な利益を生むこと（第一編第七章、第三編第三章）、貿易業者たちの間の衝突や嫉妬により、未開人に自分たちの産物の価値を教え、ヨーロッパ人の商品の安さを知らせるのはまずいこと（第三編第三章）、植民地を増やさなければならないことなどを、なんら悪びれもせずのべている。

『ロビンソン・クルーソー』は、こうした植民地の問題を核に描かれた作品である。つまり、クルーソーが神を信じて試練にもめげず成功する冒険物語の形をとりながら、実はイギリスが一七世紀以降、積極的に推進してきた植民地政策を土台に、細かな描写を生々しく積み重ねた内容になっている。そして、難破してたどり着いた無人島を植民地として建設するに至る過程を、勤勉な努力にたいする神の報いだと締めくくっている。この過程は、キリスト教の神が富の神マモンを助けたのと同じことで、マックス・ウエーバー流に言えば、プロテスタンティズムの倫理による資本主義精神の発達を示し、かつまた、プロテスタンティズムにもとづく植民地主義の展開でもある。

クルーソーの無人島は、イギリスの元植民地トリニダード島の南東近くにあるという設定である。『イギリス通商案』でイギリスの通商拡大と大きく結びつけて考えられているのは、アフリカである。そして本書の最後の数章で、アフリカの北部・北西部との貿易、同西部沿岸との貿易、同東部エチオピアとの貿易、イギリス本土とイギリス植民地とに限った貿易関係を樹立すべきだという、四つの提案をして終わっている。その目的とするところは、植民地を増やして連携を強めることにより、国内の製造業を発達させ、貧困層などの雇用を促進しようという点にあることは言うまでもない。あくまでも、植民地との連携、協調にもとづく自由な貿易関係が基本なわけである。

しかし、『ロビンソン・クルーソー』、『イギリス通商案』に見られる考え方は抽象的・理想的で、植民地建設をめぐる難問、ヨーロッパ人と原住民との支配・被支配関係の深刻な問題には触れていない。たとえば、ジョゼフ・コンラッドの『闇の奥』（一九〇二年）という中編小説には、支配者である白人によってアフリカ人が搾取され、奴隷として酷使され、虫けらのように死んでいくしかない悲惨な姿が描かれている。だからこそ、この作品を土台に、アメリカの武力侵略そのものであるベトナム戦争を強烈に批判して、コッポラ監督が『地獄の黙示録』という映画を作り上げてもいる。奴隷売買をはじめ植民地主義という名の侵略が否定されるに至った今日の見地からすれば、時代の違いはあるにせよ、デフォーのようになんら躊躇もなく、あからさまに植民地の建設を唱えることは、とうていできないであろう。また現在、アフリカは天然資源が豊富であるため、それをめざして欧米、中国、インド、日本などが、差はあるにしてもアフリカ開発に乗り出している。これをどう理解したらよいのか。

また本書ではアフリカ北部・北西部沿岸、いわゆるバーバリ沿岸での略奪・海賊対策が論じられているが、最近、同じアフリカの東部ソマリアの沖合で海賊が外国の貨物船などを襲う事件が頻発している。これにはいろいろな要因が絡み合い、単純には割り切れないであろう。しかし、ソマリアはイギリス、イタリアなどの国に占有されたり侵略されたりして、政情不安定のまま今日に至っている。また、バーバリ沿岸はカルタゴをはじめかつて非常に繁栄した地域であったが、政情不安定になるといくつかの人種に侵略され、その彼らはヨーロッパ勢力には勝てないので略奪行為を始めた。略奪・海賊行為を繰り返すムーア人が商取引もしていたように（第三編第三章）、政情さえ違っていれば別の生活もありえたかもしれない。とすれば、ソマリア沖とバーバリ沿岸の略奪・海賊行為はともに、アフリカが侵略や占有による疲弊から立ち直れないために生じた面が強いと、考えられないであろうか。

以上のような問題をも含めより総体的に考察しようとすれば、植民地政策の原典ともいうべき本書に舞い戻らざるをえないであろう。その意味で、本書は現代もなお生き続けている古典なのである。

本書の出版にあたり、法政大学出版局の故稲義人氏、平川俊彦氏には、言葉では言い尽くせないほどお世話になった。また、奥田のぞみさんには、考えられないほど丹念に原稿を読み、アドバイスをしていただいた。心からお礼を申しのべたい。稲義人氏のご存命中に本書を出版できなかったのは、多忙とはいえ訳者のせいであった。お許しを願うとともに、ご冥福を祈りたい。

本書の原文は言葉の乱れと思われるような箇所もあったりするため、訳者の浅学ゆえの誤訳、思い違いなど多々あることと思う。ご叱正をお願いしておきたい。

二〇〇九年一二月

泉谷　治

著　者

ダニエル・デフォー（Daniel Defoe）

1660年，ロンドン東部で非国教徒の商売人の家庭に生まれる．聖職者になるべく教育を受けたが，断念して商売を始める．メリヤス商・レンガ製造・税務吏など多種の商売に手を出すも，政争に巻き込まれたりして失敗，負債による告訴と生活破綻の怯えに苛まれる．1685年，新教徒モンマス公の王位を求める反乱に参加，1688年の名誉革命では，新教徒ウィリアム三世とメアリ二世を熱烈に歓迎．逆に1702年，高教会主義者アン女王の即位に際し，逆説的風刺『非国教徒撲滅の一番の早道』を匿名で発表，社会秩序紊乱罪に問われて投獄さる．トーリー党の政治家ハーリーの尽力で釈放され，その雇われ文筆家・政治諜報員になる．ジャーナリスト・小説家として健筆を揮う傍ら，ゴドルフィン政権，ホイッグ党政権下でも活動した．近代イギリス小説勃興期の先駆的作品，『ロビンソン・クルーソー』はじめ，『モル・フランダーズ』『疫病流行記』など多数を遺し，1731年，孤独死を遂げた．

訳　者

泉谷　治（いずみや　おさむ）

1934年，青森県北津軽郡五所川原市金木町大字川倉に生まれる．青森県立五所川原高校を卒業後，東京大学文学部英文学科を経て，1962年，同大学院修士課程を修了．現在，法政大学名誉教授．著書：『イギリスの風刺小説』（共著，東海大学出版会），『愚者と遊び―スターンの文学世界』（法政大学出版局），訳書：D.デフォー『疫病流行記』（現代思潮社），B.マンデヴィル『蜂の寓話』『続・蜂の寓話』（法政大学出版局）．

索　引

ア　行

カ　行

サ　行

ハ　行

マ　行

ヤ　行

ラ　行

ワ　行

りぶらりあ選書
イギリス通商案―植民地拡充の政策
2010年 2 月10日　初版第 1 刷発行

著　者　ダニエル・デフォー
訳　者　泉谷　治
発行所　財団法人 法政大学出版局
〒102-0073 東京都千代田区九段北3-2-7
Tel. 03 (5214) 5540／振替00160-6-95814
製版／アベル社，印刷／三和印刷
鈴木製本所

ISBN978-4-588-02237-1
Printed in Japan